烟台大学黄海法学文库

国家社会科学基金项目资助
项目批准号：13CFX073

消费者在线权益综合保障机制研究

于海防　姜沣格——著

XIAOFEIZHE ZAIXIAN QUANYI
ZONGHE BAOZHANG JIZHI YANJIU

法律出版社
LAW PRESS·CHINA
—— 北京 ——

图书在版编目(CIP)数据

消费者在线权益综合保障机制研究 / 于海防, 姜沣格著. -- 北京 : 法律出版社, 2022
(烟台大学黄海法学文库)
ISBN 978-7-5197-7179-9

Ⅰ. ①消… Ⅱ. ①于… ②姜… Ⅲ. ①电子商务-消费者权益保护法-研究-中国 Ⅳ. ①D923.84

中国版本图书馆 CIP 数据核字(2022)第 191015 号

消费者在线权益综合保障机制研究
XIAOFEIZHE ZAIXIAN QUANYI ZONGHE BAOZHANG JIZHI YANJIU

于海防 姜沣格 著

策划编辑 田亚飞
责任编辑 田亚飞
装帧设计 汪奇峰

出版发行 法律出版社
编辑统筹 法律出版社
责任校对 晁明慧
责任印制 胡晓雅
经　　销 新华书店

开本 710 毫米×1000 毫米 1/16
印张 20.25 **字数** 280 千
版本 2022 年 12 月第 1 版
印次 2022 年 12 月第 1 次印刷
印刷 北京虎彩文化传播有限公司

地址:北京市丰台区莲花池西里 7 号(100073)
网址:www.lawpress.com.cn
投稿邮箱:info@lawpress.com.cn
举报盗版邮箱:jbwq@lawpress.com.cn
销售电话:010-83938349
客服电话:010-83938350
咨询电话:010-63939796

书号:ISBN 978-7-5197-7179-9
定价:80.00 元
凡购买本社图书,如有印装错误,我社负责退换。电话:010-83938349

总　序

张卫平*

坐落于胶东半岛黄海之滨的烟台，不仅是我国的历史文化名城、中国最佳魅力城市，也是我国法学研究和法学教育的重镇。作为法学研究和教育的重要基地，烟台大学法学院从1984年创建以来，在法学研究和法学教育这两个方面都作出了突出的贡献。法学研究方面，在老中青三代法学家的共同努力之下，研究业绩亦令学界瞩目。尤其是在民法学研究领域，其一直处于前沿方阵之列，为我国民法学研究的一支重要力量，2016年烟台大学法学院成为中国法学会民法典研究理事单位就是其明证。

进入21世纪20年代，齐鲁大地在政治、经济、文化各个方面进入了新的发展时期。烟台大学也迎来了新的机遇，进入了发展的高速通道。随之，烟台大学的法学事业也进入了一个崭新的发展阶段。由法律出版社推出的“烟台大学黄海法学文库”研究丛书系列正是烟台大学法学新一轮发展的表征，是烟台大学法学研究发展的必然。

“烟台大学黄海法学文库”作为一个学术展示“平台”，不仅展示了烟台大学法学工作者最新的一批法学研究成果，也体现了烟台大学法学持续发展研究的实力和潜力，必将激励和推动烟台大学法

---

* 烟台大学黄海学者特聘教授、清华大学教授、中国法学会常务理事、学术委员会委员、中国法学会民事诉讼法学研究会会长。

学工作者，尤其是青年教师的科研工作，不断提升其研究品质和能力。

即将出版面世的“烟台大学黄海法学文库”丛书在其选题上，无一不是我国法学研究的前沿课题，反映了撰稿人对其相关研究领域中前沿问题把握的学术敏感性。在问题的提出、研究路径的选择、命题的概括及论证、研究方法和资料的运用等方面，均体现了著述人的心智和努力。如关涛教授的专著《我国典当法律制度研究》，通过回顾我国典当制度的发展史，结合现代民商法理论，对于典当实务中存在的难点问题进行了系统阐述和论证，并在此基础上，对于我国典当制度的完善提出了建设性意见；于海防教授的专论《消费者在线权益综合保障机制研究》一书，面向网络消费领域，系统、深入地研究了消费者在线权益保障机制问题，对我国消费者在线权益保障制度的建构和实践提供了有益理论指导；毕潇潇副教授的研究作品《临时禁令制度研究》不仅为我国禁令制度的建构提供了域外制度建构、实践及理论样本，并结合我国的行为保全制度进行了阐述，是为我国相关领域研究的“解渴”之作；陈浩副教授的著作《网络即时通讯记录司法认定问题研究》关注了证据实践中前沿问题——网络即时通讯记录证据，作者通过对这一问题的深入研究，以破解该类证据实践运用中的困境与难题。在此，笔者不能一一列举丛书中十余种专著的主题和意义，仅在提示这套丛书的创新性、前沿性和发展性值得学界和实务界关注。

笔者注意到，这套丛书的作者主体主要以“80后”的青年教师为主，系清一色的法学博士，是烟台大学法学研究的生力军。他们的研究视野更加开阔，更善于吸收先进的理念和方法，思维更加活跃和灵动，研究更富有激情和热情，这无疑为“烟台大学黄海法学文库”的创新性、前沿性和发展性提供了最充分的保障。

烟台大学是我国大学中与大海“最亲密接触”的大学。在校园内，人们就能深深地呼吸到大海的气息，看到浪花的跳跃。因此，我有理由相信，烟台大学法律人也自然具有大海的胸襟和气魄，也敢于在法学研究的“大海”中搏击，在风浪中探索前行，成为我国法学研究新时代的“冲浪者”“弄潮儿”。

“烟台大学黄海法学文库”的推出，正是烟台大学法学在前行中打出的“旗语”！烟台大学法学也将在法学研究的“航程”中不断前行，高歌猛进！

笔者作为烟台大学黄海学者特聘教授，受法学院之托，为此书作总序，于我无疑是一件极大的幸事和荣誉，也是一种责任。

2022年3月11日于清华园

目　录

绪　论

2013年，我国电子商务交易额突破了10万亿元。[①] 2014年，中国电子商务交易额达到13.37万亿元（港澳台地区未统计在内），网络[②]购物用户规模达到3.6亿人，电子支付发展迅速，拥有第三方支付牌照的企业共269家。[③] 2015年，我国提出“互联网+”，通过发展电子商务等进一步提升创新力与生产力。2015年，我国电子商务的发展更为迅猛，交易额增至20.8万亿元。[④] 2016年，中国电子商务交易额达到26.1万亿元，移动购物在网络购物交易规模中占比达到70.7%，电子商务及相关产业直接和间接带动就业人数达到3700万人。[⑤] 2017年，我国电子商务交易额攀升至29.16万亿元，网络购物用户人数达5.33亿人。[⑥] 我国的电子商务持续发展，至2020年，我国电子商务交易额已达37.21万亿元，网络购物人数达7.82亿人。[⑦]

对电子商务交易数据可以进行多方位解读，而无论如何解读，这些数据都可以表明：我国电子商务高度发达，大量消费者参与了电子商务活动。我国的电子商务体量如此巨大，参与人数如此之广，若不通过法

---

① 参见《中国电子商务报告（2013）》，载 http://images.mofcom.gov.cn/dzsws/201807/20180704150628480.pdf。

② 网络主要指的是计算机网络（Computer Network），一般是指互联网、因特网等计算机网络，移动通信设备所组成的网络也涵盖其中。严格来说，互联网与因特网并不相同，不过本书依从我国的习惯，对之一般不加区分。

③ 参见商务部：《中国电子商务报告（2014）》，载商务部官网，http://www.mofcom.gov.cn/article/i/dxfw/gzzd/201505/20150500974173.shtml。

④ 参见孙虹：《〈2015中国电商报告〉核心数据发布》，载中国新闻网，http://www.chinanews.com/cj/2016/06-29/7921976.shtml。

⑤ 参见商务部：《中国电子商务报告（2016）》，中国商务出版社2017年版，第2页。

⑥ 参见商务部：《中国电子商务报告（2017）》，中国商务出版社2018年版，第1页。

⑦ 参见商务部：《中国电子商务报告（2020）》，中国商务出版社2021年版，第2页。

律规则妥善规制，必将影响电子商务的健康快速发展，对于参与电子商务的消费者而言，其权益保护也必然困难重重。“互联网+”已成为我国基本战略，我国重视云计算、大数据、“工业4.0”、人工智能、物联网、机器人等新产业的发展，以提升新时代的国家竞争力。这些新产业均可能涉及消费者权益保护问题，推动这些新产业的发展绝不应以牺牲消费者利益为代价，否则将导致这些新产业的发展后继乏力。“工业4.0”、人工智能、机器人距离普通消费者似乎有些遥远，但是云计算、大数据、物联网早已进入人们的日常工作、生活，人们已经在诸多方面受其影响。现今的大数据技术对消费者的分析、画像、信息推送是跨平台的，电子商务经营者借助大数据技术通过对同一账户在不同平台的消费、访问记录的分析，甚至可能比消费者自己都了解消费者的喜好、习惯。①

我国的电子商务2000年左右开始发展，从起步学习国外电子商务模式，到现如今的电子商务体量居于世界之首，成为其他国家学习的对象，我国电子商务的发展历经风霜，其间也曾经历过电子商务泡沫破裂的寒冬期。我国电子商务发展到现在的规模，所采取的“先发展，后治理”的政策可谓功不可没。伴随这种“先发展，后治理”的政策施行，在电子商务法律方面也呈现“先发展、后立法”的情况。例如，电子交易中最重要的法律规则当属电子合同法律规则，我国1999年《合同法》对以数据电文缔结合同的合法性进行了规定，但对其他方面则未予规定。我国第一部面向电子商务或者说电子交易的法律是2004年《电子签名法》，但该法过于简略，且问题重重。作为保护消费者权益基本法的《消费者权益保护法》自1994年施行，在2013年的修正中才涉及电子商务中的消费者权益保护问题。大约在2008年，中国电子商务走

① 以“无人超市”为例。在消费者进入超市时，超市设备通过消费者手机扫码而读取手机内的消费者账户来识别消费者的主体身份；在消费者选购商品的过程中，超市设备能够记录、分析消费者的购物路线、停留时间；消费者携带商品进行快捷支付。“无人超市”是非常典型的线上线下交融的电子商务交易过程，电子商务经营者通过无人超市设备收集消费者在无人超市中的路线、时间、所购商品等数据，并结合其他数据进行分析、画像，以便可以为消费者提供个性化营销、服务。在这一过程中，云计算、大数据、物联网技术深介其内。

出“寒冬期”，开始迅速发展，而在此期间，伴随网络购物人数的迅猛增加，网络购物纠纷开始大量出现，但法律规则却尚付阙如，处于尴尬境地。在《消费者权益保护法》修订期间，社会公众对于消费者在线权益保护规则的完善表示出了极大关注，相关规则也得到了广泛讨论。在《消费者权益保护法》修正后，相关“网购”规则也迅速发挥了作用。依托修正后的《消费者权益保护法》，消费者在线权益的保护得到加强。

在相当长的时间里，我国的电子商务法律发展水平与我国的电子商务发展水平不相对应，较高位阶的法律数量过少，规则不足。在我国电子商务发展过程中，法规、规章及其他规范性法律文件发挥了重要作用，但与之而来的则是消费者在线权益保护的过度碎片化。相对于电子商务的迅速发展，我国在这一方面的立法处于严重滞后的状态。2017年3月15日，第十二届全国人民代表大会第五次会议通过了《民法总则》，但《民法总则》并未对网络、电子商务作出充分回应。2018年8月31日，第十三届全国人大常委会第五次会议通过了《电子商务法》。《电子商务法》的出台标志着我国对电子商务的管理从宽松期进入严格期，该法对电子商务经营者进行了类型区分，并根据我国电子商务中的具体问题对电子商务经营者的义务进行了详细规定，加强了对平台经营者的约束力度，这将进一步提升消费者在线权益保护力度。2020年5月28日通过的《民法典》吸收了《电子商务法》以及一些司法解释等的规定，涵盖了与电子合同订立、履行相关的部分内容。2021年，我国接连颁布了《数据安全法》《个人信息保护法》《App违法违规收集使用个人信息行为认定方法》《常见类型移动互联网应用程序必要个人信息范围规定》《最高人民法院关于审理使用人脸识别技术处理个人信息相关民事案件适用法律若干问题的规定》等规范性文件和司法解释。2022年3月1日，最高人民法院公布了《关于审理网络消费纠纷案件适用法律若干问题的规定（一）》，结合网络消费的新模式新样态，对格式条款、七天无理由退换货、网络促销、刷单、直播等事项进行规范。

不过，我国对于消费者在线权益保护，公法、私法之硬法规则供给仍嫌不足。《民法典》《电子签名法》《反不正当竞争法》《产品质量法》《广告法》《价格法》《民事诉讼法》等法律在消费者在线权益的高效保护上仍有不足。在公法领域，我国电子商务监管权力划分不清、电子商务监管规则不足且不成体系，电子商务监管不力、机制不全、协同不足。在硬法供给不足的背景下，软法在保护消费者在线权益方面发挥了重要作用，但软法多由业界利益相关者促生，行政部门很少介入，法律引导与审查缺失，也不足以妥善保护消费者在线权益。

美国、欧盟的电子商务及消费者权益保护立法紧随电子商务的发展而发展。美国、欧盟与消费者在线权益保护相关的研究、立法在电子商务高速增长期内（1998～2006 年）得以快速发展，以在线消费者个体利益为中心，在扩张在线权利的基础上，改造传统消费者保护机制以适应电子商务环境，并研究新型机制的创设。受此影响，立法同时面向传统消费者与在线消费者，并主要以电子商务单行法扩张消费者在线权利、扩充保障机制。在此阶段，电子商务软法机制于美国兴起，其中的重要原因在于美国对电子商务发展采取以业界自律为主的调控模式，如何运用软法机制以有效补充硬法机制成为研究的重要方面。2007 年后，欧美电子商务增速放缓，竞争进一步加剧。在此背景下，消费者在线权益保障机制过度依靠电子商务单行法却缺少其他法律支撑的弊端逐渐显现，在线消费者保护与传统消费者保护衔接不良，保障机制运行不畅。另外，电子商务愈加普及，网络购物、支付已经成为一种惯常的生活方式，而不再如以往一般属于特殊的生活方式，这推动了在线消费者与传统消费者身份区分的弱化、消除。重视消费者个体利益却忽视消费者整体利益，扩张消费者在线权利却忽略多法律间的衔接、多机制间的协调，必然产生冲突。从欧盟的立法来看，欧盟将消费者在线权益保护引入合同法等私法与竞争法等公法，维护消费者在电子商务中的整体利益与市场地位，采取以私法机制为主、公法机制为辅、软法机制为补充的混合式综合保障机制，一体保护消费者在线权益与传统权益。私法机制的基础地位得以进一步明确，消费者保护向私法（主要是合同法）持续传导。欧洲学界推出的《欧洲合同法指导原则》（2008年）、《欧洲示范民法典（草案）》（学者建议稿）（2009年）全面涵盖消费者在线权益保护。欧盟的2011年《消费者权利指令》更是深受影响，主要在合同机制的基础上一体保护消费者在线权益与传统权益。美国在次贷危机后的金融消费改革中也表现出这一点。虽各国对消费者在线权益保护程度不一，规范模式与保障机制不尽相同，但电子商务技术与商业模式具有同一性，在电子商务全球发展的背景下，各国多有消除因制度差异所致之贸易壁垒的倾向。世界贸易组织（World Trade Organization，WTO）、经济合作与发展组织（Organization for Economic Co-operation and Development，OECD）、国际商会（International Chamber of Commerce，ICC）等国际组织在多方面进行跨国协调与合作，这也推动了电子商务领域内消费者保护私法机制与软法机制的区际、国际趋同，但公法机制差异依然较大。

电子商务涉及领域众多，相应地，消费者在线权益保护也跨越多个法域，为妥善保护消费者在线权益，应当建立消费者在线权益综合保障机制，此机制涵盖了私法机制、公法机制与软法机制。在诸机制中，应以私法机制为主，以公法机制为辅，以软法机制为补充。由于不同法域的机制在价值取向、利益倾向、功能举措等方面有别，在机制设计上，应协调各机制以减少冲突，形成混合式的消费者在线权益综合保障机制，并与消费者传统权益保护相接洽。为此，在立法上应多法律协同，在非对称在线法律关系私法构造的基础上，以消费者与经营者的权利义务为主线，关联各机制，以多样化的权利救济为辅线，链接各机制。在此综合保障机制中，传统消费者保护制度与电子商务法律制度系消费者在线权益保护机制形成与运行的基础，但我国这两种基础性制度均存在不足，尤其是电子商务法律制度，这在一定程度上对消费者在线权益保护形成限制。我国立法应当注意《消费者权益保护法》与其他法律的衔接配合，通过渐次完善传统消费者保护制度与电子商务法律制度，逐渐健全消费者在线权益综合保障机制。

第一章　消费者的在线权益

第一节　消费者身份与经营者身份

消费者在线权益，并不是一个典型的法律概念，而是对消费者的权利与利益进行概括的一个非严格的概念。消费者在线权益与消费者通过网络实施的行为相关，泛指消费者在电子商务或网络交易中的权益。按照物理实体环境与网络虚拟环境的区分，消费者权益可以区分成消费者线下权益与消费者线上权益（在线权益）。

在自然经济条件下，生产与消费未发生分离，当然不存在消费者问题。只有在商品经济条件下，发生了生产与消费的分离，才可能发生消费者问题，但在不发达的商品经济条件下，生产者为手工业者或小作坊主，他们在经济地位上并不占显著优势。生产者与消费者之间的关系，被视为具有对等性和互换性，且消费者对于商品的选择具有充分的自由，单靠民法上的违约责任和侵权责任即能保护消费者利益，维护两者关系的平衡。[①] 进入工业时代以后，之前的具有对等性和互换性的“生产者—消费者”关系发生了重大变化，由于大工业的兴起，使大量企业成为单纯的生产者，其与消费者不再具有身份上的互换性，企业经常固定为关系链的一端。企业追求利润的天性使其竭尽所能，诸般为逐利而加害消费者的恶劣情形不一而足，而单纯的消费者个体也无力抗争，消费者运动应运而生。在20世纪50年代的消费者运动中产生了“消费者主权”思想，在60年代形成了“消费者权利”概念。20世纪五六十年代的消费者运动的成果便是各国纷纷制定消费者保护法律以加强对消费

① 参见梁慧星：《消费者运动与消费者权利》，载《法律科学》1991年第5期。

者利益的保护，并且各项消费者保护法律也根据社会、经济、技术的发展而不断完善。从现今来看，强劲的消费是推动国内经济发展的重要力量，不论从哪种角度来说，良好的消费政策、消费环境是促进消费的重要手段，而这便需要立法者制定良好的消费者保护法律。对于企业而言，在现如今的传播环境下，企业的声誉是企业获取利润、长久发展的根基，一旦爆出侵害消费者权益的丑闻将会使企业经营受到巨大影响，令企业的长久发展蒙上阴影，这会迫使企业更加自觉地加强自身管理、保护消费者权益。①

一、消费者身份：从身份到契约，从契约到身份

私法中的身份制度是建立在市民社会身份关系基础上的一套由法律、法规认可的制度体系，以权利保护为中心。私法通过身份规则调整个人之间关系，就特定行为而言，当事人之间的不同身份关系决定了不同的法律性质。② 梅因（Henry Maine）所提出的“从身份到契约”解释了从罗马法到近代法的主体权利义务的演变过程，从身份到契约，代表了社会的进步。而消费者保护法的产生，却是从契约回归身份。从民法的角度来看，对消费者权益的保护，首先应当依托合同法，基于经营者与消费者缔结的合同来规制相互间的权利义务。但囿于消费者势单力薄，建立在平等与意思自治基础上的合同，有时仅仅只是在表面上是自由的，实质上却是不自由的，这在基本生活保障领域中体现得非常明显，如在供用电、热、气、水的合同中，消费者是无法与经营者进行平等协商的。如此情境下，合同条款的公平性很难得到保障，需要法律予以矫正。从现代民法以社会本位观代替权利本位观，到合同法经契约正义原则来醇化契约自由原则，再到强制缔约规则、格式条款规则等，无不体现了民法对势单者的关怀与呵护。虽然现代社会中的每一个自然人均为消费者，每一个自然人均可获得消费者保护，从这一点来看，消费

① 例如，在 2017 年 5 月，有报道指出海底捞火锅的劲松店、太阳宫店后厨卫生极端恶劣，使海底捞火锅的声誉受到巨大影响。

② 参见马俊驹、童列春：《私法中身份的再发现》，载《法学研究》2008 年第 5 期。

者保护也并无特殊之处，但是消费者所获得的这种保护，毕竟不是基于其合同主体身份，而是基于其消费者身份。并且，无论从一般法的角度来看，还是从特别法的角度来看，消费者所获得的保护，均远超普通的合同保护。逆向来看，作为经营者，其义务也远超普通合同，如经营者所承担的告知义务以及违反告知义务所产生的责任。

在罗马法时代，身份意味着特权，拥有特定身份的人在社会关系构造中居于法定的优势地位。在近现代，权利义务关系打破了身份特权结构，通过以自由为基础的私法自治来重新建立社会关系，但这也并不意味着身份从法律中消失了。民法调整的是人身关系与财产关系，而身份关系是人身关系中的重要组成部分。当然，在某种意义上，近代民法上的身份关系主要是以血缘身份等为基础，而现代民法上的大量身份关系早已超离了血缘身份，而走向了团体身份，如劳动者身份、股东身份、代理人身份等。这些身份关系与财产关系经常通过合同糅合于一体。民事主体的平等性与互换性在劳动、消费、环境等有个人强弱特征的社会关系中丧失，身份立法成为追求实质正义的一种好形式。现代私法界定强者是为了制约其滥用身份权利，通过立法控制其身份权利；界定弱者是为了提供倾斜保护，提供更多扶助，通过立法规定基本的社会保障基准。[①] 正如同劳动法针对劳动者身份而制定，消费者保护法也是针对消费者身份而量身打造，所体现的其实是金泽良雄所说的“作为弱者的消费者的失地回复的手段”。[②]

消费者权利实为一种与身份关系有关的权利，是一种从契约到身份的权利（或者说权利集群）。以买卖为例，商品买卖是最为普遍、频繁的消费者与经营者间的交易类型，民法上的合同规则足以解决消费者与经营者作为合同当事人双方的权利义务问题，但立法者之所以在民法之外另设消费者保护法，主因是民法以当事人双方平等为出发点，在合同自由的基础上提前设置规则以规范双方关系，但在消费者合同中，消费

① 参见马俊驹、童列春：《私法中身份的再发现》，载《法学研究》2008年第5期。

② 参见梁慧星：《民法学说判例与立法研究》，中国政法大学出版社1993年版，第265页。

者与经营者间的平等仅仅只是形式上的平等，有时甚至连形式上的平等也欠缺，消费者处于极为弱势的地位。出于对公平等目的的追求，[①] 立法者另设作为特别法的消费者保护法律，以对消费者利益加以更妥善的保护，而消费者保护法律的适用当然以主体具有消费者身份为前提。消费者保护法律的发展又对民法产生影响，典型是消费者合同进入民法，如《德国民法典》明确规定了消费者概念，并对消费者权利、经营者义务进行了规定。事实上，即便消费者合同未进入民法，也对民法产生了积极的影响。例如，我国《民法典》对供应电、热、气、水合同的规定便表现出了对消费者的保护，因为此类合同主要发生于消费者与经营者之间。《民法典》第496、497条对格式条款的规定也在很大程度上与消费者保护有关，第491条第2款对通过网络提交订单成功时合同成立的规定，也主要面向消费者。最高人民法院《关于审理网络消费纠纷案件适用法律若干问题的规定（一）》更是专门面向在线消费者提供保护。消费者权利是一种典型的以身份关系为前提的权利，学术界、司法界在对“知假买假”以及职业打假能否适用《消费者权益保护法》问题的研究中，均会考虑到买假者是否具有消费者身份的问题。如果买假者不被认定为消费者，则其无法获得“退一赔三”的待遇。不过，在个案中具体认定消费者身份仍然存在疑难问题。

在传统的线下交易环境中，虽然也有自然人经营者，但经营者以企业居多。在电子商务中，情形有所不同。电子商务包括C2C交易，即“消费者—消费者”（Customer to Customer）。在我国电子商务发展初期，成为电子商务经营者并不需要如线下环境一样办理工商登记手续，也不需要缴纳税款，因此大量自然人开设网络店铺，当时的电子商务经营者以自然人为主，这推动了我国电子商务的发展，目前体量居于世界前列的淘宝网就是从C2C发展而来。在C2C交易中，经营者与消费者在一定程度上呈现身份平等性与互换性的回归。即便在B2C交易，即

---

① 事实上，在这一过程中，绝非仅仅是出于这一种目的，国家出于对消费政策、产业政策的考虑，也会向消费者保护进行适度倾斜。一个恶劣的消费环境难以实现促进经济发展的目标，因此，产业政策的制定也会受到消费政策的影响。

“经营者—消费者”（Business to Customer）中，消费者与经营者的身份平等性也超过传统交易，因为在线交易在一定程度上弱化了消费者与经营者信息不对称的局面，消费者可以方便地获得商品、价格等信息，并可以快速在不同经营者之间进行比较。在交易完成后，消费者还拥有反悔权，可以在法定期间内无理由退换货。在线交易的技术因素与制度因素使消费者与经营者身份更加趋向平等。当然，这种平等仍然是相对的，而不是绝对的。并且，在电子商务中，经营者呈现细分的趋势，简单的区分有平台经营者与平台内经营者，进而又发展出快递经营者、直播经营者，等等。而平台又有网络购物平台、社交平台、直播平台以及集多种平台性质于一身的综合性平台等。在这种态势之下，消费者在线权益保护问题愈加复杂。

二、电子商务中经营者身份的界定

国家统计局数据显示，2016 年全国网上零售交易额为 5.16 万亿元，其中 B2C 和 C2C 交易额分别为 2.82 万亿元和 2.34 万亿元。[①] 由数据可以看出，B2C 与 C2C 的交易额相去不远，在我国电子商务中，大量的经营者是自然人。[②] 微商的兴起，使一大批自然人成为经营者，而其甚至连个体工商户的登记手续都未办理过。分享经济、共享经济兴起，大量的自然人参与其中。二手货与闲置物品交易方兴未艾，如腾讯闲贝、闲鱼、58 转转、瓜子二手车、孔夫子旧书网等平台都主要服务于此类商品的交易，此类交易平台上的卖家[③]以自然人为主。我国在电子商务产生之初采取“先发展，后治理”的战略，大量没有办理过任何行政手续的自然人充当了经营者，这对于促进电子商务发展起到了重要作用。但毋庸讳言，这种粗放式的发展也带来了消费者权益受损的后

① 参见商务部：《中国电子商务报告（2016）》，中国商务出版社 2017 年版，第 2 页。

② 在 B2C 交易模式中，经营者为企业。在 C2C 交易模式中，经营者为自然人。我国 2016 年的 B2C 与 C2C 交易额较为接近，可以说明自然人经营者不在少数。在商务部的《中国电子商务报告（2020）》中并未统计 B2C 与 C2C 交易额。

③ 为行文方便，本书会经常使用网络上惯用的“卖家”概念，主要指的便是电子商务经营者。

果。如今，我国已经发展到“后治理”的阶段，而究竟应当如何治理，值得研究。从保护消费者在线权益的角度来看，消费者的相对人是否为经营者成为保护消费者在线权益的前提，而这主要指的是电子商务 C2C 交易模式中的卖家究竟是否属于经营者。

在电子商务发展之前，自然人成为经营者，往往需要注册为个体工商户，接受行政管理。在电子商务中，在技术的发展、国家的推动以及跟风效应的合并作用下，自然人经营者大量、快速出现。例如，我国在 2016 年的农村网店便超过 800 万家，占全网 25.8%，其中中西部地区的农村电商平均季度增幅达 16.6%。[①] 在当时法律未提出工商登记要求的情况下，这些农村网店办理工商登记手续的可能性是极低的。当然，主体是否进行工商登记与其是否属于经营者，并无必然关联。在某些类型的 C2C 电子商务交易中自然人卖家是否属于经营者，界定的疑难可能主要在于：随着自然人参与分享经济、共享经济，自然人可以在不办理工商注册手续的情况下，通过临时地、短期地提供闲置资源或多余资源而获利。在传统线下交易中，这种情形虽也存在，但规模却比较小，影响范围也不大。而在电子商务中，这种情形的存在却是大量的，在“互联网 +”政策下，这种情形还会越来越多。例如，二手物品交易中的卖家、网络约车服务中的司机、共享床位的提供者是否为经营者？

《消费者权益保护法》并未对经营者进行明确定义，而只是规定经营者为消费者提供其生产、销售的商品或者服务。[②]《反不正当竞争法》与《反垄断法》对经营者进行了界定。《反垄断法》第 15 条第 1 款规定：“本法所称经营者，是指从事商品生产、经营或者提供服务的自然人、法人和非法人组织。”《反不正当竞争法》第 2 条第 3 款规定：“本法所称的经营者，是指从事商品生产、经营或者提供服务（以下所称商品包括服务）的自然人、法人和非法人组织。”这些规定对经营者的界定实际上大同小异，核心是从事经营行为，如商品生产、商品销售、服

① 参见商务部：《中国电子商务报告（2016）》，中国商务出版社 2017 年版，第 4 页。

② 参见《消费者权益保护法》第 3 条。

务提供。而且经营者概念的内涵不包括营利性特征。例如，在免费经济下，大量互联网公司提供免费的新闻推送、搜索引擎、在线听歌等服务，但无论是在《消费者权益保护法》《反不正当竞争法》的意义上，还是在《反垄断法》的意义上，提供这些免费服务的公司仍然属于经营者。这些免费服务提供者虽然不在此类交易中获利，但免费服务提供者借助经由免费服务而积累的“人气”“流量”而自在线广告等其他方面获利，甚至是从服务流程中所获取的用户数据中获利，免费服务只是其商业模式中的一个环节而已。之所以需要将“营利性”自经营者概念中剔除，主要还是为了保护消费者利益，否则大量的经营者将因非以获利为目的而获得《消费者权益保护法》义务的豁免。

《电子商务法》第 2 条第 2 款对电子商务进行了界定，“通过互联网等信息网络销售商品或者提供服务的经营活动”。第 9 条第 1 款对电子商务经营者进行了界定，“通过互联网等信息网络从事销售商品或者提供服务的经营活动的自然人、法人和非法人组织，包括电子商务平台经营者、平台内经营者以及通过自建网站、其他网络服务销售商品或者提供服务的电子商务经营者”。第 10 条对登记问题作出了规定，“电子商务经营者应当依法办理市场主体登记。但是，个人销售自产农副产品、家庭手工业产品，个人利用自己的技能从事依法无须取得许可的便民劳务活动和零星小额交易活动，以及依照法律、行政法规不需要进行登记的除外”。《电子商务法》将大量 C2C 交易中的自然人卖家规定为经营者，需要办理市场主体登记，这无疑会导致中国电子商务市场发生重大变化，基本上会产生电子商务交易与传统交易接受相同的工商管理、税收管理的结果。从消费者保护的角度来看，大量的微商等自然人无疑也将成为经营者，需要承担经营者义务。按照《电子商务法》第 10 条的规定，销售自产农副产品、家庭手工业产品以及利用自己的技能从事依法无须取得许可的便民劳务活动和零星小额交易活动的自然人不需要办理市场主体登记，但《电子商务法》未规定其非为经营者。不过，结合《电子商务法》第 9、10 条的规定来看，此类自然人也属于经营者。然而在线下环境中，此类自然人是否属于经营者，殊无定论。

在经营者范围的问题上，《电子商务法》起草的原则之一是“线上线下平等对待”，但其所规定的线上经营者的范围似乎已经超越了线下经营者的范围。在笔者看来，《电子商务法》宽泛的规定仍然无益于厘清 C2C 交易中经营者身份的确定。

按照《德国民法典》第 14 条的规定，经营者是指自然人、法人或具有权利能力之人合团体，其订立之法律行为系与营业或独立之执行业务活动有关者。并且，自由业之律师、医生，及经营业务之手工业者、农人，均属之。[①] 不过，对于农民、渔民等是否属于经营者，向来观点不一，[②] 这一问题与 C2C 电子商务交易中自然人卖家是否属于经营者的问题较为相似。在传统实体环境中，农民、渔民等作为卖家销售农产品、水产品，一来数量较少，二来金额较小，三来地域限制较大，但在电子商务 C2C 交易中，这三种因素都发生了变化。方便的网络联结、发达的物流使得自然人通过网络销售商品的数量、金额、地域不受限制。以农产品为例，在电子商务兴盛之前，农村的农产品囿于信息流、物流等的限制，很难长距离、大范围流通。电子商务使得农村的农产品也可以如工业品一样，方便地销往各地，许多农产品也正是由农民自行开设网店销售的。在自然人开设网店时，其目的便是从事经营事业、实施经营行为，而这种经营基本上均以营利为目，那么，即便网店销售自产农副产品，也可能构成经营者。

参照《德国民法典》第 14 条的规定，构成经营行为的条件应当是某种交易行为属于主体的营业活动或业务活动，一般为独立的、持续的、有偿的职业行为。苏永钦教授也指出：“交易行为的经常性也是事业不可或缺的要素。”[③] 笔者认为，在讨论 C2C 交易中自然人卖家（包

---

① 参见《德国民法典》，台湾大学法律学院、台大法学基金会编译，北京大学出版社 2017 年版，第 12 页。

② 农民、渔民等自然人是否属于经营者，各国态度不尽相同，这种态度的不同主要是出于不同的法律政策。对经营者进行限制主要是为了加强对处于弱势地位的消费者的保护，如果消费关系的一端是农民、渔民，一端是消费者，难说二者孰强孰弱。笔者认为，若农民、渔民的销售行为属于其职业行为，则其构成经营者。

③ 参见苏永钦：《经济法的挑战》，清华大学出版社 2005 年版，第 191 页。

括服务提供者）是否属于消费者权益保护法意义上的经营者时，关键在于判断其之交易行为是否构成经营行为。具体而言：第一，自然人通过网店、微商等方式经常性地实施交易行为，则自然人的行为构成经营行为（《电子商务法》第2条第2款所规定的“经营活动”），无论其转售商品，还是销售自产农副产品、家庭手工业产品，抑或提供便民劳务活动，均构成消费者权益保护法意义上的经营者。因为，这种行为属于自然人独立实施的且具有持续性的职业行为。第二，自然人偶尔实施的电子商务交易行为不构成经营行为，自然人非为经营者。因为，这种行为并不具有持续性，且为非职业行为。例如，自然人少量销售自产农副产品、家庭手工业产品或偶尔提供便民劳务活动，其均不属于经营者。[①]第三，对于二手物品交易而言，自然人通过网络交易自有二手物品的行为不构成经营行为，其非为经营者。因为，自然人交易自有二手物品的行为不具有持续性，也非职业行为。相应地，如果自然人以交易二手物品为业，则其属于经营者。第四，在分享经济、共享经济中，若自然人的交易行为具有独立性、持续性，自然人以之为业，则交易行为构成经营行为，自然人属于经营者。反之，交易行为不属于经营行为，自然人不属于经营者。[②] 第五，对于网约车司机而言，若其以提供网约车服务为业的，属于经营者；若其仅是偶尔提供网络车服务的（如偶尔通过“顺风车”接送乘客），则不属于经营者。

无论是在传统的线下环境，还是在线上环境，自然人的经营者身份界定均存在疑问，虽然在这两种环境中问题的表现不同，但问题的解决

① 以家具安装服务为例。安装服务属于便民劳务活动，自然人偶尔提供这种服务，其不属于经营者，但若其以此为业，则其属于经营者。例如，自然人通过自行开设网络店铺提供安装服务，或基于与其他经营者（如家具销售者）稳定的合作关系而经常性地向不特定人提供安装服务，此种行为属于职业行为，提供安装服务的自然人属于经营者。按照《电子商务法》的规定，是否属于经营者与是否办理市场主体登记其实并无必然关联。

② 在这种C2C交易中，自然人卖家是否属于经营者，需要具体情况具体分析。笔者认为，关键仍然在于自然人卖家所实施的交易行为是否构成经营行为，若其偶尔为之，不构成独立的、持续的、有偿的职业行为，那么便不属于经营行为，自然人卖家非为经营者。反之，则自然人卖家构成经营者。“民宿短租”与“床位共享”大多是自然人将自有房屋、床位进行短期出租，若其以之为业，则不论时间长短，其均构成经营者。

原理却是一致的，即解决问题的关键首先在于厘清传统线下环境中经营者身份的界定基础是什么，然后依此逻辑解决线上环境中的经营者身份界定问题。《电子商务法》的规定未能厘清本便存有争议的经营者范围问题，未能确定究竟何为“经营”，也未对经营者的排除情形作出明确而清晰的规定。笔者认为，无论是自然人、法人，还是非法人组织，界定其是否属于经营者的基础在于其是否从事经营行为，这是传统规则、理论的核心，在线上环境可以继续适用。虽然 C2C 交易模式多种多样，随着电子商务的发展，可能还会发展出新的交易模式，但按照“经营行为”要素大致可以解决自然人经营者身份的界定问题。只不过，更为具体的判断标准需要在实践中通过判例来逐步完善。

第二节　电子商务对消费者权益保护的影响

一、消费者权利的形成

每一种消费者权利形成的背后，都有着经济、社会、人性、道德等各方面的原因。消费者保护法律，并不如同民法一样有着深远的可追溯的历史源头，其诞生的历史其实并不长，并且与消费者保护运动密不可分。“风起云涌般的消费者运动，在 50 年代提出‘消费者主权’思想，60 年代终于形成了‘消费者权利’概念。现今各国消费者运动无不高扬‘消费者权利’的大旗，而保护消费者权利已经成为各国消费者政策的核心和理论基础。”① 当然，“消费者主权思想并非完全是现代消费者运动的结果，在西方古典自由主义经济学家的著作中，消费者主权一直被认为是市场经济的必然结果”②。

近代民法确立了私法自治原则，主体可以按照自己的意愿设定权利义务关系。按照合同自由这一私法自治原则最核心的理念，无论是经营

---

① 梁慧星：《消费者权利与消费者运动》，载《法律科学》1991 年第 5 期。
② 李昌麒、许明月编著：《消费者保护法》，法律出版社 2005 年版，第 61 页。

者、消费者抑或其他主体，均可自由地选择交易主体、交易对象，设定交易条件，平等地签订合同。“这样，至少从长期来看，各个参与者的盈亏会得到平衡。也就是说，市场会按照自己的规律进行调整。国家的任务，只是确定大的框架条件，以保证市场的正常运行。在这样一个私法体系中，不存在、不必、也不应当存在对某一个特定人群的特别优待。然而，这一经济自由主义理念的实现存在两个前提，一是市场竞争完善，二是消费者作为一个成熟的经济人进行交易，但这两个前提并不符合现实。一方面，市场竞争在一般情况下并不完善；另一方面，消费者作为一个普通人，也不是总能理性地做出决定，而是常常易动感情、并容易受到影响的。这样，经营者就有机会利用不规范的竞争和消费者人性上的弱点，单纯根据自己的意愿，对合同自由原则做出有利于自己一方的解释。在这种情形下，私法自治原则就成为被少数资本拥有者利用来实现自己利益的手段，而大部分人的利益却在这一看似正当的挡箭牌下受到侵害。”①

在经济学意义上，信息是消费活动的基础，信息的多寡及真假直接影响了交易主体的利益。然而，消费者在信息搜集、处理、利用等方面不足够专业，也无法承担足够的信息成本，这使消费者所掌握的信息往往是不完整的。经营者掌握着更多的信息，可自行斟酌是否向消费者透露，而消费者有时甚至无法判断被告知的信息是真是假、所掌握的信息是否足够充分。经营者与消费者间的这种不对称的信息分布，极大降低了消费者在消费活动中的地位。从消费合同的角度来看，合同自由只是一种形式上的自由，在消费者无法掌握足够的消费信息的情况下，很难说消费者处于真正的自由之中，也很难说消费者与经营者存在实质意义上的平等。现代民法不仅寻求形式平等，还寻求实质平等，对处于弱势地位的消费者提供倾斜性保护也是情理之中。

1962年3月15日，美国总统肯尼迪向国会提出《关于保护消费者

---

① 张学哲：《德国当代私法体系变迁中的消费者法——以欧盟法为背景》，载《比较法研究》2006年第6期。

利益的国情咨文》，正式阐述了四项消费者权利：第一，安全的权利（the right to be safety），保护消费者生命健康免受危险商品危害；第二，了解的权利（the right to be informed），保护消费者免于因虚伪欺诈或使人误信的广告、宣传和表示而受到损害，向消费者提供选择商品所必备知识；第三，选择的权利（the right to choose），保证消费者以竞争价格获取各种商品和服务，在由政府实行规制的非竞争性经济中保证消费者以公正价格获得优质商品和服务；第四，意见被尊重的权利（the right to be heard），政府在决定政策时，应保证消费者意见被充分考虑，并公正迅速地予以处理。[①] 咨文强调，为促进消费者权利之完全实现，必须加强政府干预措施、改善行政组织，在有关领域制定新法令。这四项消费者权利迅即传遍世界，获得广大消费者赞同，成为各国消费者组织的奋斗目标。后经补充第五项权利，即损害救济的权利，此五项权利被公认为消费者五项基本人权。[②] 消费者权利的核心是安全权（或者说生存权），安全权是各种消费者权利的起点，其他类型的消费者权利均可以安全权为依托而寻找到立论依据。消费者安全利益的位阶高于经营者的经营利益，这是消费者政策的基石。随着社会的发展，消费者保护理念深入人心，各国立法不断加强消费者保护，消费者权利得以不断丰富，保护的手段也逐渐多样化。

二、电子商务对消费环境的影响

消费主要包括生产消费与生活消费，消费者权益保护法意义上的消费主要指生活消费。生活消费包括生存型消费、发展型消费和享受型消费。[③] 对于个体而言，生存型消费必不可少，不过在当今中国，个体的生存需求已经得到满足，大量消费表现为发展型消费与享受型消费。“人的需求当然首先表现为对维持生存的基本需求，但人的需求不会、

---

① 参见梁慧星：《消费者运动与消费者权利》，载《法律科学》1991 年第 5 期。

② 参见王泽鉴：《消费者的基本权利与消费者的保护》，载《民法学说与判例研究》（第 3 册），中国政法大学出版社 2005 年版，第 16 页。

③ 参见钱玉文：《消费者权利变迁的实证研究》，法律出版社 2011 年版，第 54 页。

也不可能只停留在生存需求的水平上。当人的生存需求得到满足或基本得到满足以后，高层次的需求也就应运而生。”[①] 在电子商务中，生存型消费依然存在，但发展型消费、享受型消费已经成为电子商务中的主要消费形态。消费者在追求“价廉”的同时，更多的是追求“物美”，消费者通过电子商务可以拥有更多的选择。例如，米、面主要属于生存型消费产品，但在线上环境销售的米、面主要是地方特产或质量更优的米、面，从而成为享受型消费产品。电子商务对消费环境的影响除交易标的外，更多的是体现在交易环境上。主体通过网络进行交易，交易处于虚拟环境中，而虚拟环境与实体环境有着巨大的差别。从合同的角度来看，所有的交易均依托合同，在网络中发生的交易所使用的是电子合同，而电子合同在诸多方面迥异于传统合同。从商品展示，信息披露，到合同签订、履行，通过电子合同支撑的交易流程呈现极大的技术特性。再以个人信息保护为例，在传统线下消费环境中，无论是消费者、经营者，还是立法者，均较少关注消费者的个人信息保护问题，但在现今的电子商务线上消费环境中却不得不考虑这一问题。在大数据技术之下，互联网企业纷纷收集消费者的个人信息进行加工，分析消费者的喜好，借助相应的算法进行定点广告投放、信息推送、自动推荐，试图挖掘出新的利润增长点，这令消费者的个人信息受到严重威胁。[②] 信息失密越来越严重，例如，雅虎公司在 2017 年 10 月 3 日承认，雅虎的 30 亿条用户信息在 2013 年被盗取，其中包括身份证、电话、姓名、地址、社保卡等信息。[③] 2019 年 5 月，澳大利亚图形设计工具网站可画（Canva）遭到黑客攻击，该攻击暴露了 1.37 亿用户的电子邮件地址、用户名、

---

① 屈茂辉：《消费者权利探微》，载《消费经济》1995 年第 2 期。

② 当前，我国线上账户多使用电子信箱、手机号码等唯一性数据作为账户名称，同一消费者在不同网站所注册的账户名称经常是一致的，这导致的结果是，消费者在搜索引擎或电子商务网站搜索某一商品，在消费者访问其他网站或使用相关应用程序时，便会收到该商品的广告推送。此流程的技术并不复杂，但可以表明用户的数据被收集，并在不同网站间进行了共享，而用户却并不知情。

③ 参见《雅虎 30 亿用户账号信息被盗》，载中国青年网，http://news.youth.cn/jsxw/201710/t20171011_10853609.htm。

姓名、居住城市以及使用 bcrypt[①] 密码加密和散列的信息。个人信息保护问题是非常典型的肇始于网络的问题，是因环境变化而产生的新问题。环境、需求的变化自然会对法律产生影响，当法律过度滞后时，大量纠纷便难以得到妥善解决。在《消费者权益保护法》修订前，《消费者权益保护法》对消费者在线权益的保护存在不足，[②]《消费者权益保护法》因此而颇受诟病。《消费者权益保护法》是保护消费者权益的基本法，当消费者权益难以依据《消费者权益保护法》得到应有的保护时，质疑便在所难免。

三、电子商务对消费者保护相关法律的影响

消费环境、消费需求的变化自然会对消费者保护法律产生影响。电子商务的兴起，对法律产生了重大影响。就与消费者保护直接或间接相关的法律而言，主要表现在以下方面：

1. 传统民商法

与消费者保护相关的民事实体法数量众多，是消费者权益保护法运行的基础。电子商务的发展对这些法律产生了巨大影响，相关法律也越来越多地涉及电子商务问题。相较而言，合同法受到的影响最大，因为电子交易是电子商务的核心。合同订立（包括要约、承诺、合同成立及签名等）、合同形式（电子形式）、合同效力（电子合同的缔约能力、效力等）、合同履行（主要指向通过网络完成的交付）等制度、规则受到了较大影响。简单说来，电子商务主要是在意思表示领域对传统民商法产生影响，这主要源于意思表示新载体——数据电文的使用。数据电文意思表示或者说电子意思表示由于采取了以数字技术为支撑的数据电文作为新型载体（隶属于意思表示的表示行为要素），超出了传统民法

① bcrypt 是一个跨平台的文件加密工具。

② 在笔者看来，我国《消费者权益保护法》的修订对于解决线上环境中的消费纠纷具有积极意义，但囿于我国的管辖规则、证据规则、电子合同规则等并未与时俱进，即便按照修订后的消法、新制定的电子商务法，许多电子商务消费争议也难以得到低成本的、及时的、妥善的解决。

上的意思表示载体（传统的口头语言、书面文字、行为）范畴，因而在法律上产生诸多疑问。

电子计算机诞生于 1946 年，至今已历经七十余年的发展，网络也经过了五十余年的发展，[①] 电子商务在各国方兴未艾，信息浪潮席卷全球，新技术层出不穷，传统商业也经历了极大改造。多个国家在电子商务单行法施行之后，将其中的一些重要规则引入民法典或商法典之中。例如，德国将电子交易规则融入其传统民商法体系，在修订民法典时吸收了欧盟的电子商务指令，《德国民法典》存在为数不少的电子交易规则。2000 年 2 月 29 日，法国议会修正了证据方面的法案，特别针对信息技术以及电子文件与签名的法律效力问题，在此之后也颁布了多个法案，随后又将这些法案中的规则引入《法国民法典》。《荷兰民法典》在人和家庭法、法人、财产法总则、物权、债法总则、各种合同中大量规定了电子方式，并针对电子交易特设两节规定。《欧洲示范民法典（草案）》（学者建议稿）在承继欧盟相关指令、考量各国现行规则的基础上，规定了大量的电子交易规则。在《俄罗斯联邦民法典》中，也存在为数不少的涉及网络、电子商务的规则。《美国统一商法典》在 2000 年后的修订中也引入了大量电子交易规则。

相较之下，我国民商事法律对电子商务基础制度的建立存在不足。1999 年的《合同法》与 2004 年的《电子签名法》对数据电文、电子合同的规定存在极大不足。2018 年的《电子商务法》专门对电子合同的订立与履行作出了规定，但《电子商务法》的规定仅涉及电子合同中的自动交易系统、缔约能力、要约、错误更正问题，根本就没有涉及更为底层的合同问题。2021 年实施的《民法典》主要是在总则编中规定了数据电文的生效时间，在合同编中规定了数据电文的生效地点、形式以及电子合同的要约、交付，事实上仍有继续补充电子交易规则的必

---

① 网络技术的产生是循序渐进的，世界上第一个真正意义的网络是阿帕网（Advanced Research Projects Agency Network，ARPANET），阿帕网于 1969 年投入使用，在 1971 年拥有了 15 个节点，开始连接美国多个大学、研究所、公司，并可以与欧洲相连接。在免费在线服务及商业在线服务兴起之后，阿帕网于 1989 年关闭。

要。除对交易制度的影响外，电子商务对侵权法也产生了影响，并且涉及的范围也比较广泛。电子商务中涉及侵犯消费者权利的情形主要表现在侵权手段的变化与因侵权而产生新型权利上，① 如直播、外卖等。在前者，安全权、知情权、公平交易权等消费者权利在网络环境中被侵犯与在线下环境被侵犯其实并无实质不同，变化的仅是侵权手段。在后者，随着技术的发展，在电子商务中出现了一些在传统线下环境并不会出现的侵权行为，例如，经营者向消费者投送精准广告、收集消费者个人信息等。这些侵权行为多与个人信息保护问题相关，解决问题的关键在于对个人信息进行保护，由此而衍生出新型权利。目前，我国已经制定了《个人信息保护法》，通过对个人的保护，可以起到对消费者的保护作用。2022 年 3 月 1 日，最高人民法院公布的《关于审理网络消费纠纷案件适用法律若干问题的规定（一)》针对数字经济中的消费者在线权益保护作出了较为全面的细化规定，涉及网络消费格式条款、七天无理由退换货、自营误导、电子支付、店铺转让、刷单、促销、直播、外卖、更优承诺等问题，有利于消费者在线权益保护。我国法律虽然在电子商务、消费者保护等方面取得了一定进步，但仍有不足。《电子签名法》《电子商务法》《民法典》仍然未能建立起完整的数据电文意思表示制度，在数据电文意思表示的归属确认、归属推定、确认收讫以及一般电子签名的效力、可靠电子签名的推定等方面仍有补充或修正的必要。此外，还需要根据当前的算法技术及相应商业模式的发展，结合人工智能、物联网、大数据等进行协同规制，而其核心应当在于算法掌控者义务的赋予和包括消费者在内的数据主体权利的赋予。②

2. 民事程序法

对消费者的实体法保护需要借助程序法来实现。从宏观方面来

① 网络对侵权法的影响是比较大的，不过，我国《民法典》侵权责任编主要是补充了“避风港”规则，对问题的回应也有所不足。

② 参见刘颖、王佳伟：《算法规制的私法进路》，载《上海大学学报（社会科学版)》2021 年第 6 期。

看，民事程序法受到电子商务或网络因素的影响主要体现在以下三个方面：

第一，涉网络民事案件的管辖规则。在民事诉讼管辖制度中，只有特殊地域管辖才受到案件涉网络性质的影响。造成影响的直接缘由是，迥异于现实空间定位规则的以 TCP/IP 协议簇（Transmission Control Protocol/Internet Protocol，传输控制协议/网际协议）为核心的网络空间定位规则切断了法律事实发生地与法院辖区间的原本关联，当法律事实发生于网络虚拟空间时，难以确定其所对应的实体空间中的法院辖区。这种影响的直接表现是在涉网络民事案件中是否需要剔除或增设管辖连接点，以及如何结合网络空间定位规则，重新建立法律事实发生地与法院辖区间的直接关联。最高人民法院《关于适用〈中华人民共和国民事诉讼法〉的解释》涉及涉网络民事案件的管辖问题，但仍存不足，不利于消费者保护。笔者认为，网络空间具有“技术—社会”的双重结构特性，涉网络案件管辖问题的解决，应在网络空间的社会性的基础上，参酌技术性，主要以法律解释的方法对传统规范进行改良。

第二，电子数据证据规则。2012 年《民事诉讼法》的修订增加了电子数据证据之证据类型，但在相当长的时间里，我国《民事诉讼法》及相关司法解释没有设定详细的、具有可操作性的电子数据证据规则，这造成了司法实践的困扰。2019 年 12 月 25 日，最高人民法院修正了《关于民事诉讼证据的若干规定》，对电子数据证据的类型、原件、证据保全、真实性等作出了较为详细的规定。

第三，在线诉讼。鉴于电子商务发展迅速，相关纠纷在数量上、类型上也是日益增多，我国法院开始建设在线诉讼服务平台，至今各地法院基本上均已开通此项服务，并不断扩展在线诉讼服务平台的功能。并且，我国已开始建立网上法院。2017 年 8 月 18 日，杭州互联网法院挂牌成立，这是我国第一家集中审理涉网案件的试点法院，杭州互联网法院管辖的互联网民事案件类型包括网络购物合同纠纷、网络购物产品责任纠纷、网络服务合同纠纷、在互联网上签订履行的金融借款合同纠纷、小额借款合同纠纷、网络著作权纠纷,[①] 多数案件类型与电子商务相关。杭州互联网法院还公布了《诉讼平台审理规程》,对通过网络进行的立案、受理、应诉、答辩、送达、庭前准备、庭审、审判、执行、卷宗归档等诉讼全流程的规则进行了规定,服务于多元化纠纷解决机制。之后,北京互联网、广州互联网法院也得以建立。2018 年 9 月 3 日,最高人民法院通过了《关于互联网法院审理案件若干问题的规定》,对北京、杭州、广州三地的互联网法院在线审理案件的程序性问题进行了规定。按照该规定第 2 条的规定,与消费者在线权益保护相关的案件类型包括:通过电子商务平台签订或者履行网络购物合同而产生的纠纷;签订、履行行为均在互联网上完成的网络服务合同纠纷;签订、履行行为均在互联网上完成的金融借款合同纠纷、小额借款合同纠纷;通过电子商务平台购买的产品,因产品缺陷侵害他人人身、财产权益而产生的产品责任纠纷;因行政机关作出互联网信息服务管理、互联网商品交易及有关服务管理等行政行为而产生的行政纠纷;等等。2018 年 9 月 18 日,杭州互联网法院已开始运行司法区块链平台,使用区块链技术来生成、存储、传播电子数据证据,方便证据的固定、调取。其他互联网法院也有相应的尝试。我国互联网法院的设立将会为我国的互联网案件审理摸索经验,起到示范引导作用。我国本便存在诉讼难的问题,通过技术手段对诉讼流程进行改造,既方便法院,也方便诉讼参加人,这可以成为缓解诉讼难的一个手段。2021 年 6 月 16 日,最高人民法院发布了《人民法院在线诉讼规则》,规定在线诉讼活动与线下诉讼活动具有同等法律效力,对在线完成立案、调解、证据交换、询问、庭审、送达等作出规范,这也有利于消费者提起、参加诉讼,减少讼累。

3. 电子商务法

在电子商务领域中,美国已经颁布了《国际与国内商务电子签章法》《高性能计算机及网络法案》《统一电子交易法》《统一计算机信息

---

① 参见杭州互联网法院:《受理范围快速预览》,载杭州互联网法院诉讼平台,http://www.netcourt.gov.cn/portal/main/domain/index.htm。

交易法》[①] 等法律。欧盟的相关指令为数不少，如《关于远程合同中的消费者保护问题的指令》《电子签名的共同体框架指令》《电子商务指令 2000》等，其中《电子商务指令 2000》为根本性法律文件，引导各成员国制定相一致的电子商务法律规则。德国在 1997 年颁布了《数字签名法》，该法后被 2001 年《关于电子签名框架的立法》所取代。许多国家都规定了电子商务单行法。我国于 2004 年颁布了《电子签名法》，于 2016 年颁布了《网络安全法》，于 2018 年颁布了《电子商务法》。虽然我国大量政府规章、地方性法规也涉及网络问题，但在相当长的时间内，我国网络与电子商务法律的制定严重滞后、不足。与此同时在“先发展，后治理”策略之下，我国的电子商务总量已经居于世界之首。在这种背景下，我国加快了立法进程，但目前仍然无法抹平在过去十几年中研究的迟滞。并且，当前的大量研究转向了网络平台治理、机器人、自动驾驶、人工智能等更新的法律问题。在已经出现断层的情形下，势必难以将网络平台治理、人工智能、算法规制等新型规则与既定法顺利地衔接、协调。在笔者看来，对更新法律问题的研究能够切实产生有益性，前提是将自 2000 年左右应当开始却被忽略的研究予以弥补。法律不应在欠缺底层规则的情形下，跳跃性地设定人工智能、机器人等法律规则。基础性电子商务法律问题仍然需要深入研究。

4. 消费者权益保护法及其他法律

消费者权利的变迁会直接受到商业发展的影响，消费者在线权益与电子商务的发展密切相关，而电子商务的发展又是以数字技术的进步、网络的普及为基础的。可以说，消费者在线权益的发展直接受到网络发展程度、电子商务规模、电子商务模式的影响。我国现行《消费者权益保护法》于 1993 年通过。彼时，因特网（Internet）已经存在，并且已经出现在线服务，不过当时的在线服务以消息服务为主，未出现大规模的商业化使用，与消费者保护问题并不相关，因此《消费者权益保护法》的制定也就不可能顾及消费者在线权益保护问题，其他国家亦是如

① 美国统一州法委员会的《统一计算机信息交易法》只被数个州接受，后被撤回。

此。在我国电子商务兴起之后，出现了大量消费者权益受损却无法依据《消费者权益保护法》得到保护的情形，但在相当长的时间内，《消费者权益保护法》并未修正。2013 年，《消费者权益保护法》得到第二次修正。修正后的《消费者权益保护法》在消费者权利、经营者义务、信息披露、个人信息保护、网络交易平台、广告等方面均涉及电子商务。例如，《消费者权益保护法》第 25 条为消费者设置了反悔权，主要针对的就是电子商务。《消费者权益保护法》的修订，一方面丰富了线下消费环境的消费者保护规则，另一方面也大幅度增加了线上消费环境的消费者保护规则。在《消费者权益保护法》之外，《广告法》《食品安全法》等经过修正的法律也大量地直接或间接涉及电子商务中的消费者权益保护问题。

为解决电子商务中的消费者在线权益保护问题，相关部门颁布了《网络交易管理办法》（已失效）、《网络商品交易及有关服务行为管理暂行办法》（已失效）、《网络交易平台经营者履行社会责任指引》、《网络商品和服务集中促销活动管理暂行规定》（已失效）、《关于加强和规范网络交易商品质量抽查检验的意见》、《关于促进网络服务交易健康发展规范网络服务交易行为的指导意见（暂行）》、《网络购买商品七日无理由退货暂行办法》、《电子商务模式规范》、《电子认证服务管理办法》、《关于规范网络促销行为的通知》、《第三方电子商务交易平台服务规范》、《关于加强网络团购经营活动管理的意见》（已失效）、《互联网广告管理暂行办法》、《App 违法违规收集使用个人信息行为认定方法》、《常见类型移动互联网应用程序必要个人信息范围规定》、《网络直播营销管理办法（试行）》，等等。这些规范性文件在保护消费者在线权益方面起到了重要作用。在地方性法规方面，北京市、上海市、天津市、重庆市、广东省、福建省、浙江省、山东省等均针对电子商务颁布了地方性法规，数量众多。

第二章　消费者在线权益的综合保障

第一节　消费者在线权利的类型

一、消费者在线权利的普遍性

权利的内核是利益，利益可以存在于任何环境，不过伴随着环境的变化，利益的表现会有所不同。网络的兴起使主体产生了存在于网络环境中的利益，此种利益，有的是传统利益延伸于网络环境，有的则是新环境促生出的新型利益。法律需要适用这种变化并作出相应的调整。譬如，在民商法上，受到网络影响最大的法律当属合同法。在合同法中，因网络而受到影响的规则以电子合同为主。因数据电文此一意思表示新型载体的出现，导致在诸多场合下传统意思表示规则无法妥适调整相关关系，以至于需要重新解释传统规则或者制定新规则，例如，需要重新解释签名规则、到达规则、要约与承诺规则，需要制定确认收讫规则、意思表示归属规则等。但是经历了长久传承与发展的传统理论与规则仍然具有极强的生命力。以《法国民法典》为例，“法国民法典第三编的规定是包括电子合同在内的所有合同的基础，其包括了法国合同法的基础原则”[①]。《法国民法典》主要是通过对证据、证明的修改将电子交易纳入其中，认可电子签名具有签名效力、数据电文具有证据力。其他国家立法一般也将网络交易纳入传统法律框架之内予以规范，如美国《统一电子交易法》第 3 条规定：“受本法调整的交易，仍受其他可适用的实体法的调整。”笔者认为，在一般意义上，电子商务并未在质上形成

---

① Cizek & Alexander, *Benchmarking of Existing National Legal E-business Practices* (July 29, 2010), http://www.pedz.uni-mannheim.de/daten/edz-h/gdb/06/austria.pdf.

新的法律关系，而只是形成法律关系的新手段。从权利的角度来看，即便是新生的权利类型（如个人信息权），电子商务中的权利在本质上仍然同于传统。然而，电子商务主要发生于网络环境，网络环境与实体环境的差异导致法律在调整电子商务关系时，如果不作任何变化地套用本以实体环境为存在环境的传统制度、规则，将产生诸多问题。为解决这些问题，在对传统规则进行解释仍不足以达到目的时，规则的创制将不可避免。对于网络交易而言，规则创制的典型便是数据电文意思表示新型规则的产生。但是，这仍然不能认为产生了新的法律关系，尤其不能认为产生了部门法意义上的新的法律关系，例如，数据电文、电子合同系列问题其实仍然没有超离传统合同法框架，新型规则的产生主要是源于有异于传统的表示行为。从这一角度来看，法律完全可以将网络交易纳入传统框架之内，而非另起炉灶。

网络迅速兴起，依托于网络的电子商务极大推动了经济的发展，将越来越多的人带入网络，甚至形成了“网络社会”，这使得之前偶然存在于网络中的利益变得越来越具有普遍性。并且，随着电子商务进一步深化发展，领域被细分，出现了一些在实体环境中不会存在的利益，如在比特币之上存在的虚拟财产利益。天生具有分布性、去中心化特点的比特币只能存在于网络，若网络消失，比特币将荡然无存。在俄乌战争期间，因加密货币、非同质化代币（Non-fungible token，NFT），平台封锁了来自俄罗斯的账户，导致账户中的加密货币、NFT 无法交易，而这也说明，只要存在存储需要，在去中心化的网络中仍然存在中心化，只不过被隐藏起来。同理，使用主体在网络游戏中的利益也是只能存在于网络，无法存在于实体环境。主体是连接实体环境与网络环境的关键，主体存在于实体环境，在某种意义上，其也存在于网络环境，虽然主体的网络存在并非一种实体存在，而是一种虚拟存在。利益只有在与主体相关联时，才具有在法律上探讨、保护的必要。主体在网络环境中的利益不以主体成为一种网络式的纯粹存在为前提，即便主体在网络环境的存在其实只是一种虚拟存在，也不能由此认为主体在网络环境中的利益与主体在实体环境中的利益有本质的不同。例如，主体在实体环境与网络环境中的隐私、个人信息均应受到保护。因此，网络环境虽然是一种虚拟环境，但主体在网络环境中的利益却是真切的，与实体环境中的利益并无二致。这一点同样反映在所谓的元宇宙中，元宇宙其实仅是网络、人工智能、物联网、虚拟现实等技术的糅合，虽然不能排除元宇宙真正实现的可能，但在相当长的时间里，元宇宙中的“主体”其实仍然是实体环境中主体在网络中的身份映射，二者仍然可以关联。那么，在所谓的元宇宙中，其实仍然存在消费者在线权利。

网络逐步把社会改造为一种数字社会、网络社会，从实体环境与网络环境二分的角度，我们可以把主体的利益区分为线下利益（实体环境中的利益）与线上利益（网络环境中的利益）。在网络出现之前，主体在法律上的利益均表现为线下利益，而在网络出现之后，主体在法律上的利益又增加了线上利益。电子商务的蓬勃发展无疑使主体的线上利益得以进一步扩展、泛化，并成为一种在当今社会具有普遍性的利益。各国纷纷针对网络展开立法，这是立法者对网络系列问题的法律因应，这一过程是个漫长的过程。此中存在的问题是，未及法律对新问题作出回应，网络的快速发展就已使新问题成为旧问题。各类问题层出不穷、层层堆叠，使得法律规则的供给显得捉襟见肘、无法应付。例如，团购已成为一种通常的生活方式，在团购中的法律问题未得到解决时，以团购为基础的拼购等新型商业模式已经出现，这又产生了新的法律问题；“线上到线下”（online to offline，O2O）商业流程中存在的法律问题也很多，在这些问题得以解决之前，技术与商业模式的进步已经推动着O2O完成了线下环境与线上环境的进一步融合、闭环，又产生了新问题。在我国电子商务二十余年的发展过程中，法律一直处于尴尬的境地，除了“先发展，后治理”的政策之外，法律研究的滞后也是立法跟不上电子商务发展脚步的一个重要原因。和人工智能等新领域相比，电子商务似乎已经成为明日黄花，在学界纷纷展开人工智能法律研究时，电子商务中的基础法律问题却仍未得到解决。但是从利益的角度来看，主体在电子商务领域及人工智能等新领域的利益具有相通之处，因为其间都涉及因数字技术等新技术的大规模应用而导致的利益链条的连锁反应。笔者认为，利益不能脱离主体而成为一种单独的存在，在探讨权利或利益的保护时，若是脱离主体，探讨将成为无本之木。因此，在问题的研究、解决过程中，需要坚持以主体为出发点，不可转向机器本身或技术本身。

在电子商务中，消费者权益保护问题属于核心问题之一，消费者权益具有普遍性，同时存在于实体环境与网络环境。在网络环境中，消费者在线权益广泛地存在于与网络交易相关的各种场合。在《消费者权益保护法》修订前，《消费者权益保护法》的规定远远滞后于电子商务的发展，在消费者在线权益保护上存在诸般不足，但是借助软法机制，消费者权利却依然是广泛的。以平台经营者为代表的电子商务经营者通过合同赋予消费者各种权利，自我施加限制。这些权利虽然未得到法律确认，但以债的方式发挥着作用，并通过在线争议解决机制获得快捷保护。《消费者权益保护法》修订后所增设的反悔权其实也主要是对我国电子商务实践的确认，将消费者典型的在线利益上升成为法定权利。电子商务发展至今，已经成为一种平常的商业活动，电子商务中的各种权利也从当初的特别法上的权利演变成为一般法上的权利。然而，我国新制定的《民法典》在权利类型、权利规则等方面却仍然存在种种不足，似乎仍然没有脱离网络与电子商务中的权利属于特别法上的权利这一认知，这不能不说是一种缺憾。

二、受在线因素影响的消费者权利类型

在各国法上，消费者法定权利虽有所区别，但核心权利相去不远。我国消费者基于现行《消费者权益保护法》享有安全权、知情权、选择权、公平交易权、损害赔偿请求权、组建维权社会组织权、受教育权、受尊重权、监督权、个人信息权、反悔权（无条件合同解除权）十一种法定权利。这十一种消费者权利，既可以存在于实体环境，又可以存在于虚拟环境，[①] 权利本身与环境因素并无太大关联（相关利益的

① 在这十一种权利中，我国《消费者权益保护法》规定反悔权仅存在于网络、电视、电话、邮购等消费场合，在传统的线下消费场合中并不存在反悔权。但在欧盟立法中，反悔权同时存在于线上环境与线下环境。

存在与环境因素无甚关联)，因此在立法上也就没有区分线下消费者与线上消费者的必要，而应当统一立法。例如，消费者通过网络订房、订机票、约车时出现了“大数据杀熟”的情况，即平台经营者依托其所持有的海量数据，对消费者个人生活轨迹以及消费偏好精准画像，进而在同一时刻对同一产品进行差别定价，[①] 这种行为侵犯了消费者的知情权、公平交易权等权利。事实上，在线下环境中也存在大量的差别定价行为。此种行为无论发生在线上环境还是线下环境，也无论技术因素如何，分析逻辑是大致相同的。只不过，在这两种不同环境下，消费者权利的表现、权利的行使及经营者义务的履行有所不同。

笔者认为，电子商务对消费者权利的影响主要表现为两个方面：第一，传统消费者权利延展于电子商务。2017 年 10 月，有报道称携程网强制消费者进行捆绑消费，在消费者通过携程应用程序在线订购机票时，会被系统自动搭售保险、专车券、酒店券、接机服务等，并且消费者很难取消这些搭售项目。[②] 在引起广泛关注并遭受到批评之后，携程更新应用程序，使消费者可以方便地取消搭售的项目。虽然此事件发生于电子商务之中，但是所涉及的仍然是消费者的知情权、选择权、公平交易权，并未涉及新型消费者权利，所体现的仍是传统消费者权利。第二，电子商务促生出新型消费者权利。电子商务包括各种商业模式，即便在同一领域，经营者所采取的商业模式也不尽相同。在某些场合中，传统消费者权利即便进行最大延展，也很难保护电子商务领域中消费者的所有权益。因此为妥善保护消费者权益，立法便赋予消费者以新型权利，如反悔权、个人信息权等。在消费者的法定权利中，公平交易权、损害赔偿请求权、组建维权社会组织权、受教育权、受尊重权、监督权等权利在涉及网络时，线上线下的环境因素差异对其影响并非很大，通常不需要在电子商务中加以特

---

① 参见何鼎鼎：《数据权力如何尊重用户权利》，载《人民日报》2018 年 3 月 23 日，第 8 版。

② 参见郑洁琳：《携程订机票仍默认勾选保险？媒体：区别对待新老用户》，载映象网，http://news.hnr.cn/shxw/201803/t20180314_3078193.html。

别研究。[①] 在线交易因素对消费者权利产生较大影响的主要是安全权、知情权、选择权、个人信息权、反悔权，这些权利在网络中受到侵害的表现及保护与传统情形有所不同，需要在网络环境中进行特别分析。

（一）安全权

安全权，是指消费者在购买、使用商品或接受服务时所享有的人身和财产安全不被侵犯的权利。对消费者安全权的保护，主要是通过经营者履行义务来实现。线上环境中的安全权其实是传统的安全权在线上环境的延伸，除传统的安全权问题外，在线上环境保护消费者安全权的特别问题主要有二：第一，因线上环境因素而产生的线上安全问题，这一问题会直接与网络安全、个人信息保护等问题产生关联；第二，因网络化、电子化的商品、服务而产生的安全问题。第一个问题通常主要存在于先合同阶段，包括消费者访问经营者的网站或使用经营者的应用程序、浏览信息、与经营者磋商等，经营者需要为消费者提供安全的线上交易环境。第二个问题主要存在于合同中阶段与合同后阶段，[②] 经营者应当保障其所提供的电子化的商品、服务的安全性。

（二）知情权

知情权，是指消费者依法享有知悉其购买、使用的商品或者接受的服务的真实情况的权利。[③] 对消费者知情权的保护往往成为保护消费者其他权利的前提，消费者知情权得以满足往往是消费者选择与特定经营

---

① 从合同的角度来看，线下合同与线上合同会涉及一些共通性的问题，例如经营者应当保障交易的安全、披露自己的身份、披露商品的真实信息，经营者不得限制消费者的合同自由、侵害消费者的选择权，经营者应当向消费者提供公平的交易条件，消费者有权要求经营者承担赔偿责任，等等。对这些问题的处理，在线下合同与线上合同中是基本一致的，在线交易因素不会对之产生太大影响。

② 如果经营者提供的商品、服务系电子化的商品、服务，主要涉及的问题是商品、服务需要符合相应的质量要求，这主要与合同中阶段与后合同阶段相关。从我国网络交易的流程来看，线上安全问题主要存在于先合同阶段，但也会存在于合同中阶段，尤其对于网络闭环类的商品与服务而言，例如，购买 Q 币用于装饰 QQ。对线上安全问题的探讨，适用于合同的所有阶段。

③ 参见徐骏：《智能时代消费者知情权的困境与变革》，载《中南大学学报（社会科学版）》2021 年第 3 期。

者订立合同的基础。在网络交易中，消费者知情权受到侵害的情形，有的同于传统交易，例如在网络直播间中进行虚假宣传；有的则异于传统交易，例如经营者不展示其准确的身份信息、未进行经营主体信息变更公示、在网络展示页面使用不当的商品标题、使用不合理的电子合同缔结流程；还有的经营者会通过刷单、评价、问答等方式产生虚假信息，等等。在电子商务中保护消费者知情权的主要方式是限定经营者的信息披露义务，这主要包括：保障经营者对其身份信息的披露、保障经营者对商品或服务信息的披露、保障经营者对合同条款的披露，以及保障商品或服务的相关评价和问答等信息的有用性、真实性与完整性，等等。私法机制、公法机制与软法机制会在消费者拥有知情权的基础上，设定经营者包括信息披露义务在内的各种义务，义务的类型与内容还会随着技术、社会、经济以及情势的变化而动态变化，并呈现加强的趋势。《电子商务法》针对消费者知情权保护而特设数个条款，包括经营者身份信息的披露、自营业务的标记、合同的提示、算法推荐、商品评价信息的真实性等。

（三）选择权

选择权，是指消费者可以自主选择商品或服务，决定是否购买或接受的权利。在传统交易中，消费者选择权受到侵害的表现主要是消费者的合同自由受到了不当限制，如强行销售、强制搭售、虚假的有奖销售等。这些情形在网络交易中也是存在的，但消费者选择权在网络交易中受到侵害的情形有了新的表现，如强迫用户选择、代替用户选择、妨碍用户选择、推送垃圾信息等。这些问题均与合同、侵权相关。经营者有义务提供公平的交易条款、合理的交易机制，不应当利用其专业、技术、信息优势，令消费者无法行使选择权。例如，消费者在手机上安装某些应用程序时，如果不同意其要求的权限，便会导致应用程序无法完成安装，或者自动退出。对于用户而言，这种行为导致其根本就无法使用相应的应用程序服务，选择权受到侵害。就此种情形，《个人信息保护法》第16条规定："个人信息处理者不得以个人不同意处理其个人信息或者撤回同意为由，拒绝提供产品或者服务；处理个人信息属于提供产品或者服务所必需的除外。"

（四）个人信息权

个人信息权，是个人其对个人信息的权利，为权利束，包括个人对其个人信息的知情权、决定权、查阅复制权、可携权、删除权等。个人信息保护问题在实体环境中虽也存在，例如德国在 1977 年便制定了《联邦数据保护法》，但个人信息保护主要与网络相关。在我国，个人信息保护问题相当严重。计算机、网络以及大数据、人工智能技术的发达，使消费者的个人信息在任何时刻均有被经营者不当收集、分析、使用的可能，这是一个非常典型的侵权问题，不过，经营者经常会以消费者已经同意为由提出抗辩，即经营者主张其对个人信息的收集、处理已经得到消费者同意。经营者提出这种抗辩的，首先需要确定消费者是否作出过同意，消费者所作同意的内容是否有效；若不存在有效的同意，则经营者不能基于同意而提出抗辩，其行为属于侵权。我国在 2021 年制定了《个人信息保护法》，消费者的个人信息保护问题主要依据该法解决。不过，个人信息保护模式、数据流转、个人信息处理同意与意思表示的关系等问题仍需要深入研究。

（五）反悔权

修订后的《消费者权益保护法》增加了对消费者反悔权的规定。我国对消费者反悔权的规定虽然参照了国外立法例，但主要还是对我国电子商务实践的确认，并且反悔权只存在于网络、电视、电话、邮购等消费场合，而不存在于传统消费场合。与欧盟《消费者权利指令》对消费者反悔权（《消费者权利指令》称为撤回权）的详尽规定相比，我国的规定较为简略，并且存在一些需要完善之处。例如，反悔权适用范围较小，未对经营者的反悔权告知义务进行明确规定，反悔权行使方式、行使条件、行使后果的规定也不清晰。

消费者所享有的源于线下实体环境的传统权利可以继续存在于线上虚拟环境。其中，消费者公平交易权、损害赔偿请求权、组建维权社会组织权、受教育权、受尊重权、监督权等权利在这两种环境中基本没有太大不同，没有特别研究的必要。消费者传统的安全权、知情权、选择权及与之相对应的经营者义务，在线上虚拟环境中却有不同于在线下实体环境中的表现，需要在线上虚拟环境中对之进行解释、扩展，此属传统消费者权利在网络领域的具化与发展。消费者的个人信息权、反悔权在一些国外立法中早已存在，在我国却是《消费者权益保护法》2013 年修正后所增设的新型消费者权利，并且属于非常典型的产生于我国电子商务实践的权利，权利的行使、保护等问题需要予以特别研究。因此，消费者安全权、知情权、选择权、个人信息权、反悔权的保护是本书的主要研究对象。

第二节　消费者在线权益的泛法域多元保护

一、消费者权益的泛法域特性

从表面上看，对消费者的保护主要是对消费者私权利的保护，因此应主要通过私法来保护消费者。但从实质上看，保护消费者私权利不仅仅只是令消费者获益，整个社会也是可以从中获利的。简单说来，保护消费者私权利可以促进消费活动，使经济形成良性循环，获得持续发展。消费者保护涉及了硬法与软法，在硬法之上，消费者保护既有私法保护，也有公法保护，涉及多个法域。

按照罗马法学家乌尔比安关于公法、私法的划分，“公法是关于罗马国家的法律，私法是关于个人利益的法律”①，罗马法对公法与私法的区分随时代的不同而有所变化。罗马法对于个人利益的尊重和维护使得罗马帝国的多元化社会结构保持长期的相对稳定。② 通过在公、私法观念之间建立起隶属关系而使二者对立起来，是自由资本主义时期特有的社会观在法律上的体现。③ 17、18 世纪以来，资本主义商品经济的发展和中央集权统一国家的形成，为公法的发展奠定了基础，使公法

① 何勤华：《外国法制史》，法律出版社 1997 年版，第 91 页。

② 参见沈敏荣：《论公、私法的起源及其演进》，载《中州学刊》2007 年第 4 期。

③ 参见于柏华：《“公私法混合”、“公法私法化”与“私法公法化”辨析》，载《黑龙江省政法管理干部学院学报》2010 年第 1 期。

的地位大大提高，传统的仅具有工具地位和附庸意义的公法获得了真正与私法相对意义上的价值。可以说，17、18 世纪大陆法国家的公法是在近代资本主义革命特别是 1789 年法国革命的推动下兴起的。资产阶级推翻封建统治，将他们在资产阶级革命时期提出的主张予以制度化、法律化。在政治方面，他们提出民主、自由和分权；在经济活动和个人生活领域，他们不仅要求财产权、契约自由等私法上的权利，而且还要求自由竞争、自由贸易，把经济活动看作纯粹私人的事，要求限制国家对经济领域的控制和干预，认为国家的任务就是“守夜人”或“仲裁者”。这样，作为限制和制约国家权力的有力武器的现代意义上的公法应运而生，配置国家权力运行的宪法得以制定，以此为基础，又产生了规范政府行为、保护个人权利的行政法以及刑法与诉讼法的重大变革。公法发展起来后，公法与私法的区分日益明显，公私法的分类也就最终确立。[①] 即便在现今的消费者保护法律体系内，公法机制与私法机制也是相互区分的，对消费者施加公法保护，并不意味着行政部门可以跨越法律限制，在保护消费者的名义下过度限制经营自由。

公法、私法的区分标准包括调整对象、调整方式、本位观、价值观等。公法针对的主要是公权力、公权力配置、公法关系、公法责任等，私法针对的主要是私权确定、私权行使、私权保护等。公法历来是国家维护秩序稳定的重要工具，与私法相比，其强制性更强，在一定程度上效率也更高。当然，在利益保护上，公法与私法所针对的对象有所不同，在调整方式等方面也有着较大差异。但是，随着社会的进步，各种利益冲突层出不穷，许多时候，利益很难被明确地界定为私益或公益。例如，物权法等法律中的公共利益界定问题一直模糊不清，同时牵涉公法与私法。现代社会中利益的复杂性与层次性使公法与私法出现了整合的态势，从统治走向治理，观念的变化使现代国家的公法与自由主义时期的公法有较大的不同，出现了公法私法化、私法公法化以及公私法混合的现象。公法在用于保护私人权利时，有时可以发挥优于私法机制的

① 参见郑晓琴：《公法、私法的划分及其意义》，载《榆林学院学报》2008 年第 1 期。

作用。以产品召回制度为例，其设立使行政监管机关有权力也有责任在特定情形下要求经营者将产品予以召回，以保护消费者的整体利益。这种公法机制的保护具有效率高、成本低的优点，并且具有普惠性。在现代社会，在通过法律对私人权利进行保护时，固守公法、私法之区隔并无太大必要，相反，兼顾公法机制与私法机制却可以降低整个社会的权利保护成本。在公法私法化、私法公法化、公私法混合的态势以及现代法权利社会本位观之下，通过公法、私法重叠地保护私权利不仅不会危害"私法自治"的基础地位，还更有益于私权利的保护。就消费者保护而言，"消费者"是一直存在的，但上升为一个法律概念，并且获得特殊保护，主要还是经由消费者运动而促成。消费者运动主要分为民间主导型与政府推动型，后来发展成为较为理性的消费者主义。消费者主义产生的背景主要有两个因素，即文化环境变化和消费者需求得不到满足，这些因素最终导致了消费者主义的产生和发展，各国的消费者保护法律便是消费者运动、消费者主义的成果。由于消费活动涉及各个领域，在消费流程中公私事项皆有涉猎，因此，消费者保护本身便具有泛法域的特点。

就《消费者权益保护法》而言，很难简单地将之归为公法、私法或者社会法。《消费者权益保护法》确定消费者的权利类型、权利内容、权利保护，厘定经营者义务，尊重消费者与经营者的意思自治，确定权利行使规则与责任承担规则，这些都属于十分典型的私法的特征，但《消费者权益保护法》第四章"国家对消费者合法权益的保护"却是通过典型的公法手段保护消费者权益，使行政部门可以介入相应的经营活动。可以说，《消费者权益保护法》本便是混用了私法机制与公法机制来保护消费者权益。在传统意义上，消费者权益保护具有泛法域特点，涉及领域众多。在《消费者权益保护法》之外，直接涉及消费者权益保护的法律既有公法，也有私法，如《民法典》《反不正当竞争法》《反垄断法》《食品安全法》《产品质量法》《电子签名法》《电子商务法》《网络安全法》《数据安全法》《个人信息保护法》《商标法》《广告法》《计量法》《价格法》《保险法》《商业银行法》《民事诉讼法》，等等。所以，消费者权益保护制度既是整体性的、综合性的，又是泛法域的，其碎片化是无法避免的，因此只能以《消费者权益保护法》、《民法典》合同编等为中心，消除不同规范间的矛盾，协同并进，促进消费者权益保护。对于消费者在线权益而言，其同样具有泛法域的特点，并且与计算机技术、网络技术、商业模式有着十分密切的关联。因此，对消费者在线权益的保护，一方面可以继续沿用包括公法机制与私法机制在内的传统权利保护机制，另一方面还应当根据计算机与网络技术、商业模式的特点，发展相应的权利保护方式。在此方面，对消费者线上权益与线下权益的保护存在一个很大的差别，那就是软法机制在权利保护中的作用。在消费者线下权益保护中，软法机制也发挥了一定作用，如经营者的自律承诺、民间组织的调解等，但在消费者线上权益的保护中，软法机制却发挥了极为重要的、不可替代的作用，典型便是"网规"。淘宝、天猫、京东、当当、百度、腾讯、新浪等大型电子商务公司制定了隐私或个人信息保护政策、软件或平台使用规则、纠纷解决规则以及朋友圈、群组使用规则等。这些规则可以大致统称为"网规"。网规通常会出现在电子商务平台之中，平台经营者为促进平台的规范、良性发展，势必需要对平台内经营者予以管理，其中的一项重要内容便是促使平台内经营者尊重、保护消费者权益。

二、消费者在线权益的多元法律保护

从各国消费者在线权益保护历程来看，消费者在线权益保护立法呈现随电子商务的发展而逐渐完善的特点。

1991～1994 年是世界电子商务的萌芽期，联合国贸法会、美国、欧盟等彼时便开始研究、制定相关法律。1993 年，联合国贸法会针对 EDI 发布了《电子数据交换及贸易数据通信手段有关法律方面的统一规则草案》，这是世界上第一部与电子商务相关的规则。1996～2004 年，世界电子商务步入高速发展期，加强消费者在线权益保护、提升消费者信心、促进电子商务发展成为各国电子商务战略的重要内容，与电子商务、消费者在线权益保护相关的法律在各国得到制定、修订。在此期间，联合国贸法会制定的《电子商务示范法》《电子签名示范法》《国际合同使用电子通信公约》对统一各国电子商务规则起到了重要作用。许多国家都制定了电子商务单行法，并对消费者保护法律进行修正，甚至将电子交易规则引入法典，如《法国民法典》《德国民法典》《荷兰民法典》《美国统一商法典》等。我国在此段时间，网络法研究处于起步阶段，消费者在线权益保护问题得到初步关注。在 2004 年之后几年，电子商务进入"寒冬期"。在 2008 年之后，电子商务重新进入快速发展期。近年来，在电子商务发展较快的国家和地区，消费者在线权益保护得到进一步完善。欧盟于 2011 年颁布了《消费者权利指令》，进一步强化保护消费者的知情权、撤回权等权利，并更新了对在线合同、格式条款、在线拍卖、电子支付的规定。新加坡在 2010 年完成了《电子交易法》修订，2012 年完成了《消费者保护（公平交易）法》的部分修订。在 2010 年之后，大数据、云计算以及人工智能技术发展迅速，并且成就斐然，这进一步推动了世界电子商务的发展。不过，与之相伴而来的却是经营者获得更多的消费者信息，消费者在线权益被严重侵害。社会各界已经意识到数据的重要性，因此加强了相关立法，例如我国的《网络安全法》《数据安全法》《个人信息保护法》以及欧盟的《一般数据保护条例》等。在这一过程中，加强消费者在线权益保护成为社会共识，而为达到这一目标，不得不兼顾使用各种保护机制。此中，加强电子商务行政监管也是大势所趋。① 例如，我国各行政机关根据《App 违法违规收集使用个人信息行为认定方法》的规定，加强行政执法，采取约谈、下架、罚款等手段，既起到了保护个人信息的作用，又可避免包括消费者在内的个人耗费大量精力维权。再如，2021 年 3 月 12 日，国家网信办、工信部、公安部、国家市场监管总局联合发布了《常见类型移动互联网应用程序必要个人信息范围规定》，对应用程序收集个人信息的范围作出规范，可以从整体上加强对消费者个人信息权益的保

---

① 即便在奉行电子商务行业自律的美国，在 Facebook 被曝 5000 余万人的数据被泄露并用于不当用途之后，加强监管（尤其是在数据领域）也可能成为美国各界的共识。

护。在电子商务的发展过程中，软法在各国电子商务中发挥了不可或缺的作用。在各国电子商务立法无法紧随技术与商业模式发展步伐的背景下，为规避法律风险，经营者也积极运用软法机制来解决相关法律问题，这涵摄了消费者在线权益保护问题。

从各国立法进程可以看出，消费者在线权益保障呈现多元化、统一化的趋势。事实上，对消费者在线权益的保护主要是出于电子商务领域的具体需求，因此消费者在线权益的保护呈现出随电子商务发展而发展的特点。在电子商务全球发展的背景下，虽然在法律传统等方面有别，但为消除贸易壁垒，许多国家在消费者在线权利类型与经营者义务内容方面的规则趋同。世界贸易组织、经济合作与发展组织、国际商会等国际组织在多方面进行国际协调与合作，这也推动了各国在电子商务领域消费者保护规则上的趋同化。对此，我国应采取多元并行的综合保障机制保护消费者在线权益。该综合保障机制以消费者权利与经营者义务为主线，以多样化的权利救济为辅线，融合监管、监督、自治、自律、消费者教育与自我保护等硬法机制与软法机制，涉及内容复杂。在此综合保障机制中，传统消费者保护制度与电子商务法律制度系消费者在线权益保护机制形成与运行的基础，但我国这两种基础性制度均存在不足，尤其是电子商务法律制度存在缺漏，这在一定程度上对消费者在线权益保护形成限制。我国立法应当注意《消费者权益保护法》与其他法律的衔接配合，通过渐次完善传统消费者保护制度与电子商务法律制度，逐渐健全消费者在线权益综合保障机制。

第三节　消费者在线权益综合保障机制的内容

消费者权益保护事关全体国民，虽琐碎却意义重大、影响深远，应当通过多种机制协同保护消费者权益，消费者在线权益亦是如此。对消费者在线权益的保护，需要针对消费者在线权益的特点，同时发展硬法机制与软法机制，前者包括私法机制与公法机制，后者则指包括“网规”、自律承诺、商业习惯等。我国在消费者在线权益保护上，硬法供给仍嫌不足。《消费者权益保护法》虽已修订，但诸多消费者权利仍然无法妥适地获得保护。此外，我国还存在电子商务监管不力、机制不全、协同不足等问题。在硬法供给不足的背景下，民间性软法机制在保护消费者在线权益方面发挥了重要作用，但软法机制多由业界利益相关者促生，缺少足够的法律引导与审查，不足以妥善保护消费者在线权益。在笔者看来，我国应当混合运用私法机制、公法机制、软法机制，多法律协同，在消费者与经营者非对称在线法律关系私法构造的基础上协调各保护机制，综合保障消费者在线权益。

一、消费者在线权益保障主体机制

欧盟经由远程销售、电子商务、电子通信、消费者合同、金融服务、数据保护等方面的多个指令以及相关决定、决议、判例，稳步推进消费者在线权益多元保障体系的建立，使消费者在线权益获得不低于传统的保护。欧盟立法采取的方式是在将消费者传统权利具化于电子商务，并根据电子商务的特点，侧重于保护消费者知情权、数据权、撤回权等在线权利，并强化经营者义务，协调跨国监管与消费者教育。2011年，欧盟颁布《消费者权利指令》来替代之前的《上门销售指令》与《远程销售指令》，该指令进一步扩张经营者义务，强化消费者的知情权、撤回权，并对在线合同、格式条款、在线拍卖、电子支付等进行了具体规定。2016年，欧盟颁布了《一般数据保护条例》，将对数字时代的个人数据保护提至新的层面。2019年，欧盟又颁布了《关于数字内容与数字服务的供应合同指令》，对数字内容合同以及相应的救济进行规范，其中也涉及消费者在线权益保护问题。欧盟成员国经过转化立法，使得欧盟范围内的消费者在线权益保护规则趋同。美国通过《国际国内电子签章法》《统一电子交易法》建立了电子商务消费者权益保护的基本框架，《统一计算机信息交易法》则提供更为细致的保护。[①] 自

① 美国统一州法委员会推出的《统一计算机信息交易法》仅有两个州接受，后被撤回。

2000年后,《美国统一商法典》断续修订,其中数编涉及消费者在线权益保护问题。美国在消费者合同、信息获取、撤销、电子错误、金融消费、数字内容消费等方面向消费者提供高水平保护,并重视多元救济、电子商务监管、自治与自律等机制的协调运行。欧盟与美国虽然在电子商务监管、消费者保护等方面存在较大差异,但消费者在线权益保护模式均是综合式的。

消费者在线权益以电子商务为存在场域,在诸多方面异于传统权益,但二者具有统一关系。法律不宜对在线消费者与传统消费者进行身份区分,而应在统一的消费者身份之下,一体保护在线权益与传统权益,当然这并不妨碍针对在线环境出台相应的规范,如我国《电子商务法》对消费者权益的保护主要指向的是在线权益。在一体综合保护原则之下,消费者在线权益保障机制应依托于传统权益保障机制,而非另行创设新的机制,但消费者在线权益保障机制涉及多法域内的电子商务规则,这主要经由电子商务单行法而建立,与消费者传统权益保护机制相比存在特别之处。

（一）消费者在线权益私法保护机制

私法机制以赋权与救济为主。虽然消费者权利并非单纯的民事权利,但仍应主要在合同框架下予以设定,依合同前、合同中、合同后三个阶段,在消费者与经营者间强行设定非对称在线法律关系。对非对称在线法律关系的构造,应遵循矫正在线关系失衡、衡平消费者保护与经营者经营自由的原则。非对称在线法律关系构造是私法机制的核心,是各类私法救济手段发挥作用的基础,也是消费者在线权益各保障机制的协调基础。消费者权利与经营者义务是非对称法律关系的主体,二者并不是简单的一一对应关系。也正是在这种意义上,消费者与经营间的法律关系是一种非对称法律关系,在线上环境中也是如此。消费者在线权益保护机制的运行,依托于传统消费者权益保护机制,并且主要运行于电子商务之中,因此在很大程度上,加强消费者在线权益保护,需要完善电子商务法律制度(尤其是基础性的电子交易法律制度),为消费者在线权益的保护创造良好的电子商务法律环境。

（二）消费者在线权益公法保护机制

在传统的消费者权益公法保护机制的基础上，通过公法机制保护消费者在线权益尤其需要加强以下两点：

1. 健全电子商务监管机制

电子商务监管机制主要作用于经营者，通过营造安全交易、公平竞争的电子商务环境，保护消费者整体利益。在此之上存在行政管制与行业自治两种逻辑，欧盟采取行政监管为主、行业自治为辅的模式，美国则反其道而行之。考虑到我国的电子商务现状与诚信水平，我国无法采取强监管的原则，否则不利于电子商务的发展，但是我国仍然需要加强对消费者的公法保护。《电子商务法》的出台，标志着我国开始对电子商务进行严格监管，但是目前我国的电子商务行政监管在监管权力划分、监管方式等方面仍然存在诸多问题，行政部门的网络监管能力较弱，与我国的电子商务发展水平、消费者在线权益保护需要不相匹配。

2. 强化消费者自我保护机制，完善公力救济机制

在消费者自我保护方面，除在制度层面以公权力保障消费者监督权、受教育权等权利的实现外，还应切实发挥消费者团体在调查、监督、预警、指导、团体诉讼等方面的作用，并在消费者自我保护机制与电子商务监管机制间建立连结。在公力救济方面，应当考量远程交易的特殊性，增设管辖连接点，赋予消费者更大的管辖选择权，设置特殊的证据与证明规则，完善涉消费者在线权益的小额诉讼、团体诉讼、调解、仲裁以及在线争议解决制度。

（三）消费者在线权益软法保护机制

1. 自治自律机制

自治自律机制具有柔性调制作用，在消费者在线权益保护中可以灵活地弥补硬法刚性规制的不足。网络交易中的自治自律多表现为“网规”、无具体相对人的自律承诺以及习惯等，在我国硬法供应不足的背景下，网规等软法机制在事实上发挥了电子商务治理以及平台治理的作用。在平台经济中，“网规”连通了平台经营者、平台内经营者、消费

者，补充硬法的不足，以债的方式确立了多方主体间的网络交易规则，并根据实际情况进行快速变动。

不过，由于我国网络空间的软法多由经营者等利益相关者自行制定，少有外部干涉，经营者所制定的软法规则多为满足其运营需求与利益需要，无法保障其所制定的网规等软法规则的公正性。作为网规制定者的经营者自身本便有着侵害消费者权益的冲动，甚至网规本身便是平台经营者侵害消费者在线权益的工具。正如现代国家治理中的权力分配与制衡，网规的制定缺少制衡，在外界干预、监督不足的情况下，无法完全期待通过平台经营者所制定的网规来保护消费者在线权益。在我国加速网络立法的背景下，国家在向网络空间补充大量硬法规则的同时，应在尊重网络空间软法治理的基础上适度介入软法机制，使软法机制在硬法框架之内更好地发挥网络治理的作用，避免负面效应膨胀。

2. 在线争议解决机制

在线争议解决机制（Online Dispute Resolution，ODR）包括争议预防、争议解决、执行机制及其他各种交易治理机制，[①] 其适应电子商务的商业模式，民间性、自治性与技术调制性突出。目前，我国已经在北京、杭州、广州建立了互联网法院，广州、深圳等地的仲裁委员会也积极推动在线仲裁，具有强制约束力的 ODR 正处于发展之中。不具有强制约束力的 ODR 类型繁多，在平台经济模式下，此类 ODR 的代表是由平台经营者提供的 ODR 服务。联合国贸法会、欧盟等积极推动 ODR 的发展，不过我国对 ODR 推广的力度不够，法制保障不足，致使这种符合网络交易特点的低成本纠纷解决机制在我国并未得到充分发展。ODR 对于防范网络交易中的争议，快速解决消费者与经营者的纠纷，保护消费者在线权益具有积极意义。但是，在线诉讼、在线仲裁之外的 ODR 缺少强制力保障，也缺少制度支撑与信用保障，我国目前的法律制度、网络交易机制与发展现状尚不足以对 ODR 形成完整的支撑。

---

① 参见高薇：《互联网争议解决的制度分析两种路径及其社会嵌入问题》，载《中外法学》2014 年第 4 期。

（四）基础性电子交易制度

厘定消费者权利、经营者义务是保护消费者权益的基础。私法机制是消费者在线权益综合保障机制的核心，公法机制、软法机制均围绕着私法机制展开。从立法技术的角度来看，在电子商务中，首先应当是建立电子商务框架性法律制度，这主要是指基础性的电子交易制度或者说电子意思表示制度。没有基础性电子交易制度作为支撑，无论是在横向上还是在纵向上，电子商务均无从开展。电子商务得以有效运行是讨论保护消费者在线权益的前提。消费者在线权益保障机制一方面依托于传统交易制度与传统消费者保护制度，另一方面依托于电子商务制度。要完善消费者在线权益保障机制，就必须完善电子商务制度。此中，基础性电子交易制度是电子商务制度的基础，随电子商务向各个领域的延伸而建立起的各种制度均以基础性电子交易制度为根本。例如，在证券电子交易中，若没有数据电文发出与收到时间确定规则、数据电文原件与保存规则、数据电文归属规则就无法保障证券电子交易的顺利开展，也就谈不上所谓的金融消费者权益保护。

网络的高速发展与无纸化交易的盛行使得数据电文逐渐成为民商事领域中的一般性表意手段，这为数据电文意思表示从电子商务单行法进入合同法以及民法典等民商事一般法奠定了基础。① 网络交易发展至今，相关规则早已不再是特别法规则，而是一般法规则，《德国民法典》《法国民法典》《荷兰民法典》均将网络交易规则引入到民法典之中。我国2018年通过的《电子商务法》对电子合同的订立与履行作出了专门规定，涉及自动交易的效力、未成年人缔约、合同成立、错误更正、交付、缔约程序告知等内容，并指出电子合同应当适用《民法总则》（已失效）、《合同法》（已失效）、《电子签名法》等法律的规定。但是，我国《合同法》（已失效）很少涉及电子合同、数据电文问题，《电子签名法》上的相关规定也存在极大欠缺，《民法典》对欠缺的弥

---

① 参见于海防：《论数据电文意思表示形式问题的体系化解决》，载《法学》2014年第11期。

补仍嫌不足，对电子意思表示以及标准电子意思表示的发展因应较少，与我国的数字经济发展状况不符。

二、消费者在线权益保障多机制间的协调

2007年以来，在电子商务纵深化、精细化发展的背景下，相关研究与立法在完善消费者个体利益保护的同时，倾向于限制消费者权利滥用，注重对消费者整体利益与市场地位的保护以及对电子商务公平竞争环境的维护。美国次贷危机的发生，推动了金融消费者保护的研究与立法，虽然美国在消费者保护上仍以业界自律为主，但在立法上却呈现进一步严格消费者在线权益保护的趋势。欧盟统一消费者保护法律，却欠缺合同法等私法统一基础。欧盟2011年的《消费者权利保护指令》更新规则，进一步统一成员国立法，但却从高限度协调转向最小限度协调。欧盟一体化的消费者保护规则向私法（尤其是合同法）传导，《欧洲合同法》、《欧洲示范民法典草案（学者建议稿）》中均糅合了大量的消费者保护规则。从趋势上来看，无论是欧盟还是美国，均有综合多法域机制多方位、多方面保护消费者在线权益的趋势，并注意发挥软法机制的作用。软硬并举、刚柔并济的消费者在线权益综合保障机制逐渐溢出传统消费者权益保护框架，多元并行、全面覆盖、综合保障成为消费者在线权益保护的发展趋势。对于我国的消费者在线权益保护而言，其所依托的传统的消费者权益保障机制本身便存有缺陷，在立法上也存在诸多不足。在我国法的背景下，对比欧美立法，我国消费者在线权益综合保障机制的完善应当注意以下问题：

（一）渐次完善消费者在线权益综合保障机制

消费者在线权益综合保障机制的形成与运行，以《消费者权益保护法》为中心，以《民法典》《电子签名法》《电子商务法》《反不正当竞争法》《民事诉讼法》等为基础。多层次的保障机制分布于多法域，主辅协调、衔接配合。鉴于我国消费者保护制度与电子商务法律制度尚有不足、电子商务生态尚不成熟，消费者在线权益综合保障机制在建构上宜采渐进模式，逐步完善，并须与传统权益保护相协调。

（二）以非对称在线法律关系构造为核心

电子商务中诸多消费者问题主要缘于消费者与经营者在线关系的本源性失衡。作为矫正失衡、保护消费者在线权益的核心，非对称在线法律关系构造以对权利、义务、责任的非对称性倾斜配置为主要手段，在扩张消费者在线权利的同时，扩展经营者非对应性义务，并限制消费者权利滥用，双向调节消费者保护与经营者经营自由。应予注意的是，除“大即是好”的平台经济外，我国电子商务经营者借助交易平台向所谓“小即是美”方向发展的趋势明显，呈现经营者小众化的特点，对此类经营者的义务扩张不宜过度，而可以通过扩张平台经营者义务的方式予以间接规制。

（三）融通硬法规制与软法调制

消费者在线权益保护的制度安排应当适应电子商务的技术特性，节省法律资源。与消费者传统权益保护相比，消费者在线权益保护对机制效率有着更高要求，而软法机制拥有先天的低成本、高效率优势。硬法规制具有僵化性与滞后性，而软法调制具有弹性，应变迅速，适应电子商务的技术特性以及多主体、多样化的利益需求，在一定程度上可以弥补硬法规制的不足，节省法律资源。但硬法为纲，软法为目，软法应在强化硬法实施的基础上发展。法律应当推动相关标准与规则的建立，对软法机制予以适度引导、干预，区分软法机制是否由利益相关者掌控，予以不同程度的介入。

在自由主义的社会图景里，私法为个人的自由选择提供了空间与手段，以确保一种法律上的平等的自由；公法则为国家的公共秩序维持功能提供了组织上的条件与范围上的限制，通过国家强制力的行使来保障法律的平等不受侵犯。前者以法律的形式确认规范性共识，以其作为自由选择的前提，交由当事人自己去贯彻法律上所意欲的目的；后者则使国家通过事实上的干预手段单方面地落实对公共秩序的维持。① 特别是

---

① 参见于柏华：《“公私法混合”、“公法私法化”与“私法公法化”辨析》，载《黑龙江省政法管理干部学院学报》2010 年第 1 期。

进入20世纪，立基于自由主义的个人主义的自我修正已经无法避免。一方面在社会结构上，“个人”不再是唯一的要素，各种社会、经济组织发挥着日益重要的作用，在相当程度上“个人”被吸纳到社群与社团之中；另一方面在社会秩序的形成方式上，国家不再是被绝对防范的对象，无论是为了排除那些构成个人自由选择的事实上的障碍，还是为了获得无法单凭个人的自由选择而实现的“社会公平”与“社会安全”，国家干预都被看作必要的和重要的。这意味一种不同于传统的政治公共领域与私人领域的“社会领域”的产生，[①] 法律对该领域的确认与规范就被称为“法律的社会化”。[②] 在法律的社会化运动中，劳动、社会保障、经济与环境这四个方面的立法是标志性的，这些立法的出台应对的是发生在“社会领域”的“社会问题”，同时对建立在自由主义社会图景之上的公私法两分的观念构成了挑战，在进行自我表达的法律形式上也呈现新的特点。[③] 这同样也体现在消费者保护法律的发展历程中——消费者保护法律混用公、私法保护机制。

我国的消费者权益公法保护机制在监管权力、监管范围、监管方式等方面存在一些不足，而在电子商务中体现得更为明显。在对消费者在线权益进行保护的各机制中，应以私法机制为主，以公法机制为辅，以软法机制为补充。由于不同法域的机制在价值取向、利益倾向、功能举措等方面有别，在机制设计上，应协调各机制以减少冲突，形成混合式的消费者在线权益综合保障机制，并与消费者传统权益保护相接洽。为此，在立法上应多法律协同，在非对称在线法律关系私法构造的基础上，以消费者与经营者的权利义务为主线，关联各机制，以多样化的权利救济为辅线，链接各机制。

---

① ［德］哈贝马斯：《公共领域的结构转型》，曹卫东等译，学林出版社1999年版，第173页。

② 参见郑尚元：《社会法语境与法律社会化——“社会法”的再解释》，载《清华法学》2008年第3期。

③ 参见于柏华：《“公私法混合”、“公法私法化”与“私法公法化”辨析》，载《黑龙江省政法管理干部学院学报》2010年第1期。

第三章　消费者在线权益私法保护机制

第一节　私法保护机制在消费者在线权益综合保障体系中的基础地位

私法机制以赋权与救济为主。从消费者运动中产生的安全权、知情权、选择权、被尊重权四大消费者基本权利，从不同角度虽有不同解读，但主流观点认为消费者权利属民事私权利，消费者也主要是通过合同的方式与经营者建立关系，对消费者权利的保护离不开私法。①

“自罗马法以来形成和发展的法律传统即罗马法系，又谓之私法法系，是以民法为基础和主干的法律体系。在人类历史上，民法或私法以其最为成熟和完善的理念与制度发展，成为最深入人心并影响人们的思维和行为方式，也最有力地推动了人类社会文明与进步的法律。”② 私法，即民商法，是调整社会个体成员（自然人、法人等）之间人身关系和财产关系的法律规范的总称，是现代法治的基础。私法以私权保障和契约自由（当事人自治）为基本理念，通过对社会个体成员之间关系的调整，赋予权利、科以义务，旨在构建一个私权得到切实保障、当事人意愿得到必要尊重的法律秩序。③ 从这一角度上说，私法便是对市民进行赋权与救济的法。在这一点上，私法明显有别于公法。如前文所

---

① 对于消费者保护法的属性，学界有不同观点，有观点认为消费者保护法属于社会法。参见金福海：《消费者法原理》，北京大学出版社 2005 年版，第 29 页。笔者并不对此问题展开讨论，因为对于消费者权益保护而言，这并不是关键的问题，尤其是在消费者在线权益保护上。

② 王利民：《私法文化与私法地位漫谈》，载《法制日报》2007 年 4 月 8 日，第 16 版。

③ 参见柳经纬：《从私法制度到私法秩序》，载《北京日报》2015 年 5 月 4 日，第 17 版。

述，私法公法化、公法私法化、公私法混合的出现使得在坚持公法私法两分的背景下，对权利、利益的保护并不是特别注重通过的是公法机制还是私法机制，在保护私权的诉讼中，法院也经常会使用公法作为裁判依据。在消费者权益保护上，传统的消费者权益保护制度本便是一种混合式的、综合式的制度，混合使用公法机制、私法机制以及软法机制。

通过公法机制保护消费者权益，往往以消费者在私法意义上拥有相应的私权利为前提，公权机构由此才能根据法律的进一步授权而采取相应的行为。若无此前提，无论是将消费者作个体看待还是作群体看待，都很难通过公法机制对其施加保护。囿于法的滞后性，当法未将消费者的某种利益提升至权利层面时，无论是通过司法救济还是行政救济，消费者的这种利益都很难得到保护。硬法的僵化性与局限性凸显出软法机制的灵活性及替代作用。硬法的局限性与滞后性使其无法紧跟电子商务的飞速发展，消费者在参与电子商务的过程中所产生的利益保护需求经常无法得到硬法的支持，而经营者（往往是大型的互联网经营者）也有通过保护消费者在线权益来谋求发展的动因，于是经营者通过自律承诺、更优承诺、交易规则、争端解决等软法机制来保护消费者在线权益，消费者也可从中获益。可以说，即便至今，大量的消费者与经营者的纠纷是通过软法机制解决的，而不是硬法机制。这一点从中国法院的电子商务消费者纠纷案件的收案数量、裁判数量便可以看出来。[①]

由于公法与私法划分的最初标准是公共利益和个人利益，这给了人们一种最初的印象，似乎私法只服务于特定个人的利益，而只有公法才服务于普遍利益。事实上，古罗马在进行了公法与私法的划分之后，并没有使私法领域完全摆脱公权力的干预，反而在某种程度上使公权力基

---

① 当然，无法排除的一种情形是：大量的网络交易标的额极小，消费者在权益受损却无法向经营者退货、获得赔偿时，为免诉累，甘愿自受损失。在消费者通过电子商务平台购买商品、接受服务时，由于目前我国各大电子商务平台的网规相对较为完整，并且平台经营者对平台内经营者有着较强的约束力（例如，平台内经营者向平台经营者缴付押金或保证金，平台经营者可按照网规对平台内经营者采取封号、限制等措施），因此，在消费者以投诉等方式要求平台经营者介入纠纷时，大多数纠纷可以得到解决。这也说明了，在消费者在线权益保护中，软法机制拥有着极为重要的价值。

于"公共利益"的样貌具有了牺牲私人权利的正当理由。从过去公法与私法优先地位的更迭，到现在公法与私法不断地互相渗透融合，我们无法断定公法与私法究竟何者地位优先，因为公法与私法地位的变化并非缘于两者自身的固有属性，而是特定社会阶段政治、经济、道德、文化等多种因素综合作用的结果。不过，私法在我国应当具有更加优越的地位。① 在对消费者在线权益保护的私法机制、公法机制、软法机制中，私法机制是公法机制、软法机制的运行基础。

私法机制向消费者之赋权构成了保护消费者的前提，并且"今日之私法已不纯然是关乎私人领域的法律，私法中存在公共关系与公共利益，且这种公共关系及公共利益元素几乎遍及私法的全部，从私人财产权、到私法主体、再到私法行为以及私法责任，都体现了超越传统私法形象的公共性的一面"②。立法者立法时不仅从消费者个体出发，也从消费者群体出发，所制定的消费者保护规范以私法规范为主，涵盖权利类型、权利内容、权利行使、权利保护的消费全流程，并随电子商务的发展而作出修正，增设消费者权利，扩张经营者义务，不仅保护消费者个体，也保护消费者群体。在此基础上，立法者又通过公法规范向行政机关授予权力，进一步加强消费者权益保护。无论认为《消费者权益保护法》究竟属于何种法律部门，均不能否认的是，《消费者权益保护法》中包括大量民事规范，涉及大量的合同问题与侵权问题，甚至可以说这些规范构成了《消费者权益保护法》的主体。《消费者权益保护法》还包括诸多公法规范，如《消费者权益保护法》第 19 条中行政机关对经营者召回的制约、第 31 条中行政机关的消费者权益保护职责、第 39 条中行政机关对消费者投诉的受理、第 56 条中经营者应承担的行政责任等。此外，其他法律也涉及诸多消费者权益保护规范，例如《电子商务法》《反垄断法》《反不正当竞争法》《产品质量法》《食品安全

---

① 参见郭明瑞、于宏伟：《论公法与私法的划分及其对我国民法的启示》，载《环球法律评论》2006 年第 4 期。

② 蒋大兴：《论私法的公共性维度——"公共性私法行为"的四维体系》，载《政法论坛》2016 年第 6 期。

法》等，这些法律通常不会在《消费者权益保护法》之外赋予消费者以新的权利类型，而是在相应的消费领域中细化消费者权益保护，并且公法规范在对消费者权益进行保护时，往往是从经营者义务的角度进行反向规定，例如《反不正当竞争法》第 8 条第 1 款规定："经营者不得对其商品的性能、功能、质量、销售状况、用户评价、曾获荣誉等作虚假或者引人误解的商业宣传，欺骗、误导消费者。"此规定所保护的是消费者知情权，《反不正当竞争法》在《消费者权益保护法》的基础上对经营者义务进行规定，一来可以维护竞争秩序，二来可以对消费者知情权施以更周到的保护。

"消费者法并非私法内部的独立王国，消费者法包括一些不同于私法一般规则的规则，但是消费者法构筑于私法的基本原则之上，离开了这些基本原则，消费者法也无法展开。"① 在公法机制、私法机制、软法机制中，私法机制居于核心地位、基础地位。消费者权利作为私权利，首先就应当通过私法机制获得保护，而鉴于消费者问题事关全体民众，通过公法机制加以保护将更为周到。公法机制、私法机制均属硬法机制，其之滞后性使其经常无法应对高速发展的社会，在这种情况下，软法机制以其之高度灵活性、便捷性弥补了硬法机制的不足。消费者在线权益综合保障机制的建立与运行以传统的消费者权益保护制度为基础，同时又离不开电子商务等法律制度的支撑。加强消费者在线权益保护，首先便需要在私法上系统地完善消费者权利类型、权利内容、权利行使、权利保护等，并在具体的消费领域予以具化。私法机制为主、公法机制为辅、软法机制为补充的消费者在线权益综合保障机制的建立需要《消费者权益保护法》与其他法律衔接配合，借助传统消费者保护制度与电子商务等法律制度的渐次完善而得以完善。但我国的传统消费者保护制度本就存在不足，电子商务法律制度尚未建立完全，《消费者权益保护法》所规定的消费者权利在电子商务中具化时，遭遇诸多障

① 参见欧洲民法典研究组、欧盟现行私法研究组：《欧洲示范民法典草案：欧洲私法的原则、定义和示范规则》，高圣平译，中国人民大学出版社 2012 年版，第 19 页。

碍。在这两种制度均有不足的背景下，也不能贸然提升在线消费者保护水平，否则难免与现行法接洽不良。对此，在研究上，在完善消费者在线权益的多法域综合保障机制的同时，还应当探讨如何保障其良性运行。

第二节　消费者在线权益私法保护机制的内容

消费者在线权益私法保护机制主要包括两方面的内容：传统的消费者权益保护机制与新的消费者在线权益保护机制。

一、消费者与经营者间的非对称法律关系构造

虽然我国立法未明确使用“消费者合同”的概念，但在理论上存在此种合同类型，当然这种合同类型并不是从合同法上有名合同类型的角度而言的，而是一种基于身份的一类合同，这种合同可以包括买卖合同、租赁合同、承担合同等具体有名合同类型。在消费者合同中存在十分典型的非对称的法律构造，笔者称为非对称法律关系。这种非对称法律关系主要是由硬法机制在消费者与经营者之间强行设定的，其目的便是倾斜性地保护消费者权益。在线上环境中亦是如此，并且在硬法机制之外，软法机制也加入其中，例如平台通过对入驻平台经营者施加约束，强行设定经营者义务。在线上环境中，这是一种非对称在线法律关系。

所谓的非对称，主要是指消费者权利与经营者义务不具有通常的对等性，处于一种非对称的构造。而在一般意义上，权利与义务具有对等性或者说是对应性。从消费者权利的生成的角度来看，消费者权利肇始于消费者运动，而后在四大消费者权利的基础上不断发展，现今在我国《消费者权益保护法》中，消费者拥有十一种法定权利。这些权利的生成，一方面为是了保护消费者利益，而另一方面则是对经营者施加限制。在消费活动中，消费者与经营者始终处于非对称的状态之下，信息不对称即为著例，而这也导致了在其他方面的非对称状态。即便在进入

工业时代之前，买卖双方其实也处于这种状态，只不过影响范围有限。“买的不如卖的精”这一俗语便深刻地描述了消费者与经营者之间的不对等、非对称的状态。在进入工业时代以后，商品流动的速度与范围均得到了极大的扩展，消费者与经营者间的不对等、非对称关系继续持续，并造成了极为不公平的结果，甚至产生了极为恶劣的后果。自消费者运动而产生的各种消费者保护机制的核心就是弥补非对称关系所产生的不公平结果。为矫正这种非对称关系，自然也需要在法律上建立非对称的法律关系构造，弥补短长，赋予“买者”以权利，限定“卖者”以义务，并且随着社会、经济、技术的发展，不断调整双方的权利、义务，从而使消费者与经营者维持相对公平。

在《消费者权益保护法》中，对经营者义务的设定，并不必然以消费者享有明确的权利为前提，经营者义务的履行，也并非必须以消费者行使权利为必要。当然，有些消费者权利与经营者义务是对应的，如消费者的知情权与经营者的告知义务，不过经营者告知义务的履行并不以消费者向其行使知情权为必然前提，并且，经营者告知义务的范围主要还是取决于法律规定，而不是消费者知情权的范围，法律规定在诸多情形下已经超过了消费者知情权。有些消费者权利与经营者义务是不对应的：一方面，存在宽于消费者权利的经营者义务，或者不以消费者行使权利为前提的经营者义务。另一方面，还存在不对应经营者义务的消费者权利。例如，虽然消费者知情权与经营者告知义务具有对应关系，但是即便消费者并未明确地向经营者主张知情权，经营者也应当履行告知义务，如实披露商品信息。一般而言，经营者属于最高人民法院《关于适用〈中华人民共和国民法典〉总则编若干问题的解释》第 21 条中“负有告知义务的人”，对于应披露信息的隐瞒，将构成欺诈，消费者得撤销合同。在合同法上，义务人的注意义务程度与价格因素有较大的关系，有偿合同中义务人的注意义务程度较高，无偿合同中义务人的注意义务程度较低。《民法典》合同编对赠与合同、无偿保管合同、无偿委托合同等的规定便体现出了这一点。然而，在消费者场合，价格因素却通常不会对消费者权利、经营者义务有太大影响。即便消费者以极低价格购买了经营者的商品，经营者的义务却完全不会因为此极低之价格而受到太大影响。经营者若以搭售的方式售出商品，虽消费者无偿取得搭售的商品，却不能按照《民法典》对赠与合同的规定来降低经营者的注意义务。在产品召回中，按照《消费者权益保护法》第19条的规定，“经营者发现其提供的商品或者服务存在缺陷，有危及人身、财产安全危险的，应当立即向有关行政部门报告和告知消费者，并采取停止销售、警示、召回、无害化处理、销毁、停止生产或者服务等措施。采取召回措施的，经营者应当承担消费者因商品被召回支出的必要费用”。产品召回制度其实并未严格地涉及消费者的具体权利类型，而只能说是以安全权为基础的，并涉及公平交易权、选择权等其他权利。此外，虽然法律规定了网络交易平台的连带责任、替代责任等，对经营者的管理及在法定情形下向政府部门报告①等义务，但实际上这些责任或义务均无消费者权利与之相对应。《电子商务法》所规定的电子商务平台经营者的保障平台内经营者的信息真实②、向行政机关报告平台内经营者的信息③、保存商品信息与交易信息④等义务，也没有十分明确的消费者权利与之相对应。此外，还存在不对应经营者义务的消费者权利，如《消费者权益保护法》所规定的消费者组建维权社会组织权、受教育权就没有实在的经营者义务与之相对应。

对消费者权益的保护，主要还是通过限定经营者义务来实现的，而不似民法中通常由权利人先向义务人主张权利、义务人履行义务的方式来实现权利。在消费者合同中，虽然消费者与经营者通常只是约定了商品、价格、期间等主要条款，但经营者需要在合同约定义务之外承担大

---

① 例如，按照《食品安全法》第62条的规定，网络食品交易第三方平台提供者发现入网食品经营者有违反食品安全法行为的，应当及时制止并立即向相关部门报告；发现有严重违法行为的，应当立即停止提供网络交易平台服务。

② 电子商务平台经营者应当要求申请进入平台销售商品或者提供服务的经营者提交其身份、联系方式、行政许可等真实信息，进行核验、登记，建立登记档案，并定期更新。

③ 电子商务平台经营者应当按照规定向工商行政管理部门、税务部门报送平台内经营者的身份信息和经营信息。

④ 电子商务平台经营者应当记录、保存平台上发布的商品和服务信息、交易信息，并确保信息的完整性、保密性、可用性，信息保存时间自交易完成之日起不少于3年。

量法定义务。经营者法定义务的类型及履行等，不仅仅只是由《消费者权益保护法》规定，《产品质量法》《反不正当竞争法》《食品安全法》《广告法》等法律也大量规定了经营者义务类型，甚至还规定了义务的履行方式。法律所设定的消费者权利与经营者义务，二者之间不具有一一对应的特点，许多经营者义务并不直接与消费者具体的权利相对应，实质上是法律为了周到保护消费者而对经营者所施加的限制，围绕着保护消费者的原则而层层设定经营者义务，因此会经常出现无权利对应的义务。在这种消费者与经营者间的非对称法律关系构造中，经营者义务的存在主要是为了周延地保护消费者权利，并使之能够真正实现，而不是成为一种停留在纸面上的权利。无论在线下交易，还是在线上交易，均是如此。

法律追求的是相对公平，不可能实现绝对公平。对经营者施加义务限制，有益于公平的实现。但是，这种公平只是一种相对公平。在非对称的法律关系构造中，若对经营者的义务限制过重，过度偏向消费者利益，从宏观与长远来看无益于社会经济的发展。经营者成本的增加，最终也将不利于消费者利益。可以说，消费者与经营者间的不对等、非对称的状态将始终持续，只不过在不同时间，在不同技术下，不对等、非对称的程度有所区别。例如，大数据与人工智能技术造成了消费者与经营者的不对等、非对称状态急剧加重，现行法律却仍未有所作为，立法势必需要进行调整，对不对等、非对称予以矫正。对非对称在线法律关系的构造，应遵循矫正在线关系失衡、衡平消费者保护与经营自由的原则。非对称在线法律关系构造是私法机制的核心，是各类私法救济手段发挥作用的基础，也是消费者在线权益综合保障机制的核心。

二、消费者传统权益保护

各国和地区多以私法对消费者权利进行规定，但规范模式有所差别。美国以单行法全面覆盖，法国主要以《消费法典》进行规制，德国、荷兰则以民法典为主，《欧洲示范民法典（草案）》（学者建议稿）也选择了这种模式。私法机制的核心内容有二：

第一，赋权。私法机制以客观法赋予消费者以客观法定权利，通过设定法定义务限制经营者，以主观法赋予消费者以主观权利，即通过合同方式使消费者拥有债权、使经营者承担债务，约束经营者。法定的消费者权利是基于消费者身份而生成的权利，虽亦属民事权利，但与民法上的人格权、物权、债权、知识产权等权利还是有所不同。消费者权益主要是为了保护具有消费者之特殊身份的主体而产生的权利，法律赋权的目的在于纠正消费者与经营者间的利益失衡，在很大程度上是基于法政策上的考量，具有强烈的时代特点。赋权，除赋予权利外，还包括权利的行使，消费者权利作为民事权利，其之行使与普通民事权利的行使并无实质差异，不过，消费者权利的行使在很大程度上需要经营者义务的积极履行，并且通常是在具有相对性的合同架构中实现。①

第二，救济。消费者在权益受损时可以得到私法提供的保护。在救济上，消费者权利与普通民事权利有所差别，这主要表现在消费者权利可以得到公法机制的保护，这种保护既包括针对消费者个体的，也包括针对消费者群体的。私法机制中的消费者权利可以分为法定权利与意定权利，前者指的是以消费者权益保护法为中心所确立的一系列的消费者权利，后者指的是通过合同所确立的合同权利。在私法保护上，通过合同方式确立的消费者意定权利（债权）主要是通过合同途径来保护，而消费者法定权利除通过合同途径来保护之外，还主要通过侵权途径来保护。当然，从请求权基础的角度来说，消费者为获得私法机制内的公力救济，得行使的请求权包括基于物权的请求权、基于知识产权的请求权、基于合同的请求权、基于侵权的请求权等，基于无因管理、不当得利的请求权也有存在的可能。一般而言，基于侵权、合同的请求权是最为常见的两种请求权。

（一）合同保护

在民事权利中，除债权外的其他法定权利多属绝对权、对世权，权

① 此处的论述主要是将消费者权利作为一个整体，在一般意义上进行讨论，并不能将全部的消费者权利涵盖在内，如受教育权。

利人外的不特定多数人为义务人，义务通常表现为消极的不作为，而不是积极的作为。消费者法定权利似乎难以以绝对权、相对权进行区分，因为在一般意义上，在有必要讨论消费者权利、经营者义务时，通常是消费者与经营者处于同一合同之中，或者与合同相关（如处于缔约中），二者为相对人。合同之外的其他经营者没有义务去保障消费者权利的实现，消费者争议也通常发生在特定消费者与特定经营者的相对合同之中。这意味着，不仅是消费者意定权利，消费者法定权利也常常借助合同来具现。这是消费者权利与其他民事权利的很大不同，所导致的结果是，在大多数消费纠纷中，消费者与经营者通常会具有合同关系，通过合同途径来保护消费者权利是顺理成章的。《欧洲合同法指导原则》、《欧洲示范民法典（草案）》（学者建议稿）、《消费者权利指令》、《欧洲共同买卖法（草案）》等主要是在合同机制的基础上规定消费者权利、保护消费者。在实践中，诸多消费者权利也是在合同的框架下行使与实现的，例如安全权、知情权、选择权、反悔权等，大量的消费者纠纷也表现为合同纠纷，消费者通过请求履行合同、请求承担缔约过失责任、请求承担违约责任等来保护权益。在实体环境中，消费者消费时通常不会与经营者订立书面合同，交易一般通过口头合同来进行，此时，《消费者权益保护法》《广告法》《产品质量法》等法律所规定的消费者权利成为合同中的法定默示条款被补充入合同之中。若消费者合同将消费者法定权利予以排除，按照《民法典》第497条与最高人民法院《关于审理网络消费纠纷案件适用法律若干问题的规定（一）》第1条的规定，此类条款会为排除消费者主要权利而无效。因此，合同是否为书面，在实质上并不影响对消费者权利的合同保护，只是在证据方面会对消费者产生不利影响。

在许多消费场合，尤其是在消费者与作为合同相对人的经营者之间，经常发生侵权责任请求权与违约责任请求权的竞合，消费者可以自由选择行使侵权责任请求权或违约责任请求权。在通常情形下，消费者选择违约责任请求权较为简捷，在证明负担上也比较轻。消费者或者是出于合同法的局限性（如精神损失通常无法得到赔偿），或者是侵权法、消费者权益保护法等有特别规定选择侵权责任请求权的，更有利于保护消费者权利。例如，在消费者人身权益受损时，行使侵权责任请求权的效果较违约责任请求权更佳。在产品侵权、个人信息侵权等场合，亦是如此。另外，在消费者与经营者之间不存在合同关系时，消费者只能主张侵权责任请求权，如消费者直接向非合同相对人的生产者主张权利。①

（二）侵权保护

我国《民法典》未特别针对消费者而作出规定，不过，《民法典》侵权责任编中的行为人、责任主体完全覆盖了“消费者—经营者”结构中的行为人与责任主体，虽在不同法律之下所使用的概念有所不同，但实际主体却是一致的。例如在产品责任上，根据《民法典》第 1202 条至第 1204 条的规定，因产品存在缺陷造成损害的，被侵权人可以向产品的生产者请求赔偿，也可以向产品的销售者请求赔偿。生产者、销售者以及运输者、仓储者的内部责任分担，与消费者无关。《民法典》对产品责任的规定涵盖了消费场合，法条中的生产者、销售者在《消费者权益保护法》中为经营者，被侵权人包括了消费者（购买者）。当消费者对经营者主张侵权责任请求权时，其也通常会援引《民法典》的规定，或者《食品安全法》《产品质量法》《广告法》等法律中的规定，而不仅仅只是《消费者权益保护法》的规定，因为《民法典》等法律的规定更为明确、具体、完整，更具可操作性，尤其是在责任方面。

① 例如，按照《食品安全法》第 148 条的规定，生产不符合食品安全标准的食品或者经营明知是不符合食品安全标准的食品，消费者除要求赔偿损失外，还可以向生产者或者经营者要求支付价款 10 倍或者损失 3 倍的赔偿金；增加赔偿的金额不足 1000 元的，为 1000 元。但是，食品的标签、说明书存在不影响食品安全且不会对消费者造成误导的瑕疵的除外。消费者与销售者存在合同关系，可以依据此规范主张基于合同或侵权的赔偿责任，消费者与生产者不存在合同关系，可依据此规范主张基于侵权的赔偿责任。有学者认为，不安全食品的生产者与销售者承担赔偿责任包括以下两种情形：一是在因侵权行为承担填补性赔偿责任的基础上，同时承担惩罚性赔偿责任；二是在因违约行为承担填补性赔偿责任的基础上，同时承担惩罚性赔偿责任。《食品安全法》的该条规定赋予消费者两个独立的给付请求权，产生了两个平行的请求权规范，构成请求权的聚合。参见税兵：《惩罚性赔偿的规范构造——以最高人民法院第 23 号指导性案例为中心》，载《法学》2015 年第 4 期。

《民法典》提供了一切侵权责任请求权的基础，或者反过来说，所有侵权责任请求权都是以《民法典》作为法律依据的。《消费者权益保护法》对于经营者所承担的侵权责任也作出了规定，但这只是《民法典》相关规定在消费场合的具化，并未创设新型侵权责任请求权。《电子商务法》亦是如此，该法对电子商务经营者诸多义务、责任的规定应理解为《民法典》规定在电子商务场合的具化，当然，在相当大的程度上，其仅指向消费者在线权益保护。因此，消费者在行使侵权责任请求权时，可以选择是以自然人的身份进行，还是以消费者的身份进行。当然，二者的请求权基础有所不同，选择不同的法律，请求人所依据的原权可能会有所差别，这可由消费者自由选择。

《消费者权益保护法》在第二章规定了消费者权利，在第三章规定了经营者义务，在第七章规定了法律责任。《消费者权益保护法》所规定的法律责任以侵权责任为主，合同责任相对少一些。《消费者权益保护法》并未创设新类型的特殊侵权行为，其在第七章中的规定多为宣示性的，例如，第 49 条对经营者赔偿责任的范围的规定是对侵权责任赔偿范围的重复，多数规定并未超出《民法典》，而是在“消费者一经营者”构造中将经营者违反法定义务的侵权责任后果予以明确。不过这也不尽然，例如，《消费者权益保护法》第 48 条中的“经营者对消费者未尽到安全保障义务，造成消费者损害的，应当承担侵权责任”遵循的是原《侵权责任法》第 37 条（《民法典》第 1198 条）的规定，但在主体上却不限于公共场所管理人等，而是所有的经营者。更为关键的是，二者针对的场合有所不同，《消费者权益保护法》的规定针对的是商品、服务及营业场所，而不仅仅只是营业场所。另外，“安全保障义务”在《民法典》与《消费者权益保护法》中的含义也不尽相同。在《消费者权益保护法》之外，《广告法》《反不正当竞争法》《食品安全法》《产品质量法》《计量法》《商业银行法》《商标法》《药品管理法》等也规定了涉及消费者保护的规范，也可成为消费者侵权责任请求权的请求权基础。消费者权利的侵权法保护是一个庞杂的体系，涉及法律规范众多。

三、消费者在线权益保护

私法以私权利为核心，以赋权与救济为目标，覆盖权利的生成与权利的行使、保护。在这一点上，对消费者线上权益的保护与对消费者线下权益的保护，并无什么不同。若电子商务不发达，则没有必要通过专门的在线权益保护机制去保护消费者。事实上，从电子商务发展过程来看，对消费者在线权益的保护主要是出于电子商务领域的需求，迅猛发展的电子商务吸引了越来越多的消费者投身其中，纠纷也随之而来。经济因素提供了对在线环境中的消费者权益加以保护的必要，日益增长的立法呼声加快了立法保护消费者在线权益的进程。因此，消费者在线权益保护呈现出随电子商务发展而完善的特点，并且随着电子商务向纵深方向的发展而拓展到各个领域。在电子商务全球发展的背景下，虽然在法律传统等方面有别，但为消除贸易壁垒，无论是开放型电子商务还是干涉型电子商务，基于技术的相同性、模式的相似性及跨境电子商务的需求，不同国家在消费者在线权利类型以及经营者义务内容等方面日渐趋同。

消费者在线权益私法保护机制沿用了传统的消费者保护私法机制架构，而不是另起炉灶重新建立起一套新的保护机制。这一方面降低了立法成本，并且保持了法的稳定性与连续性，另一方面还可以减少新法与旧法的冲突，使新旧规范协调运行。在笔者看来，这种旧瓶装新酒式的立法模式最大的问题是，新规范不得不迁就旧规范，在难以彻底修正旧规范时，新规范的创设也受到限制。也就是说，传统架构、旧有规范其实限制了更适应新环境的新规范的发展。但在实体经济与虚拟经济并行的背景下，这种立法模式可能是最适宜的模式，虽然不一定是最佳模式。

在消费者在线权益私法保护机制中，《消费者权益保护法》处于中心，其所规定的消费者权利构成消费者权益保障机制的运行中心，《民法典》的总则编、合同编、侵权责任编等为《消费者权益保护法》的基础。《广告法》《反不正当竞争法》《产品质量法》《食品安全法》等通过修订，引入消费者在线权益保护规则，多法律共同作用，在不同消费领域演绎消费者权利，并将相应的权利保护方式予以明确。消费者在线权益私法保护机制沿用了传统架构，在这种架构之下，以添砖加瓦的方式逐步补充在线权益保护规则。在很长的时间内，我国将仍然采用这种模式。消费者在线权益保护规则的形成，路径之一是对既定法进行修正，如修正《消费者权益保护法》；之二是另定新法，如制定《电子商务法》《个人信息保护法》及各种法规、规章。2018 年 8 月，全国人大常委会通过了《电子商务法》。《电子商务法》对我国电子商务的规范发展起到重要作用，该法对押金返还、平台责任、大数据“杀熟”、不正当竞争等问题作出了规定，有利于提升对消费者在线权益的保护。不过，《电子商务法》的规定仍然不够具体、详尽，例如，对平台经营者责任的规定仍然难以满足消费者在线权益保护的需求，对电子合同的实质性规定仍嫌过少，仍未建立完整的电子合同制度。在这种情况下，网络购物、网络直播、外卖餐饮等领域的各种行政规章起到了保护消费者在线权益的作用。

对消费者权益的保护，包括在线权益在内，并不是一部《消费者权益保护法》便能完成的工作。《消费者权益保护法》最重要的任务是明定消费者法定权利、经营者法定义务，此属赋权，并且所赋权利系属民事权利。在赋权之后的权利救济，从理论上来看，在相当大程度上其实是落实于《民法典》等法律之中，《消费者权益保护法》的规定实际上并没有超出《民法典》规定的范围，而主要是在消费领域中将各种权利及其救济予以具化，其之基础仍在于《民法典》，关键在于总则编、合同编及侵权责任编。

第四章　消费者在线权益公法保护机制

与私法保护机制区分合同前、合同中、合同后三个阶段相似，电子商务行政管理制度及消费者行政保护制度事实上也是根据这三个阶段运行的。电子商务行政管理制度内容广泛，涵盖了企业登记、税收征缴、企业运行、质量管理、检验检疫等方面，其中与消费者保护密切相关的是电子商务监管机制。电子商务监管机制以政府力量介入市场失灵，可以调控资源、保护消费者，引导电子商务规范、良性发展。从公共利益的角度来看，政府监管的价值主要是提高市场效率与维护社会公正，①广义的电子商务监管包括了消费者在线权益保护。公法机制在宏观层面对消费者进行整体性保护，具有效率高、成本低以及强制力高等优点，可以弥补私法机制与软法机制的不足。

第一节　电子商务监管

电子商务监管机制作用于经营者，通过营造安全交易、公平竞争的电子商务环境，整体保护消费者权益。在电子商务领域，欧盟采取强监管的模式，美国则采取弱监管的模式，不同的监管原则对欧盟与美国电子商务的发展形成了极大影响，对消费者在线权益的保护方式也有不同。对于我国来说，在“先发展，后治理”政策之下，我国的电子商务监管思路其实并不清晰。2018 年《电子商务法》提出电子商务的协

① 参见沈岿、付宇程、刘权等：《电子商务监管导论》，法律出版社 2015 年版，第 116 页。

同治理理念，这种理念的落实需要我国行政部门作出较大幅度的改变。

一、欧盟与美国的电子商务监管

按照欧盟1997年的《电子商务行动方案》，欧盟电子商务政策的目标是在消费者与电子商务经营者之间建立信任和信心，并确保电子商务在内部市场没有障碍，包括去除那些与可执行的电子协议和适用新技术有关的、因无法可依所引起的障碍，从而促进电子商务在欧盟的蓬勃发展。欧盟提出，电子商务下的消费者保护主要涉及电子商务提供者的身份、履行能力和其实际地理位置的确认、信息的完整性、隐私权和个人信息保护、远程合同的履行、支付的可靠性以及错误或欺诈的救济等方面。[①] 欧盟的这种态度体现于之后的各个指令中，如《远程合同中的消费者保护指令》《关于内部市场中与电子商务有关的若干法律问题的指令》《电子签名指令》等。欧盟的规定与联合国贸易法委员会在电子商务方面的示范法、公约的规定差异较大。2010年之后，欧盟所颁布的《消费者权利指令》（2011/83/EU）以及替代《数据保护指令》（1995/46/EC）的《一般数据保护条例》（2016/679）呈现强监管的特点，将消费者权益保护置于重要地位。在欧盟范围内，经营者义务的内容、类型以及监管的严厉程度居于全球之首，自电子商务产生之初，欧盟便始终坚持强监管的态度，对跨国公司较高数额的处罚多发生于欧盟。《消费者权利指令》对消费者权利的保护较为周到，例如，其对远程销售合同中消费者撤回权的规定极为详尽，并对经营者相应的义务也作出具体规定，这在国际立法中是较为少见的。《一般数据保护条例》无疑也延续了强监管的特点，该条例针对的是与个人数据处理相关的自然人保护及个人数据自由流动，明确宣示保护自然人的基本权利和自由，尤其是自然人的个人数据。[②] 《一般数据保护条例》专门对“独立监管机构”进行规定，要求每个成员国应当建立一个或者多个独立的监管机构对条

---

① 参见招霞：《电子商务环境下的欧盟与美国消费者保护法律制度比较》，中国政法大学2005年硕士学位论文，第3页。

② 参见欧盟《一般数据保护条例》第1条（主旨与目标）的规定。

例的适用情况进行监督，并赋予监管者较为宽泛的监管权力。并且，《一般数据保护条例》一般适用于设立在欧盟的数据控制者或处理者对个人数据的处理，但对于欧盟数据主体的个人数据处理行为也予适用，即便控制者或处理者未在欧盟设立相关机构。宽泛的管辖范围使得《一般数据保护条例》可以一般性地适用于任何涉及欧盟数据处理的经营者，从而对世界范围内对欧盟实施数据处理行为的经营者均产生效力。①《一般数据保护条例》对个人数据的保护极为严格，而这种个人往往同时也构成消费者，从而使消费者的个人数据可以基于《一般数据保护条例》而得到强保护。

在电子商务初兴之时，美国颁布了《全球电子商务纲要》，提出了五项基本原则：私营企业应当居于领导地位，政府应当避免对电子商务作不必要的限制，政府的参与目的在于支持和建立一个可预测的、最简单的和前后一致的商务法制环境，政府应当认识到因特网的独特性质，因特网上电子商务的推动应以全球为基础。② 美国一直坚持以行业自律为主的电子商务发展模式，因此在行政监管上以弱监管为主，在相当程度上采取了放任的政策，美国统一州法委员会所制定的《统一计算机信息交易法》甚至因被认为过度倾向于消费者利益而损害产业发展，③ 仅被两个州所接受，最后被统一州法委员会撤回。在这种弱监管之下，美国也出现了消费者个人信息权利受到巨大损害的情况，如脸书公司发生过 5000 万人数据泄露的丑闻，用户数据被第三方公司用于选举数据分析。④ 在不同监管模式下，经过了 20 余年的发展，美国的电子商务发展远远超过了欧盟。

---

① 参见欧盟《一般数据保护条例》第 3 条（地域范围）的规定。

② 参见孙晔、张楚编著：《美国电子商务法》，北京邮电大学出版社 2001 年版，第 19 ~ 20 页。

③ 在此方面，各界见仁见智，也有观点认为，该法过度倾向于产业利益而损害消费者利益。

④ 参见刘淄川：《Facebook 数据泄露反思：社会如何驾驭科技》，载新浪网，http://tech.sina.com.cn/i/2018-04-15/doc-ifzcyxmu7325385.shtml。

二、我国的电子商务监管

我国的电子商务体量已经居于世界之首，我国的电子商务经营者不再模仿国外的电子商务模式，而是自行探索，并且将我国的电子商务模式向国外输出。在此过程中，“先发展，后治理”的政策起到了重要作用。“先发展，后治理”也意味着我国对电子商务的监管相对于传统商业活动较弱，2018 年《电子商务法》的颁布改变了这一局面。

行政部门对电子商务进行监管，首先便需要在法律层面获得授权。在 2004 年《电子签名法》颁布之前，我国并无电子商务法律，而只存在行政法规、规章。例如，全国人民代表大会常务委员会颁布了《关于维护互联网安全的决定》(2000 年)，国务院颁布了《互联网信息服务管理办法》(2000 年)、《互联网上网服务营业场所管理条例》(2002 年) 等，原文化部[①]颁布了《互联网文化管理暂行规定》(2003 年)，国家广电总局颁布了《互联网等信息网络传播视听节目管理办法》(2003 年)，此外还包括《计算机信息系统安全保护条例》(1994 年)、《商用密码管理条例》(1999 年)、《互联网出版管理暂行规定》(2002 年)、《互联网药品信息服务管理暂行规定》(2001 年)、《互联网医疗卫生信息服务管理办法》(2001 年)、《网上银行业务管理暂行办法》(2001 年)、《网上证券委托暂行管理办法》(2000 年) 等规定。上海、广东等电子商务较发达的省市也颁布了相应的地方性法规。

2004 年 8 月 28 日，全国人大常委会通过了《电子签名法》。《电子签名法》针对的是电子签名、数据电文、认证机构，除在认证机构管理方面外，也很少涉及监管、消费者保护问题。在《电子签名法》颁布之后，事实上我国仍然长期处于电子商务法律规范供应不足的尴尬境地，主要依靠行政法规、规章进行网络监管，例如《互联网新闻信息服务管理规定》(2005 年)、《信息网络传播权保护条例》(2006 年)、《电信业务经

① 根据 2018 年《国务院机构改革方案》，国务院组建文化和旅游部，将文化部、国家旅游局的职责整合，不再保留文化部、国家旅游局。

营许可管理办法》（2009 年）、《互联网销售彩票管理暂行办法》（2010 年）、《通信网络安全防护管理办法》（2010 年）、《网络商品交易及有关服务行为管理暂行办法》（2010 年）、《网络交易管理办法》（2014 年）、《网络零售第三方平台交易规则制定程序规定（试行）》（2014 年），等等。相关电子商务标准也在这一时期得以制定，如《电子商务模式规范》（SB/T 10518—2009）、《网络交易服务规范》（SB/T 10519—2009）、《第三方电子商务服务平台服务及其等级划分规范》（GB/T 24661. 2—2009），等等。国务院及相关部委还颁布了诸多规范性文件，如《商务部关于加快流通领域电子商务发展的意见》（2009 年）、《商务部关于促进网络购物健康发展的指导意见》（2010 年）、《商务部办公厅关于做好网络购物领域打击侵权假冒专项行动总结工作的通知》（2011 年）、《国家工商行政管理总局关于加强跨省网络商品交易及有关服务违法行为查处工作的意见》（2011 年）、《关于加强网络团购经营活动管理的意见》（2012 年）、《国家工商行政管理总局关于实施支持跨境电子商务零售出口有关政策的意见》（2013 年）、《国家工商行政管理总局网络交易平台经营者履行社会责任指引》（2014 年）、《国家工商行政管理总局、工业和信息化部关于加强境内网络交易网站监管工作协作积极促进电子商务发展的意见》（2014 年）、《国家工商行政管理总局网络商品和服务集中促销活动管理暂行规定》（2015 年）、《国家工商行政管理总局关于加强和规范网络交易商品质量抽查检验的意见》（2015 年）、《国务院关于积极推进"互联网 +"行动的指导意见》（2015 年）、《中国人民银行等十部委关于促进互联网金融健康发展的指导意见》（2015 年），等等。

国务院及各部委所颁布的这些规范性文件多是针对具体事项，并且有时也未落到实处。在我国电子商务粗放发展的过程中，电子商务监管处于较弱的状态，侵害消费者在线权益的事件层出不穷。我国迫切地需要一部电子商务基本法。2018 年 8 月 31 日，全国人大常委会通过了《电子商务法》。《电子商务法》第 4 条规定："国家平等对待线上线下商务活动，促进线上线下融合发展，各级人民政府和有关部门不得采取歧视性的政策措施，不得滥用行政权力排除、限制市场竞争。"第 7 条规定："国家建立符合电子商务特点的协同管理体系，推动形成有关部门、电子商务行业组织、电子商务经营者、消费者等共同参与的电子商务市场治理体系。"《电子商务法》提出了协同治理、各界共治的理念，但并未对电子商务监管作出相对具体的规定。行政监管的实质是政府与市场、社会的界限问题，即政府何时干预市场活动，何时由市场和社会自行解决所出现的问题。[①] 通常来说，行政监管除主动引导市场资源配置外，多针对市场失灵而引发，这主要包括因地位不平等、信息不对称、垄断、不正当竞争等而引起的市场失灵。考虑到我国的电子商务发展目标、电子商务现状、社会诚信水平、消费者保护水准，笔者认为，我国宜采取以行业自治为主、行政监管为辅的原则。对比欧盟、美国、中国的电子商务发展历程，只有以行业自治为主，才能充分发挥市场的力量，推动电子商务按照市场规律获得发展，过强的行政监管可能会压制电子商务的发展。与此同时，也必须对电子商务进行相当程度的行政监管，这一方面可以在市场失灵时能够适当干预市场，避免资源浪费、优化资源配置；[②] 另一方面可以向消费者在线权益提供较强的公法保护，以促进电子商务的进一步发展。从这个角度来说，我国电子商务在经历了粗放发展阶段之后，已经具备了继续深入发展的基础，但粗放发展阶段所产生的业界恶习需要通过相对较强的监管手段予以矫正。近年来，消费者权益在网络直播、个人信息处理、网络贷款、餐饮外卖等领域受侵害的现象较为严重，行政机关已经加强了对这些领域的监管，这既有益于消费者权益保护，也有益于产业的良性发展。

---

① 参见马英娟：《政府监管的理性选择——以"电子监管网事件"为中心》，载《法学》2008 年第 12 期。

② 以共享单车为例。我国共享单车发展迅速，现已向海外输出，但是，此过程伴随了严重的无序竞争与大量的资源浪费。大量的共享单车公司进入市场后，因资金链断裂而致单车被置于无人维护、抛弃的境地，造成了资源的无谓浪费。并且，这一过程也出现了侵害消费者权益的情况，如酷骑单车在公司倒闭后，消费者无法索回押金，其他共享单车的类似情况也不在少数。此外，大量外卖平台使用塑料袋、塑料杯、塑料包装盒，也会造成资源浪费与环境污染。《电子商务法》对押金问题作出规定，并明确了绿色发展原则，也正是基于我国电子商务发展中所出现的问题。对于这种情形，行政机关应当对市场进行适当干预，避免无序竞争、资源浪费、污染环境的现象。

第二节　电子商务监管与消费者在线权益保护

诸多电子商务活动系由线下环境移植至线上环境，与传统商业活动的差别其实主要是技术性的，而商业模式的差异也是建立在这种技术性差别基础之上的。因此，大量的电子商务活动可以受原本针对线下环境的规范的调整，其中便包括行政规范。例如，无论是在线下环境，还是在线上环境，食品安全、货物运输、广告、信息披露等活动中的经营者义务，本质并无差异，即便欠缺相应的专门性电子商务规范，行政机关也可以基于原来的规范进行监管。这也正是我国电子商务立法长期滞后，但行业在整体上仍然可以相对规范发展的原因。在传统的监管中，诸多行政部门拥有保护消费者的职权与职责。在电子商务监管中，行政部门也对消费者在线权益提供了保护。这种保护由公权机构提供，力度较强，效率较高。

互联网经济的"快速迭代"效应催生了大量新生事物，借助网络在短时间内广泛传播，对传统的政府驾驭市场模式形成冲击。我国政府在事实上减少了管控，为各类新兴经济主体营造宽松的成长环境，以顺应技术革命的浪潮。[①] 但是，与网络运营商、互联网平台等大型企业相比，政府不拥有信息优势，[②] 并且这一局面持续存在，这不利于电子商务监管，无论是对电子商务主体的监管，还是对电子商务行为的监管。我国行政部门对电子商务的行政监管本便存在诸多不足，对电子商务中的消费者保护也更是存在不足。在相当长的时间里，我国高位阶的法律很少涉及消费者在线权益保护的问题，消费者在线权益的公法保护较为不足。《消费者权益保护法》《广告法》《食品安全法》《网络安全法》《数据安全法》《个人信息保护法》等法律在相当程度上直接涉及电子

---

① 参见冯涛、郁建兴：《走向监管型政府："互联网＋监管"与"监管＋互联网"的融合》，载《中共宁波市委党校学报》2017 年第 1 期。

② 参见张锐昕、阎宇、谢微、李汝鹏：《"互联网＋"对政府治理的挑战》，载《电子政务》2016 年第 3 期。

商务中的行政监管与消费者保护问题。

按照《消费者权益保护法》第 32 条的规定，“各级人民政府工商行政管理部门和其他有关行政部门应当依照法律、法规的规定，在各自的职责范围内，采取措施，保护消费者的合法权益。有关行政部门应当听取消费者和消费者协会等组织对经营者交易行为、商品和服务质量问题的意见，及时调查处理”。《消费者权益保护法》的这一规定赋予了各行政部门保护消费者权益的权力与责任，要求相关行政部门在各自原有的行政职责范围保护消费者。按照《消费者权益保护法》第 33 条的规定，“有关行政部门在各自的职责范围内，应当定期或者不定期对经营者提供的商品和服务进行抽查检验，并及时向社会公布抽查检验结果。有关行政部门发现并认定经营者提供的商品或者服务存在缺陷，有危及人身、财产安全危险的，应当立即责令经营者采取停止销售、警示、召回、无害化处理、销毁、停止生产或者服务等措施”。《消费者权益保护法》第 33 条在第 32 条的基础上，明确了行政部门在保护消费者方面的行政职权包括抽检检验、责令经营者实施或停止相关行为。《消费者权益保护法》的相关规定一般不区分线下环境与线上环境，而是一体适用于两种环境，相关行政部门有权对电子商务中经营者侵害消费者权益的行为予以监管。

《电子商务法》作为电子商务领域的基本法，授权市场监督管理部门等行政机关对该法所列举的经营者违反义务的法定情形有权采取责令限期改正、罚款、没收违法所得等处罚措施。在《产品质量法》《食品安全法》《反不正当竞争法》《商标法》《广告法》《价格法》《标准化法》及其他法律、法规、规章中，行政部门拥有的与消费者保护相关的职权与相应领域有关，除通常的行政职权外，还包括抽查检验商品质量，发布消费安全信息，对经营者采取现场检查扣押有质量问题的商品，商品或服务标准的制定与质量认证，对商品安全进行风险评估，责令召回缺陷产品，建立商品安全信用档案以及受理消费者的申诉、举报和投诉等。《网络安全法》侧重于保护网络安全，《网络安全法》所明确涉及的与消费者相关的权利主要是个人信息权。《网络安全法》第 76

条明确了个人信息的定义，列举了个人信息的范围；第 41 条明确了经营者收集、使用个人信息的合法、正当、必要原则；第 42 条要求经营者不得泄露、篡改、毁损其收集的个人信息，未经被收集者同意，不得向他人提供个人信息；第 43 条使消费者有权对抗经营者违法收集、使用其个人信息的行为；[①] 第 14 条规定相关行政部门应当及时处理投诉。《网络安全法》强化外部监管，重视源头管控，明确规定了经营者的网络安全保障义务，授权行政机关有权责令改正、警告、罚款、责令暂停相关业务、停业整顿、关闭网站、吊销相关业务许可证或者吊销营业执照。在《网络安全法》实施之后，国家网信办、工信部、公安部、市场监管总局联合颁布了《App 违法违规收集使用个人信息行为认定方法》，依据《网络安全法》等的规定，对应用程序未公开收集使用规则以及未明示收集使用个人信息目的、方式、范围等违法违规事项作出具体规定，并展开行政执法。至 2021 年 8 月 25 日，通报了 18 批侵害用户权益的应用程序，对包括"滴滴出行""滴滴企业版"在内的大量应用程序进行了下架处理，[②] 避免这些应用程序继续侵害消费者权益。《数据安全法》与《个人信息保护法》授予行政机关的职权与《网络安全法》较为相似。鉴于当前的网络安全、数据安全、个人信息保护问题较为严重，我国行政机关加强了监管。

市场监督管理部门向来是承担消费者保护职责的主要行政机关，原国家工商总局陆续出台了一系列规章，使《消费者权益保护法》更具可操作性。原国家工商总局在总结监管执法和消费维权工作经验的基础上，在 2015 年出台了《侵害消费者权益行为处罚办法》（2020 年修订），对《消费者权益保护法》规定的经营者义务进行了细化，对经营者不履行法定义务的行为明确了相应的行政处罚以及行政处罚的原则和

---

① 《网络安全法》第 43 条规定："个人发现网络运营者违反法律、行政法规的规定或者双方的约定收集、使用其个人信息的，有权要求网络运营者删除其个人信息；发现网络运营者收集、存储的其个人信息有错误的，有权要求网络运营者予以更正。网络运营者应当采取措施予以删除或者更正。"

② 参见国家互联网信息办公室 2021 年 7 月 9 日发布的《关于下架"滴滴企业版"等 25 款 App 的通报》。

程序。《侵害消费者权益行为处罚办法》就经营者提供商品和服务、有关商品和服务的宣传行为、以预收款方式提供商品或者服务、七天无理由退货、消费者个人信息保护中的侵犯消费者权益的行为的行政处罚作出了更为具体的规定。

配套性法规和规章会对法律中的规定进行细化，向来是行政执法的重要依据。[①] 由于电子商务发展迅速，电子商务模式推陈出新速度较快，国务院及各部委等高级别行政部门无法在某种电子商务模式出现后便立即制定相应的配套性法规、规章，而需要在分析研究之后制定配套性法规、规章，然后展开监管。在这一过程中，也必然会发生消费者在线权益受损但行政部门难以监管、保护的现象。例如，在网络食品外卖兴起之后，大量无证经营者进入网络外卖平台，食品安全事件频频发生，行政部门一时之间也难以监管。2017 年 9 月 5 日，原国家食品药品监督管理总局发布了《网络餐饮服务食品安全监督管理办法》，针对网络餐饮中的各种情形作出十分具体的规定，规范网络餐饮服务业的发展，保护消费者权益。行政部门对电子商务各领域的监管，大致都是遵循了这一过程，由线下环境扩展至线上环境。

通过电子商务监管的方式保护消费者在线权益的优势在于：第一，公力救济保护力度强。相对于经营者，行政部门处于强势地位，在通常情况下，经营者需要按照行政部门要求来行事，否则将受行政处罚。第二，公力救济效率高。相对于消费者的私力救济，行政部门可以迅速行使抽查、扣押、责令改正等职权，效率较高。第三，维权成本低。消费者申请公力救济，获得行政保护，不需要支付费用，维权成本比较低。第四，维权范围广。区别于消费者与经营者的一事一议，在行政部门介入时，行政部门可以对一般性事项进行干涉，如行政部门要求电子商务平台经营者修正其平台协议、切实履行七天无理由退换、依法建立数据安全制度与个人信息保护制度等，可以普遍性、群体性地保护消费者权

① 参见中国消费者权益保护法学研究会：《消费者权益保护法学》，中国社会出版社 2017 年版，第 137 页。

益。笔者认为，我国的消费者在线权益行政保护的强度应从我国的实际出发，并考虑以下方面：首先，高强度的保护并非一定有利于消费者利益，经营者为此增加的经营成本最终将转嫁给消费者，并且法律需要在消费者与经营者之间进行平衡，在权利保护与产业发展之间进行权衡。在当前我国互联网产业快速发展的背景下，若采取类似于欧盟的高强度的消费者保护，将不利于互联网产业的发展。其次，美国的消费者保护协会等民间组织较为发达，在行业自治的模式下，消费者保护民间组织在一定程度上可以弥补消费者个人力量的不足，但我国的消费者保护民间组织极不发达，所起到的保护作用也比较弱。结合我国电子商务中假冒伪劣产品横行、经营者诚信状况普遍不高、消费者维权成本过高等因素，我国应当提升对消费者在线权益的公法保护力度，行政部门除履行通常的监管职责外，应当主动加强涉消费者事项的电子商务监管。

第三节　我国消费者在线权益公法保护机制存在的问题与解决思路

我国电子商务监管存在的问题较多，且较为琐碎，但从宏观上看，问题主要表现在电子商务监管权力划分不清、电子商务主体监管不足、电子商务行为监管不力三个方面，并且这些问题与消费者在线权益保护戚戚相关。

一、电子商务监管权力划分不清问题

我国行使电子商务监管权限的行政部门包括工商部门、商务部门、质监部门、食药部门、物价部门、知识产权部门、文化部门、海关、交通部门、邮政部门、工信部门、公安部门以及央行、银监会等，这些行政部门进行电子商务监管会直接或间接涉及消费者在线权益保护。从《消费者权益保护法》的规定便可看出，法律要求这些行政部门在原有的职责范围内保护消费者权益，也就是说，这些行政部门在原有的监管

范围内，将监管由线下环境扩充至线上环境。然而，由于某些监管对象难以清晰界定，导致行政部门间的监管权力划分不清，以至于出现行政部门争抢或推诿的情形。有学者指出，传统监管体制的地域分割性、行业分割性、产业保护性与互联网经济跨域性、跨界融合性特征相悖，我国行业属性较强的监管模式遭遇“互联网＋经济”，导致的后果就是要么多方监管，要么不知道谁来监管。[①] 笔者同意这种观点。2012 年 8 月，京东、国美、苏宁、当当等电子商务公司爆发价格“大战”，其中不仅存在不正当竞争，还存在“先涨价再降价”等侵害消费者权益的情形，当时国家发改委、工商总局、商务部均拥有监管权力，最后由国家发改委介入而结束了价格“大战”。再如，网络游戏既可理解为出版活动，也可理解为文化活动，文化部门与新闻出版部门对网络游戏的审批存在冲突。2018 年，在国务院机构改革中，国家工商行政管理总局、国家质量监督检验检疫总局、国家食品药品监督管理总局合并为国家市场监督管理总局。2021 年，国家市场监督管理总局重新组建国家知识产权局。但是，这种监管分工不明的局面依然存在。

就电子商务的监管体系而言，《电子商务法》第 6 条规定：“国务院有关部门按照职责分工负责电子商务发展促进、监督管理等工作。县级以上地方各级人民政府可以根据本行政区域的实际情况，确定本行政区域内电子商务的部门职责划分。”第 7 条规定：“国家建立符合电子商务特点的协同管理体系，推动形成有关部门、电子商务行业组织、电子商务经营者、消费者等共同参与的电子商务市场治理体系。”《电子商务法》推动电子商务的协同治理，促进电商企业自治、行业自律、社会监督、政府监管的共治，但是该法在电子商务监管权力划分不清之上，没有起到应有的作用，我国有必要对电子商务的监管权力划分作出明确的规定。从消费者保护的角度来看，无论是对消费者的线下权益，还是对消费者的线上权益，在消费者请求公法保护时，宜设置相对统一

---

① 参见张效羽：《通过政府监管改革为互联网经济拓展空间——以网络约租车为例》，载《行政管理改革》2016 年第 2 期。

的消费者保护行政部门，由其在行政体系中进行协调，尽可能减少争抢、推诿等情形。

二、电子商务主体监管不足问题

电子商务监管主要包括电子商务主体监管与电子商务行为监管。在对电子商务主体的监管上，由于我国实施“先发展，后治理”的策略，行政部门在对电子商务进行监管时，若面对较新的商业模式，会有所犹豫，监管的力度不如线下环境的监管。从促进电子商务发展的角度来看，这无疑有利于电子商务的发展，避免传统制度扼杀新兴业态。但从消费者保护的角度来看，这在一定程度上牺牲了消费者利益。在《电子商务法》颁布之前相当长的时间里，虽然不同行政部门在电子商务经营者（如 C2C 模式中的自然人卖家）是否需要办理登记、承担纳税义务的问题上态度迥异，但事实上，我国大量的电子商务经营者一直游离在行政监管体系之外，既不办理工商登记，也不缴纳税款。这在一定程度上推动了我国电子商务的迅速发展，与此同时也造成了监管不力、假货横行的结果，行政部门无法发现、无力监管。《电子商务法》的颁布改变了这种局面，《电子商务法》第 10、11 条要求电子商务经营者应当依法办理市场主体登记并依法履行纳税义务，第 12 条要求若需要取得行政许可的，电子商务经营者应当依法取得相应的行政许可。

毋庸讳言，我国前期电子商务快速发展其实是一种粗放式发展，而在当前形势下，我国电子商务更需要精细化发展，因此需要将未办理主体登记的大量的电子商务经营者纳入登记范围之内，加强监管，引导我国电子商务规范发展。例如，曾经在食品外卖平台上存在大量小作坊式的经营者，卫生环境极为恶劣，因其未办理工商登记，导致行政部门监管存在很大难度。按照《电子商务法》的规定，此类经营者亦需办理工商登记，并且平台对此承担审核义务，这会将大量不符合条件的经营者排除于市场之外，有利于消费者保护。《电子商务法》的规定使得电子商务中的主体监管与线下环境的主体监管并无太大差异，行政监管的范围将得到扩展，对于消费者保护而言，这无疑是有利的。不过，电子商务主体的市场主体登记宜简便化，甚至在线化。为此，需要行政部门充分利用数据技术，将不同行政部门的数据予以连通、共享，以便对登记数据的真实性进行验证，方便电子商务主体的登记。

三、电子商务行为监管不力问题

相对于对电子商务主体的监管，对电子商务行为的监管会更多地涉及消费者在线权益保护。线上行为发生于网络环境之中，对线上行为的监管与对线下行为的监管有着较大差异。当前，我国行政部门对电子商务行为监管不力，不利于消费者在线权益的公法保护，这一方面有着立法上的原因，另一方面行政部门自身也难辞其咎。以网约车为例，网约车极大缓解了“出行难”的问题，属技术推动商业进步的范例。① 从消费者保护的角度来看，由于网约车平台与司机间并不存在紧密关系，更不存在强有力的约束关系，网约车平台只是借助于司机所提交的资料、数据进行评价，只能描绘出一个数据画像，加之网约车领域中还存在平台垄断、定价机制等问题，在网约车流程中出现各种侵害消费者权益的情形也是具有必然性的。不过，即便在传统出租汽车经营活动中，类似情形也不在少数。② “滴滴”网约车所出现的强奸、杀人、威胁等严重

① 从我国网约车的发展历程来看，我国的网约车服务于2012年上线，经营模式与国外的“优步”相似，但因有违出租汽车的管理规定，起初被多地交通管理部门所禁止，但各地管理部门态度不一。当时，网约车平台主要是通过与汽车租赁公司、劳务派遣公司、司机的四方协议规避相关管理规定，令监管部门在管与不管之间处于尴尬境地。2016年7月27日，交通运输部、工信部、公安部、商务部、工商总局、质检总局、国家网信办七部委联合发布了《网络预约出租汽车经营服务管理暂行办法》，将网约车合法化，并设定了相应的条件。之后，各地也制定了地方性法规，对本地的网约车进行管理。现今，经过激烈的市场竞争，“滴滴”成为我国最大的网约车平台，但也出现了“首汽约车”“神州专车”“曹操专车”等网约车平台。网约车与传统出租车的差异极为显著，虽有诸多优点，但缺点也极为明显。

② 按照中国司法大数据研究院于2018年9月20日发布的《网络约车与传统出租车服务过程中犯罪情况》，2017年，全国各级法院一审审结的被告人为网约车司机且在提供服务过程中实施犯罪的案件量不足20件，传统出租车司机在提供服务过程中实施犯罪的案件量为170余件。网约车司机每万人案发率为0.048，其中77.78%案件的侵害对象为乘客。传统出租车司机每万人案发率为0.627，其中46.26%案件的侵害对象为乘客。网络约车司机多发故意伤害罪，占比约四成。传统出租车司机暴力犯罪和涉毒犯罪占比高，合计占比超43%。在司机侵害乘客案件中，网络约车司机案发时的年龄较传统出租车司机明显偏低。

事件引发社会强烈关注,[①] 虽“滴滴”向公众道歉，并表示会进行整改,[②] 但并不能完全期待以营利为目的网约车平台自行整改来彻底改变这种局面，保障消费者的出行安全。并且，行政部门的监管权力划分、监管模式本便存在问题，对平台经营者的监督程度较弱，也不利于对消费者权益的公法保护。由于 2018 年网约车发生多起严重的安全事故，交通运输部于 2018 年 9 月 5 日派专项工作检查组进入“滴滴”等多家网约车公司进行检查。9 月 28 日，交通运输部新闻发言人指出“滴滴”等网约车公司存在九个方面的问题。[③] 2021 年 7 月 4 日，国家网信办发布通知，因“滴滴出行”应用程序存在严重违法违规收集使用个人信息问题，国家网信办依据《网络安全法》相关规定，通知应用商店下架“滴滴出行”应用程序。事实上，这些问题并非短期内产生的，为何会持续存在？行政部门是否采取了适当的监管措施？技术的进步、商业模式的发展倒逼行政部门提升监管能力，创新监管方式，否则无法实现对网约车的有效监管。在这种情况下，法律法规应当加大处罚力度，并推动网约车平台适当自治，行政部门也应当更深地介入网约车行业，在加强平台监管的同时，加强对网约车司机的监管。

我国的网约车行政监管是目前我国电子商务行政监管的一个缩影，在网约车行政监管中所呈现出的问题、弊端在其他电子商务领域中同样广泛存在。保护消费者在线权益，除被动处理消费者的电子商务投诉之外，行政部门还应对经营者的电子商务行为进行主动监管，否则无法在一般层面上推进对消费者在线权益的公法保护。我国行政部门自 2019 年开始对应用程序展开主动执法行动便收到良好成效。笔者认为，就具体的监管行为而言，对线上电子商务行为进行监管的前提是行政部门能

① 仅以 2018 年为例，2018 年 5 月 5 日，21 岁空姐深夜在郑州乘坐滴滴顺风车遇害。2018 年 8 月 24 日，温州的一位女乘客被滴滴顺风车司机杀害。

② 在 2018 年 8 月 24 日的网约车女乘客在温州遇害后，滴滴平台开始尝试在应用程序乘客端加入一键报警功能。

③ 这些问题包括：公共安全隐患问题巨大，顺风车产品安全隐患问题巨大，应急管理基础薄弱、效能低下，非法营运问题突出，安全生产主体责任落实不到位，企业平台诚信严重缺失，个人信息安全问题突出，社会稳定风险突出，涉嫌行业垄断。

够及时发现电子商务违法行为，进而采取相关监管措施。与目前经营者所采用的较先进的网络技术与商业模式相比，监管部门的监管技术、监管模式无疑是较为落后的，以至于监管部门有时很难发现违法行为的存在。此外，我国行政部门间的政务平台连通不足，数据公开与共享不足，流动性极弱，大量数据沉积而未得到运用，行政部门缺少进行网络监管的技术力量。行政部门对于经营者违法行为的处理未能跟随技术发展的步伐，对消费者向行政部门发起对电子商务经营者的投诉，行政部门的处理主要仍是传统的、线下式的，效率较低。

四、消费者在线权益公法保护水平有待进一步提升

我国传统的行政监管手段主要表现为事前的行政许可、事中的行政检查、事后的行政处罚以及行政强制，消费者权益保护也被置入此框架之内。从宏观上来看，这一监管框架完全可以继续适用于电子商务监管与消费者在线权益保护。不过，传统监管中的一些具体的监管手段、措施并不适应电子商务的技术性、快速性、复杂性、宽泛性等特点，也不能满足消费者在线权益保护的需求。笔者认为，公法保护机制是消费者在线权益综合保障体系中的重要组成部分，我国应当通过立法明定监管权力划分，方便电子商务经营者办理市场主体登记，更为关键的是，需要加强对电子商务行为的监管。在电子商务行为监管方面，行政部门应当提升行政能力，实现行政执法手段在线化、多元化、丰富化。

（一）引入新技术，提升监管效率

行政部门可以参考 ODR 的发展，尝试发展新型行政执法手段、措施，并通过修订法律予以确定。在电子商务流程中，在线争议解决机制具有重要作用。在我国，在诉讼、仲裁之外的在线争议解决机制主要由平台经营者提供，例如淘宝、京东等大型网络交易平台内部均有消费者维权入口，消费者可以按照平台制定的规则，方便地发起争议解决程序。除此之外，还存在由第三方提供的在线争议解决机制，如“中国质量投诉网”（www. chinatousu. net）、“新浪黑猫”（tousu. sina. com. cn）等。不同类型的 ODR 模式、运行情况不尽相同，其中的“和解支持处

理模式”（Decision/Negotiation Support Systems）使用算法辅助纠纷的在线解决。[①] 我国当前电子商务的一个特点是，网络平台是主要的网络流量入口，大量的电子商务经营者入驻网络平台进行经营。行政部门一方面应当加强对平台经营者的监管，另一方面还应当加强与平台经营者的合作，以便对平台内经营者进行监管。我国行政部门可以探索网络化行政执法，包括网络化处理消费者投诉。为推进消费者在线权益的公法保护，国务院各相关部委应当建立相应的电子政务平台，或者依托原本的电子政务平台，接入市场份额较大的网络交易平台，借助平台经营者开放的端口，向消费者提供方便快捷的维权入口，直接使用平台存储的相关数据，对消费者的投诉进行审查、解决。在平台经营者的协助下，消费者可以在网络交易平台上直接向行政部门发起对经营者的投诉。由于交易全流程数据均存储于网络交易平台，借助区块链等技术，数据的全面性、真实性可以得到保证，行政部门可以调取并依托这些数据对投诉进行审查、处理。更进一步说，随着大数据与人工智能技术的进步，行政部门可以开发相应的智能算法，通过算法对某些具有普遍性的、较易处理的消费者投诉进行处理，例如消费者对七天无理由退换货、错标商品信息等的投诉，这既可以方便消费者维权，也可以降低行政部门的压力。

（二）推行弱管控、强监管

需要指出的是，监管与管控并不相同。起初在面对互联网新兴业态时，我国为避免“一管就死”而采取以放任为主的策略，行政部门较少地介入互联网行业。但这其实应当理解为弱管控，而非弱监管。即便在将来的电子商务行政监管中，也应当继续实行弱管控，但监管力度需要提升，尤其是在对消费者在线权益的公法保护上。消费者权益保护法应当从私法辅以公法中的经济法调整的范式改变为更加纯粹的经济法范式，以作为消费交易秩序的公共利益为主要保护客体，以社会责任为保

---

① 参见刘哲玮：《国家介入：我国 ODR 建设的新思路》，载《网络法律评论》2009 年第 1 期。

护公共利益的主要工具，以事先预防、合作治理为主要实施途径。[①] 下一步监管改革的方向应是淡化旧有体制特征、适当提升监管层级以避免地域分割性；针对行业分割性与产业保护性，应适当集中互联网经济管辖权限，从过去行业主管机关中逐渐剥离，整合监管部门力量，避免多方监管。[②] 相对于电子商务业界，我国行政部门的监管能力、手段处于滞后状态，监管力度较弱。《电子商务法》的出台标志着我国电子商务监管将从宽松走向严格，此后我国行政部门在平台治理、外卖、直播、个人信息保护等方面加强监管也说明了这一点。在这种背景下，需要加强对监管边界、监管权力划分、监管方式、执法措施等问题的研究。政府应当以新技术为基础，创新行政监管手段，提升行政部门相应的专业能力，这不仅能够使我国电子商务获得规范化发展，也能够大大提升消费者在线权益的公法保护水平。我国政府提出“互联网＋”的概念，在向社会推广“互联网＋”的同时，自然也应当将行政监管与“互联网＋”相融合。政府应创新“监管＋互联网”模式，统一线上监管与线下监管。在线上，政府通过技术平台，构建“监管云”，实现智慧监管；在线下，政府凭借线上信息优势，及时处理回应性事务、紧急性事务及常规性事务。[③] 必须承认的是，过强的监管手段似乎并不适宜于我国电子商务，在当前形势下，行政部门应当更多地吸收软法治理模式的优点，以矫正硬法监管的弊端。但在消费者在线权益保护上，在一般层面上，行政部门仍然应当采取较强的监管措施，否则将不利于我国电子商务的进一步发展。

---

① 参见刘欣然：《数字经济条件下消费者权益保护法律范式》，载《社会科学家》2021年第11期。

② 参见张效羽：《通过政府监管改革为互联网经济拓展空间——以网络约租车为例》，载《行政管理改革》2016年第2期。

③ 参见冯涛、郁建兴：《走向监管型政府：“互联网＋监管”与“监管＋互联网”的融合》，载《中共宁波市委党校学报》2017年第1期。

第五章 消费者在线权益软法保护机制

第一节 软法与消费者在线权益保护

一、软法在网络空间治理中的作用

国内外学者多引用法国学者弗朗西斯·斯奈德（Francis Snyder）于1994年对软法概念所作的界定，“软法是原则上没有法律约束力但有实际效力的行为规则”。[①] 我国有学者认为，软法指的是不具有任何约束力或者约束力比传统法律即所谓硬法要弱的准法律性文件。[②] 软法的迅速发展是人类社会、经济的发展导致对法律需求的急剧增长与硬法因立法和实施成本过高导致法的供给严重不足的矛盾使然；是现代社会关系和事物的多样性、复杂性、变动性和立法者认识能力的有限性的矛盾使然。硬法是由立法机关制定的需要依赖国家强制力保障实施的法律规范。[③] 相对于硬法，软法具有制度安排富有弹性、未必依靠国家强制力保障实施、非司法中心主义、法律位阶不甚明显以及载体形态的多样化与文本叙事方式的独特性等特点。[④] 从与硬法相区别的角度来看，在一般意义上，软法不具有如硬法一样的法律效力，软法的制定通常需要经过平等、双向协商。

---

① See Francis Snyder, *Soft Law and Institutional Practice in the European Community*, The Construction of Europe: Essays in Honour of Emile Noel, Kluwer Academic Publishers. 转引自姜明安：《软法的兴起与软法之治》，载《中国法学》2006年第2期。

② 参见罗豪才、毕洪梅：《通过软法的治理》，载《法学家》2006年第1期。

③ 参见黄学贤、黄睿嘉：《软法研究：现状、问题、趋势》，载《公法研究》2012年第1期。

④ 参见罗豪才、宋功德：《认真对待软法——公域软法的一般理论及其中国实践》，载《中国法学》2006年第2期。

软法存在于国际法层面与国内法层面。在国内法层面上，在公域之中，软法多用于公共事务管理。在制定主体上，既可以是行政机关，也可以是民间组织。在形式上，软法既可表现为文本形式，也可表现为惯例。在内容上，软法通常不规定罚则，更多的是依靠自律和激励性的规定。在效力上，软法通常不具有国家强制约束力，而是依靠制度、舆论层向、伦理道德、文化等软约束力来发挥作用。① 对于软法的范围，有学者认为包括：（1）行业协会、高等学校等社会自治组织规范其本身的组织和活动及组织成员行为的章程、规则、原则；（2）基层群众自治组织（如村委会、居民委员会）规范其本身的组织和活动及组织成员行为的章程、规则、原则，如村规民约等；（3）人民政协、社会团体规范其本身的组织和活动及组织成员行为的章程、规则、原则以及人民政协在代行人民代表大会职能时制定的有外部效力的纲领、规则；（4）国际组织规范其本身的组织和活动及组织成员行为的章程、规则、原则，如联合国、世界贸易组织、绿色和平组织等，国家作为主体的国际组织规范国与国之间关系以及成员国行为的规则；（5）法律、法规、规章中没有明确法律责任的条款（硬法中的软法）；（6）执政党和参政党规范本党组织和活动及党员行为的章程、规则、原则（习惯上称为“党规”“党法”）。② 从性质上简化区分的话，软法包括：第一，国家软法，即国家立法和规范性文件中的软法；第二，民间软法，即团体规定、行业规定和各种交易规则、纠纷处理规则、知识产权保护规则等软法；第三，政治组织软法，即处于国家软法和民间软法之间的，由各政治组织创设的自律规范。③ 对于软法与硬法的关系、软法的范围等诸多问题，仍处于研究之中。④ 没有疑问的是，软法的存在对于弥补硬法不足、建构和维持秩序、进行公共管理等方面具有重要意义，在消费者保

---

① 参见罗豪才：《公域之治中的软法》，载《法制日报》2005 年 12 月 15 日，第 8 版。

② 参见姜明安：《软法的兴起与软法之治》，载《中国法学》2006 年第 2 期。

③ 参见马长山：《互联网 + 时代“软法之治”的问题与对策》，载《现代法学》2016 年第 5 期。

④ 国内外学界对于软法的范围等问题，争议非常大。本文只是对消费者保护中的软法问题进行研究，因此并不牵扯到这些一般性的软法问题。

护中也是如此。笔者所探讨的软法主要是民间软法，不包括国家软法、政治组织软法等。

在网络与电子商务的发展过程中，软法起到了重要作用。软法可以缓解立法的迫切性与立法技术不成熟之间的矛盾、电子商务技术的快速发展与法律相对稳定之间的矛盾以及电子商务的全球性与各国不同立法模式之间的矛盾。[①] 即便在网络与电子商务的行政监管中，软法治理模式也是存在的，至今依然如此。在不同领域中，软法的制定、实施以及相应的效果并不相同，甚至差异较大。技术性、快捷性是网络与电子商务领域的软法与其他领域的软法最为明显的差异。网络的快速发展将硬法置于尴尬境地，在网络、电子商务初起之时，囿于滞后性、稳定性、保守性等特点，硬法无法应对网络与电子商务之需。在相当长的时间内，各国的网络法律规范并不健全、完整。在这种情况下，软法弥补了硬法的缺位，通过业界自律等灵活方式管理着网络空间，使其不至于成为法律上的"飞地"。自由、共享等在网络产生之初便生成的网络使用思想虽与传统硬法有悖，但却始终存在于网络空间之中。随着时间的推移，在网络将金字塔式社会结构向扁平式社会结构改变的同时，这些网络思想对于行政管理、司法审判以及后来出台的硬法也产生了巨大影响。当然，司法裁判、硬法也对这些网络思想产生了影响，使网络使用者意识到，即便在网络空间中，也不存在绝对的自由，绝不应当以侵害他人权利的方式来实现所谓的网络自由与网络共享。自20世纪90年代开始，各国网络上大量出现了上传文字作品、音乐作品等版权作品的情形，这些版权作品在未经版权人许可的情况下在网络中大量传播，造成权利人的损害。MP3[②] 音乐作品版权侵权、搜索引擎侵权等案件层出不穷，经营者在客观上起到了推波助澜的作用，在当时的一些网站、网络论坛中，经营者为吸引流量，甚至以自由、共享的名义鼓励用户上传侵权作品（如最新上映的影片）。现今，这种以十分明显的侵权方式传播作品的行为已较

---

① 参见宋玉萍：《电子商务的软法规范》，载《中国经贸导刊》2009年第16期。

② MP3（Moving Picture Experts Group Audio Layer－3）是一种音乐文件格式。

为少见，经营者也有意识地切断此种侵权传播。这属于十分典型的硬法规制软法的情形，而这也说明，在硬法与软法的关系上，软法应当在硬法厘定的框架之内发挥作用，而不得违反硬法规则或可得推知的硬法规则。网络空间与实体空间存在较大差异，人们在这两个空间中的行为也极为不同。相应地，对网络空间的治理与对实体空间的治理也存在较大差异。网络空间中一些民间性惯有规则的形成有着历史的原因，在硬法缺位之下，这些软法规则对网络空间起到了柔性治理的作用。不过，其中的一些网络习惯、软法规则也非正当，如各大网络交易平台所使用的格式合同至今仍然存在诸多侵害消费者权利的条款。

硬法为纲，软法为目，硬法与软法具有纲举目张的关系。以市场占有份额最高的社交平台微信与微博为例，《新浪微博社区管理规定（试行）》《微博服务使用协议》《微博个人信息保护政策》《微信朋友圈使用规范》《微信群规则》《微信公众平台服务协议》等由平台经营者制定的软法规则，多是在缺乏硬法规则的情况下制定，在客观上起到了维持秩序、治理网络空间的作用。对于虚拟公共空间的治理，如果通过硬法以详尽的刚性规则进行规制，可能会因缺少相应的网络使用背景、无法认识空间治理中所存在的问题、不适合网络使用习惯等原因，无法起到良好的治理效果。相形之下，通过灵活的软法规则进行个性化与人性化的治理，主体明确，措施及时，符合网络的使用习惯，更适应不同网络空间的个性，可以更好地治理网络空间。可以说，网络上各种秩序的形成与维护均离不开软法机制，这与网络的特点密切相关。因此，在网络空间治理上，硬法不宜过于详尽，而应主要负责确立治理框架。软法可以在硬法所确立的框架下，根据实际情况进行治理，并快速变动，如流淌的活水一般充实治理体系。例如，《互联网群组信息服务管理规定》《微博客信息服务管理规定》对信息安全、管理责任、跟帖评论等关键问题作出了明确规定，这两项规定的制定在相当程度上考虑到了已经形成的网络使用习惯，并明确指出推动建立行业自律制度和行业准则。在这两项规定出台后，相关经营者便迅速修订了相关使用规则，以满足硬法规则的要求。

不同于硬法由国家颁布，具有民间性的网络软法往往由平台经营者、行业协会等制定，虽然效力较弱，但符合各个平台的特点与生态，在硬法规定不足的情况下，在事实上发挥了治理的作用，维护了良好的网络秩序。不过，由于我国网络空间的软法多由经营者等利益相关者自行制定，少有外部干涉，这类软法规则多为满足经营者运营需求、利益需要而制定，无法保障规则的公正性。在我国加速网络立法的背景下，国家在向网络空间补充大量硬法规则的同时，应在尊重网络空间软法治理的基础上适度介入软法机制，使软法机制在硬法框架之内更好地发挥网络治理的作用。

二、软法在消费者在线权益保护中的表现

学界对于软法是否为法、软法的范围等问题存在较大争议，但多数意见认可软法所发挥的法的作用，在此前提之下，对于软法的范围则是见仁见智。笔者认为，软法为法，但区别于具有国家强制力保障实施的硬法，软法的实施以及对违反软法行为的惩罚都是柔性的。在识别中，不应采取泛软法论，将具有规范作用的非硬法规则均归于软法之列，如消费者与经营者所订立的买卖合同无论如何也不可列为“法”意义上的软法。笔者所探讨的用于消费者保护的（民间性）软法指的是具有成文性、民间性的公约、章程、原则、规则等在硬法之外的保护消费者权益的各种规则。

消费者在线权益软法保护机制在一定程度上承接了传统的消费者权益软法保护机制。在传统的消费者软法保护机制中，以欧盟为例，与消费者保护相关的民间性软法规则主要包括：第一，以行业协会为主导制定的主要包含行为规范、自律规则以及协同行动的规则体系，涵盖了行为规范、争议解决机制以及相应的执行、监督等规则。相关规则可能是由行业协会单独制定，也可能是在其主导下经过与消费者保护组织或者政府相关机构的协商而产生。第二，经由消费者和供应商代表充分协商而制定的标准合同。这种形式较前一种来说较为简单，只涉及某一类交易中双方当事人基本的权利义务以及相关的争议解决机制。虽然争议的

解决也可能在行业协会的主导下进行，但是其更多的是作为一个具体的标准合同，而非规则的集成。[①] 欧盟消费者保护领域中的软法，按照制定主体的不同，分为单方制定的软法规则与多方制定的软法规则。前者由制定者单方制定，主要表现为涉消费者的标准合同；后者由供应商协会和消费者共同制定，有明确的制定程序，最终经供应商协会、消费者代表共同通过方生效力，对于会员企业拥有一定的约束力。[②] 在我国，消费者组织力量较弱，明确的消费者保护软法规则较少。[③] 相形之下，诸多消费者保护软法规则是由业界制定，如各类行业协会制定的公约[④]、一些大型企业吸纳消费者参与制定的产品定价与退换货政策、企业自行提出的保护消费者自律承诺（如商场提出的无条件退换货承诺）等，与欧盟消费者保护软法规则有所类似。不过，我国业界保护消费者权益的软法多表现为自律承诺、更优承诺，很少涉及争议解决机制。最高人民法院《关于审理网络消费纠纷案件适用法律若干问题的规定（一）》第 10 条所针对的便是更优承诺，认定高于法定赔偿标准的赔偿承诺有效。

我国保护消费者在线权益的软法多为电子商务行业协会、从业者制定的公约、企业自律承诺以及平台经营者制定的各类规则。中国互联网协会制定了《互联网搜索引擎服务自律公约》《中国互联网协会抵制网

---

① 参见杜志华、陆寰：《欧盟消费者保护的新工具——软法》，载《法学评论》2010 年第 4 期。

② 参见杜志华、陆寰：《欧盟消费者保护的新工具——软法》，载《法学评论》2010 年第 4 期。

③ 青海省消费者协会在《消费者权益保护法》修订后，制定了《青海省保护个人信息自律公约》，具体内容主要包括 10 个方面：依法经营，规范服务，履行个人信息保护义务；目的合法，理由正当，遵循信息收集使用原则；方式明晰，范围透明，明示信息收集使用目的；制度规范，程序合理，公开信息收集使用规则；尊重选择，征得同意，慎重收集使用敏感信息；遵守约定，履行承诺，依法收集使用个人信息；杜绝泄露，严禁出售，保密获悉个人信息资料；确保安全，防止丢失，强化技术防范保障措施；加强自律，完善流程，获权发送有关商业信息；泄露补救，依法赔偿，承担侵害信息权益责任。一些经营者在此公约上签字承诺。参见青海省消费者协会：《青海消协率先出台保护消费者个人信息自律公约》，载中国消费者协会网 2014 年 7 月 14 日，http://www.cca.org.cn/xxgz/detail/15841.html。不过，我国的消费者协会较少地从事此方面工作。

④ 例如，我国数十家直销企业发起了《中国直销企业行业自律公约》，对直销企业进行自我约束。

络谣言倡议书》《中国互联网行业自律公约》《互联网终端软件服务行业自律公约》《中国互联网协会关于抵制非法网络公关行为的自律公约》《反网络病毒自律公约》《“中国互联网协会网络诚信推进联盟”发起倡议书》《中国互联网协会反垃圾短信息自律公约》《文明小博客倡议书》《博客服务自律公约》《抵制恶意软件自律公约》《中国互联网网络版权自律公约》《搜索引擎服务商抵制违法和不良信息自律规范》等。中国互联网协会推动其会员企业签署公约，起到了维护网络、电子商务秩序以及保护消费者的作用，公约中的某些内容还会被会员企业转化订入各自的内部规则，即“网规”。除此之外，京东、淘宝等电子商务平台还制定了争端解决规则，提供争议解决入口，消费者可以发起投诉，要求解决纠纷。可以说，与消费者在线权益保护相关的软法主要分为两种类型，即网规与在线争议解决机制。

第二节　电子商务平台治理与消费者在线权益保护

我国电子商务经过多年发展，至今形成了经营者主要通过电商平台进行经营活动的局面。大型电子商务平台成为主要的网络消费入口，独立的小型电子商务网站在激烈的竞争中难以取得优势，零售电商平台、跨境电商平台、服务类交易平台、社交平台吸引了绝大部分网络流量。例如，2017 年上半年中国 B2C 网络零售市场（包括开放平台式与自营销售式，不含品牌电商），天猫排名第一，占据 50.2% 的市场份额；京东名列第二，占据 24.5% 的市场份额；唯品会位于第三，占据 6.5% 的市场份额；苏宁易购排名第四，占 5.4% 的市场份额；国美在线位列第五，占据 4.1% 的市场份额；1 号店、亚马逊中国、当当等 B2C 平台占据 9.3% 的市场份额。在 2021 年第 4 季度，天猫占据市场份额 63.5%，排名继续为第一。京东占据的市场份额为 28.8%，排名继续为第二。唯品会排名第三，其市场份额为 3.4%。苏宁易购和小米有品分别以

2.1% 和 0.5% 的市场份额位列第四和第五。[①] 从以上数据可以看出，B2C 交易基本上都发生在网络交易平台上，独立的小型电子商务经营者很难通过自营网站而在电子商务市场中占据一席之地。[②] 并且，平台间的竞争相当激烈，在 B2C 网络零售市场中，天猫与京东拥有约 90% 的市场份额。在平台经济模式中，平台在消费者在线权益保护方面起到了举足轻重的作用，平台运营公司对平台的治理会对消费者在线权益的保护产生极大影响，平台的治理水平直接决定了消费者在线权益的保护水平，而电子商务中的平台治理规则本身便是一种软法规则。相当长的时间以来，包括我国在内，多国对电子商务采取最小限度干预的原则，各电子商务平台各自为政，规则差异较大，消费者在线权益保护水平不一。

电子商务具有海量化与个性化的特点，对治理有着快速响应的需求，电子商务还具有生态化、多样性、复杂性、跨区域性的特点，在客观上呼唤一种与之相适应的治理模式，平台化治理便是顺应这种复杂环境治理要求的结果。无论是交易平台、支付平台、社交平台、搜索平台还是团购平台，它们的共性是：首先，它们提供的往往是一种综合的而非单一的服务；其次，它们都是高度依托互联网的新型服务模式，是一种交互的、跨地域的服务；最后，从表面看，这些平台只是一个网站，但网站的背后是个性化的服务、完善的规则体系、多样化的功能与海量用户之间的互动。平台对于电子商务生态环境具有支撑作用，这种支撑是靠服务、技术与规则完成的。在互联网时代，在信息社会的大背景下，电子商务服务等平台化服务已成为现代服务业的核心。[③] 因此，对于消费者在线权益的软法保护而言，电子商务平台起到了举足轻重的作用。[④]

---

① 参见易观分析：《中国网络零售 B2C 市场季度监测报告（2021 年第 4 季度）》，载澎湃网 2022 年 3 月 7 日，https://m.thepaper.cn/baijiahao_16752567。

② 与消费者相关的交易主要是 B2C 与 C2C，这两类交易也大多发生于网络交易平台。

③ 参见网规研究中心：《2011 年网规发展研究报告》，第 3 页，载电子商务法律网，http://www.chinaeclaw.com/html/doc/wangguibaogao2011.pdf，最后访问时间：2018 年 6 月 8 日。

④ 电子商务平台也被称为第三方电子商务平台，指的是为网络交易提供信息展示、交易撮合等服务的平台，典型如淘宝、天猫。电子商务平台之所以被称为第三方电子商务平台，是因为相对于交易双方而言，其为第三方。

有学者指出，去中心化或多中心化程度越高、非正式性越强、科层制越弱、私人主体参与越多的领域，就越需要公共机构和私人主体通过软法来推动或参与治理过程。① 电子商务具有去中心化的倾向，或者说具有多中心化的倾向，因为电子商务平台去除的是传统的中心化，而其本身也成为一种中心化的存在。在一定程度上，由于在当前的电子商务以及其他各类网络交易中，各方均无法脱离交易平台，即便在区块链、NFT 等新模式之下，也是如此。② 管理者在事实上包括了平台经营者。平台经营者对平台内的交易活动拥有极高的话语权，对电子商务等网络交易进行全流程管理，这种民间性治理属于软法治理。在经济领域最具有中心化的支付活动中，支付宝、微信等多种电子支付方式基于其所拥有的庞大用户群，成为新的支付中心，事实上弱化了传统的支付中心。由互联网支付企业推动的电子支付方式有利于实现无现金社会，使效率得到提升，费率却得到降低，传统银行被迫跟随实行低费率的网络支付、转账，这种去中心化与中心化之间的竞争有利于消费者。随着互联网企业线下布局的开展，电子商务平台的软法治理模式也向线下环境延展，消费者在网络消费活动中基于软法机制而获得的利益在互联网企业的线下店铺中得到延续，传统企业也被迫跟随互联网企业向消费者提供更为周到的保护，这对在线下环境中提升消费者权益保护具有积极意义。

电子商务系列交易规则虽然具有民间性，多为商业主体所制定，并通过注册协议等方式引入平台经营者与平台内经营者、消费者的合同之内，以债的方式对交易进行调整，但在事实上发挥了“法”的作用，得到了相关公众的遵循。无论在国内层面，还是在国际层面，电子商务

---

① See Peters，Anne，Pagotto & Isabella，*Soft Law as a New Mode of Governance: A Legal Perspective*，NEWGOV：New Modes of Governance，2006. 转引自王瑞雪：《我国软法理论的溯源、建构与发展》，载《学习与实践》2017 年第 9 期。

② 在 2022 年俄乌战争期间，NFT 交易网站 Dmarket 宣布对俄罗斯进行制裁，禁止俄罗斯用户注册，并冻结已注册的俄罗斯用户账户，导致俄罗斯用户所拥有的 NFT 资产无法交易。虽然 NFT 可以独立存在，但其流转必须借助于平台，这使 NFT 也存在事实上的中心。在区块链中，同样也存在这种事实上的中心。

平台间的竞争都较为激烈。为了不在竞争中失败，就必须为消费者以及平台内经营者提供更好的技术支持、更优的规则环境，这些因素也推动着平台经营者不断优化平台治理。无论如何，只有吸引更多的消费者、实现更高的营业额，平台才能在商业竞争中获胜。由于电子商务中的价格较传统环境更为透明，消费者可以非常方便地比较各网站的商品价格以及售后、退换货等服务，这也倒逼平台必须尽可能地保护消费者利益，以避免消费者流向其他平台。也正是基于这种原因，各平台所提供的消费者利益保护类目也是比较相似的。反过来说，各平台在侵害消费者权益方面的内容，也比较相似。在大数据兴盛之后，我国出现了大量电子商务企业违法收集、利用用户数据的事件，其中便包括支付宝等大型电子商务企业。[①] 在平台经营者所制定各类协议中，仍然存在诸多不公平条款。软法的形成机制迥异于硬法，不存在严格的立“法”程序，在相当程度上代表的其实是平台经营者的短期或长期利益，即便为保护消费者而制定了某些规则，最终也只是为了服务于企业发展、赚取利润。在电子商务中，这种服务于平台治理目的的软法治理模式具有先天性缺陷，必须通过硬法予以规范，尤其是在电子商务平台对国民经济拥有极大影响的背景之下。例如，最高人民法院《关于审理网络消费纠纷案件适用法律若干问题的规定（一）》对格式条款、冷静期、自营误导、直播平台、外卖平台的相关规定，便对平台经营者的经营及其治理起到很强的规制作用。

《电子商务法》也涉及通过硬法来限制平台经营者软法治理的问题。例如，《电子商务法》第 32 条规定：“电子商务平台经营者应当遵循公开、公平、公正的原则，制定平台服务协议和交易规则，明确进入和退出平台、商品和服务质量保障、消费者权益保护、个人信息保护等方面的权利和义务。”第 33 条规定：“电子商务平台经营者应当在其首页显著位置持续公示平台服务协议和交易规则信息或者上述信息的链接

① 中国人民银行杭州中心支行在 2018 年 4 月 4 日以金融消费者知情权保障不充分、消费者的自主选择权保障不充分、个人金融信息收集不符合最少及必需原则、个人金融信息使用不当等理由，对支付宝（中国）网络技术有限公司作出行政处罚。

标识，并保证经营者和消费者能够便利、完整地阅览和下载。”第 34 条规定：“电子商务平台经营者修改平台服务协议和交易规则，应当在其首页显著位置公开征求意见，采取合理措施确保有关各方能够及时充分表达意见。修改内容应当至少在实施前七日予以公示。平台内经营者不接受修改内容，要求退出平台的，电子商务平台经营者不得阻止，并按照修改前的服务协议和交易规则承担相关责任。”第 35 条规定：“电子商务平台经营者不得利用服务协议、交易规则以及技术等手段，对平台内经营者在平台内的交易、交易价格以及与其他经营者的交易等进行不合理限制或者附加不合理条件，或者向平台内经营者收取不合理费用。”这些规则针对的是我国电子商务发展中所出现的实际问题。由于电子商务平台一家独大，在面对平台内经营者、消费者时拥有极高的话语权，其所制定的规则有时极不公平、合理，而平台内经营者、消费者却往往无法对抗，无法保护自己的权益。例如，在京东与淘宝的“双 11”大战中，连续数年出现强迫平台内经营者“站队”或者“二选一”的情况。[①] 就不公平格式条款而言，电子商务中的格式条款不仅出现在平台经营者与消费者、平台内经营者的注册协议等格式合同中，也出现在平台经营者所制定的种种规则中。通过合同转引的方式，平台内经营者所制定的软法规则成为平台经营者与消费者、平台内经营者间的合同条款，进而产生约束力。在软法规则由制定者按照自己意愿进行制定时，根本不可能过高地期望其会过度限制自己的利益而去保护他人利益。针对我国电子商务实践中出现的不良现象，《电子商务法》等对电子商务平台治理作出明确规定，对电子商务平台经营者施加各种义务，有利于保护消费者以及平台内的经营者。

---

① 京东与淘宝是国内主流的综合性电子商务平台，大量的平台内经营者在京东与淘宝均开设店铺。在“双 11”“6 · 18”网络购物节期间，电子商务平台要求平台内经营者只能选择一家电商平台入驻或者促销，而不能同时选择多家平台，造成经营者被迫“站队”或者“二选一”的情况。这属于电子商务领域中的不正当竞争行为。为提高平台销售额，电子商务平台会要求平台内经营者进行降价促销，致使平台内经营者不得不降价跟随，随之产生先提价后降价、拒绝出售等侵害消费者权益的情况。

第三节　网规与消费者在线权益保护

网规并非一个严格的法律概念，其泛指网络中的各种规则。事实上，自网络产生之初，网络便有着使用规则，在这些规则中，有的是由国家制定的法律规则或虽不明确但可得推知的法律规则，有的是国际组织制定的规则（如国际统一私法协会、国际标准化组织所制定的相关规则），有的是行业组织制定的规则（如蓝牙、TCP/IP 等技术协议、标准），有的是企业制定的标准、规则，有的是具有影响力的倡议（如《全球网络倡议》）。在电子商务领域中，网规泛指与电子商务交易相关的各种规则，并且主要指的是与法律、法规、规章、政策等规范性法律文件相区别的民间性软法成文规则。由于目前的网络经济主要是一种平台经济，电子商务平台经营者所制定或接受的软法式的平台使用规则便成为网规的主体，既包括面向平台内经营者的，也包括面向消费者的，还包括平台经营者自我约束式的自律承诺、更优承诺等，属于我国电子商务领域中最为重要的软法类型，本处讨论的网规便指此类，其基础在于私法自治。在平台经济中，平台经营者为网规的制定者，通过网规，平台经营者管理平台内经营者，并对消费者提供保护。以淘宝网、天猫商城、京东商城、当当网、亚马逊等具有代表性的网络零售平台为例，网规基本上以服务条款、使用条款、公开声明、终端用户协议等形式存在，主要分为如下几类：（1）交易安全保障措施，其定义用户的资格和交易的有效性、可执行性；（2）责任与风险的规定，其定义交易平台提供方的责任、权限、免责等；（3）知识产权条款和措施，其保护有关各方的知识产权；（4）信用评价机制，其对买卖双方的信用进行评估评价；（5）消费者权益保障和数据处理、保护措施；（6）信息内容管理措施；（7）用户处罚和争端解决；（8）规则适用对象、范围和期限；（9）规则修改的程序和规定；（10）其他规则。[1] 网规是平台管理的核心，平台经营者通过网规对平台内经营者进行管理，并对消费者在线权益提供保护。

一、网规对平台内经营者的管理

在提供平台服务之外，平台经营者进行平台治理的一项重要内容便是对各行各业的平台内经营者进行管理。平台经营者向消费者与平台内经营者提供的各种服务总称为平台服务，如流量入口、广告、商品展示、交易撮合、信息提供、款项支付、快递、争议解决等。随着平台内会集的经营者、消费者越来越多，涉及的行业越发庞杂，为保障平台内交易的秩序，平台经营者出台了各种规则，对平台内经营者的资质、授权、信息发布等进行约束，为交易流程添加各种规则，通过规则进行平台化治理。并且，在一般意义上，平台经营者虽然要求消费者遵守注册协议中的条款以及平台规则，但对消费者的管理力度较弱，[2] 而主要是进行保护。平台对平台内经营者进行管理的目的之一也在于保护消费者。平台经营者主要通过点击浏览合同的方式将网规订入平台内经营者的注册协议之中，从而使网规发生债的效力，令平台内经营者遵从平台经营者的管理。

以淘宝为例。目前的淘宝规则体系已经衍化为涵盖基础规则、行业市场、营销活动、消费者保障在内的复杂规则体系，涉及多种行业，并且不断变化。目前，淘宝规则体系以《淘宝平台规则总则》（2019 年 5 月 6 日生效）为纲，确立了基本的平台规则，对平台内的“会员”进行管理，但以卖家会员为主要管理对象，对开店、商品发布、交易行为、营销活动进行规范，并衍生出各类细化规范。例如，与开店相关的包括《淘宝网店铺命名及信息规范》《淘宝网店铺经营主体变更规范》

---

① 参见薛虹：《论电子商务第三方交易平台——权力、责任和问责三重奏》，载《上海师范大学学报（哲学社会科学版）》2014 年第 5 期。

② 平台中会存在双向评价机制，平台内经营者对消费者的评价可能会导致消费者信誉度降低的结果。在目前的网络购物、网络约车等领域中，消费者拥有较高信誉可以享受更好的服务，消费者信誉度降低会使其获得的服务质量下降，如无法再享受“极速退款”服务。

《淘宝网保证金管理规范》《淘宝网退店规范》等；与商品发布相关的包括《淘宝网商品发布规范》《淘宝网商品品牌管理规范》《淘宝网代购商品发布规范》《淘宝网直邮商品发布规范》《淘宝网材质标准定义表》《淘宝网商品品质抽检规范》等；与交易行为相关的包括《淘宝网发货管理规范》《淘宝网七天无理由退货规范》等；与营销活动相关的包括《淘宝网营销活动规范》《淘宝网营销活动最低标价使用标准》《淘宝网营销工具"淘宝购物券"使用规范》《淘宝网行业管理规范》《淘宝网特色市场管理规范》等。《淘宝网市场管理与违规处理规范》第8条对会员的违规行为处理作出规定："淘宝网针对会员的违规行为先进行纠正，消除不利影响；同时，根据判定结果的情节严重程度，淘宝网可采取如下市场管理或违规处理措施：（一）公示警告；（二）账户权限管控；（三）经营权限管控；（四）违规商品或信息处置；（五）关联影响；（六）其他处理措施。"根据这一规定，在会员出现相应的违规行为时，淘宝网可进行相应的处理。

平台经营者进行平台治理的重点之一在于妥当管理平台内经营者，网规是平台治理的重要工具，其详细确立了平台中的行为规则。依托各方均接受的在线争议解决机制，网规在事实上也起到了裁判规则的作用。在法律上，平台经营者与平台内经营者为平等主体，平台经营者对平台内经营者并无任何强制权力。但从商业逻辑的角度来看，平台经营者在与平台内经营者的关系中拥有巨大的话语权，其对网规的制定、对平台的管理会对平台内经营者的利益产生巨大影响。在这种背景下，平台经营者将网规订入与平台内经营者的合同，在硬法所提供的合同效力框架下，网规便具有了约束力。例如，杭州互联网法院在一个相关案件中认为："被告简某与原告淘宝网所签订的《消费者保障服务协议》系《淘宝平台服务协议》的补充协议，相关淘宝平台规则也属于双方的协议内容。""在消费者针对案涉产品发起售后维权后，在被告并未提供充分证据证明其已经履行了售后责任、原告认定被告未履行售后责任且保证金不足以赔付全部退款的情况下，原告使用自有资金向消费者垫付货款符合合同约定。原告向被告追偿先行赔付的款项亦符合合同约定。原告要求被告归还其余先行赔付的款项及支付相应利息的诉讼请求，应予支持。”① 在该案中，法院将平台经营者与平台内经营者间的软法规则定性为双方的合同内容，进而依据合同法律规则作出判决。

网规可以起到规范市场的作用，使平台内经营者按照网规实施网络商业行为，进行商业竞争。相对于硬法，网规软法减少了紧张性，具有弹性，符合市场特点、行业特点，可以迅速响应、修正，以自律与他律相结合的方式维持市场良好的竞争秩序。网规贴合网络交易实践，推动了网络实名、信用评价、欺诈防范、退换货、纠纷在线解决等制度的建立和完善。随着我国电子商务市场竞争渐趋稳定，从粗放式发展走向精细化发展，平台经营者更加注重对消费者在线权益的保护，而加强对平台内经营者的管理便成为保护消费者在线权益的一项重要措施。②

二、网规对消费者在线权益的保护

在规则意义上，消费者在线权益可以基于硬法获得保护，也可以基于以网规为代表的软法获得保护。网规起源于网络商业实践，贴合电子商务的技术性与商业特点，对电子商务起到了治理作用。网规涵盖范围宽泛，其中一部分针对的便是消费者在线权益保护。在电子商务兴起之初，为推动消费者对网络交易的信任，以平台经营者为代表的电子商务经营者煞费苦心地创造出信任机制，并以网规的方式公开。例如，电子商务首先需要解决的是交易双方的相互信任问题，包括对商品、服务质量的信息以及对付款安全的信任，平台的出现便解决了这一问题。以淘

---

① 杭州互联网法院民事判决书，（2019）浙0192民初4704号。

② 例如，平台经营者所提出的先行赔付、假一赔五等更优承诺使平台经营者处于被消费者索赔的更高风险之中，而解决这一问题的方法便是在网规中加强对销售假冒伪劣商品的制裁，并提前收取平台内经营者的保证金。在2011年年末，淘宝修改网规，增加平台内经营者交付的保证金数额，这招致平台内经营者的大量反对。商务部介入此事件，认为淘宝应当考虑小商家的合法需求以及小商家对费用增长的抗议，淘宝只得暂缓执行新的网规。平台经营者需要在对平台内经营者的管理与对消费者在线权益的保护间进行平衡。

宝为例，淘宝原来指的是淘宝集市，其中汇集了大量的自然人经营者，之后企业经营者也逐步增多。经营者在淘宝平台上开设虚拟店铺、展示商品，消费者下单购买。这一交易流程基本同于线下交易流程。按照淘宝的交易机制，消费者在订立商品买卖合同之后，先予付款，但款项进入了支付宝担保账户，而非直接进入经营者的账户。消费者付款后，经营者发货；消费者收货审查无误之后，点击收货，并进行第二次支付，款项便从支付宝担保账户进入经营者账户。这种交易机制相对于传统的线下交易机制而言，根本的差别在于支付宝作为中立的、可信任的第三方向双方提供信用担保。对于消费者而言，其只要信任支付宝，便不必担心所收到的商品与网页展示不一致，因为消费者可以不进行第二次支付，并可以选择退货。对于经营者而言，其只要信任支付宝，那么其发货必然以消费者付款为前提。如果消费者不进行二次支付，那么在淘宝交易机制内，其必须将商品发回经营者以收回购物款，经营者的利益也可以得到保障。当时，我国法律并不存在无理由退换货规则，淘宝的交易机制引入了七天无理由退换货服务（在此项服务出现之初，经营者可以自由选择是否加入），使消费者可以任意选择退货而不必承担任何责任，进一步保障了消费者的利益。类似的交易机制被更多的平台经营者所采用，还有平台向消费者提供长达 15 天甚至更长期限的无理由退换货服务。后来，我国《消费者权益保护法》在修订时引入了“七天无理由退换货”规则，使之成为网络交易中的一般性硬法规则。但是，即便原工商总局在 2013 年《消费者权益保护法》修正后又出台了《网络购买商品七日无理由退货暂行办法》,① 也仍然存在诸多模糊不清之处。在这种情况下，平台经营者在硬法框架下，又将七天无理由退换货规则予以进一步细化。

平台经营者与消费者间的基础性法律关系是合同关系。消费者访问相应网址，点击同意平台经营者所提供的注册协议，双方成立合同关

① 2020 年 10 月 23 日，国家市场监督管理总局对《网络购买商品七日无理由退货暂行办法》进行了修订。

系。平台经营者基于合同而向消费者提供服务，其中包括消费者权益保护服务。注册协议涵盖的内容极为宽泛，经营者通过点击浏览合同的缔约机制，将《隐私权保护政策》《网站使用协议》等其他协议也订入注册协议之中，从而使各式平台规则成为消费者与平台经营者之间的合同条款，产生债的效力，双方应予遵守。在相关规则发生变化后，平台经营者在平台上予以公示，而根据注册协议的约定，修改后的规则也对消费者发生效力，除非消费者表示拒绝。目前，淘宝网的注册协议为《淘宝平台服务协议》，该协议第2.2条约定："由于互联网高速发展，您与淘宝签署的本协议列明的条款并不能完整罗列并覆盖您与淘宝所有权利与义务，现有的约定也不能保证完全符合未来发展的需求。因此，淘宝平台法律声明及隐私权政策、淘宝平台规则均为本协议的补充协议，与本协议不可分割且具有同等法律效力。如您使用淘宝平台服务，视为您同意上述补充协议。"① 通过注册协议中的转引、桥接条款，淘宝平台规则成为淘宝平台经营者与消费者间的合同条款，消费者应当遵守。同样，在淘宝平台经营者与平台内经营者间的注册协议中，也包含了类似条款，从而使淘宝平台规则成为平台内经营者应予遵守的合同条款。由于平台经营者往往并不直接进行商品销售活动（即便拥有自营商品，也并非基于平台经营者的身份进行），对消费者在线权益的保护多是通过平台经营者对直接进行商品销售活动的平台内经营者的管理实现的。

以国内B2C市场中占据份额最大的淘宝平台与京东平台为例。淘宝平台（包括天猫平台）向消费者提供的特别保护包括：正品保障、先行赔付、延保服务、极速退款、赠运费险、商品保价险、天猫直送、全国联保、材质保真、碎屏无忧、过敏包退、破损包退、上门安装、晚到必赔，等等。京东平台向消费者提供的特别保护包括：正品行货、商品保价、全国联保、厂家服务、送货上门、免费送装、破损包赔、健康保障、60日过敏退货、家具家装建材三年质保、各类商品的"三包"服务，等

① 参见《淘宝平台服务协议》，载淘宝网，https://terms.alicdn.com/legal-agreement/terms/TD/TD201609301342_19559.html。

等。由于淘宝并不自营商品，因此淘宝所提供的特别保护基本上是由平台内经营者参与、提供，淘宝通过与平台内经营者间的合同对平台内经营者进行管理、限制、督促。不过淘宝也向消费者提供了平台特别保护，例如在极速退款服务中，消费者发起退货的，可以先从淘宝平台获得垫付的退款，淘宝平台再向平台内经营者追索。京东平台中的商品包括平台自营商品与平台内其他经营者经营的商品，前述特别保护基本上针对的都是京东自营商品，但平台内经营者也可以选择加入。对于平台内经营者经营的商品，淘宝、京东均是以服务标识的方式标明特别服务，由平台内经营者自由选择是否加入。平台内经营者加入的，平台便在商品信息页面向消费者展示相应的服务标识。在淘宝、京东公示的规则内，这些特别保护均得到定义、解释。发展至今，平台经营者所制定的规则已经形成了一个不断演化的庞杂体系，并且仍处于不断修订之中。上述消费者在线权益特别保护在性质上属于自律承诺，包括平台经营者的自律承诺与平台内经营者的自律承诺。此种自律承诺被称为“更优承诺”，即经营者向消费者提供了较硬法保护而言更进一步的保护。① 例如，淘宝平台与京东平台允许消费者以过敏为由而发起服装类商品退货，并且消费者拥有的退货期间相当长，而在硬法上却并无此种退货理由。在京东平台提供的商品保价服务中，若消费者所购买的商品在指定时间内降价，则消费者可以请求返还差价，这种承诺超过硬法规定而向消费者提供了更优保护。“更优承诺”往往符合在线交易及交易标的的自身特点，在一定程度上，消费者通过在线交易可以获得较传统交易更多的保护。

三、网规在消费者在线权益保护上的不足与改进

若网规能够全面、完整地保护消费者在线权益，则消费者在线投诉必然减少。但众所周知，消费者网络交易投诉的数量相当高。即便电子商务经营者为吸引消费者而不断加强消费者保护力度，也仍然存在大量

---

① 例如，按照《食品安全法》第131条的规定，网络食品交易第三方平台提供者作出更有利于消费者承诺的，应当履行其承诺。

的侵害消费者在线权益的情形，并且平台经营者自身往往是侵害消费者在线权益的主体。仍以淘宝、京东为例，2015 年 3 月，天猫商城用户注册协议中的约定管辖条款被法院认定为未采取合理方式提请消费者注意、排除消费者主要权利，属于无效条款。[①] 在 2017 年年末的支付宝年度账单事件中，在消费者账单登录页面，支付宝以不显著的灰色字体标明“我同意《芝麻服务协议》”，左侧文本框被默认勾选对号，登录页面只提示了“上滑开启年账单”，而未设置同意按钮，在《芝麻服务协议》中包含了消费者同意对方收集各种数据的条款。此事件被报道后在社会上引起轩然大波，支付宝公司赔礼道歉。[②] 从 2012 年年末至 2015 年年末，京东商城因虚假宣传、价格欺诈、不正当竞争等原因，受到北京市工商局 277 次处罚。[③] 2016 年，京东商城因存在利用虚假的或者使人误解的价格手段、诱骗消费者或者其他经营者与其进行交易的价格违法行为而被北京市东城区发改委处罚。[④] 2020 年，京东商城再次因为同样的行为被国家市场监督管理总局处罚。[⑤] 从统计数据来看，在 2019 年之前，我国电子商务投诉数量逐年增长。但在 2019 年之后，得益于相关法律的密集出台与行政监管的加强，电子商务投诉数量开始下降，2019 年同比下降 0.72%，2020 年同比下降 45.59%，2021 年同比下降 21.84%。[⑥]

作为网规制定者的平台经营者自身便有侵害消费者权益的动机，其动机来自市场竞争的压力、对责任的自我豁免、对进一步发展的追求、对收集消费者数据的喜好，等等。正如现代国家治理中的权力分配与制衡，网规的制定同样需要制衡，在外界干预、监督不足，甚至网规本身

---

① 参见文海宣：《天猫管辖协议被认定无效》，载《人民法院报》2015 年 3 月 19 日，第 3 版。

② 参见季旭：《支付宝年度账单反思录》，载《金融法苑》2019 年第 1 期。

③ 参见周小白：《京东涉嫌价格欺诈被罚 50 万元　三年累计被罚 277 次》，载凤凰网，http://hb.ifeng.com/3c/detail_2015_06/24/4037493_0.shtml?_share=sina&tp=1435075200000。

④ 参见北京市东城区发改委行政处罚决定书，东发改检处〔2018〕152 号、东发改检处〔2018〕207 号。

⑤ 参见国家市场监督管理总局行政处罚决定书，国市监处〔2020〕29 号。

⑥ 参见网经社电子商务研究中心：《2021 年度中国电子商务用户体验与投诉监测报告》，载网经社网 2022 年 3 月 14 日，http://www.100ec.cn/zt/2021zgdzswyhtyytsjcbg/。

便是平台经营者侵害消费者在线权益的工具的情况下，无法完全期待通过平台经营者所制定的网规来保护消费者在线权益。具体而言，网规在消费者在线权益保护上的不足主要体现在两方面：网规自身的不足与网规的执行不力。

首先，网规作为格式条款，自身往往存在不足。平台经营者向消费者提供的注册协议及其他合同中存在大量侵害消费者权益的格式条款，例如，曾经的《京东用户注册协议》第9条第3款约定："京东不担保本站所包含的或以其他方式通过本站提供给您的全部信息、内容、材料、产品（包括软件）和服务、其服务器或从本站发出的电子信件、信息没有病毒或其他有害成分。"① 但在《网络安全法》与《电子商务法》等法律中，网络运营者负有明确的网络安全保障义务，上述合同条款在一定程度上排除了京东商城自身的责任。之后，这一条款被删除。目前的《京东用户注册协议》第5条第4款约定："您充分理解并同意：（1）接收通过邮件、短信、电话等形式，向在本网站注册、购物的用户、收货人发送的订单信息、促销活动等内容……" 这一条款无疑使京东商城发送垃圾邮件的行为合法化。② 在2017年年末的支付宝年度账单事件中，《芝麻服务协议》有条款约定："您同意我们向第三方采集并在适用的法律法规许可的范围内向信息使用者依法提供这些信息时，您已经充分理解并知晓该等信息被提供和使用的风险。这些风险包括但不限于：纳入这些信息对您的信用评级（评分）、信用报告等结果可能产生的不利影响，该等信息被本公司依法提供给第三方后被他人不当利用的风险，因您的信用状况较好而造成您被第三方向您推销产品或服务等打扰的风险。"③ 这一条款严重侵害了消费者的安全权、知情权、个人信息权。我国各大电商平台的用户注册协议以及其他网规中，存在

---

① 参见京东商城：《京东用户注册协议》，载京东商城网，https://reg. jd. com/reg/person? ReturnUrl = https%3A//www. jd. com/，最后访问时间：2018年10月2日。

② 参见京东商城：《京东用户注册协议》，载京东商城网，https://in. m. jd. com/help/app/register_info. html，最后访问时间：2022年4月15日。

③ 参见老盈盈：《支付宝年度账单默认同意〈芝麻服务协议〉惹争议　授权协议已作修改》，载经济观察网，http://www. eeo. com. cn/2018/0104/320135. shtml。

诸多类似的侵害消费者权益的格式条款。

其次，网规的执行不力。如今网规已经发展为一个庞杂的规则体系，其之制定不可能如硬法一般周全，硬法都会存在问题，何况网规。对于网规的不足，除经营者自行发现、纠正之外，还应当允许消费者等提出，行政部门也应当予以审查，提出修正意见，由经营者根据相应程序作出修正。按照最高人民法院《关于审理网络消费纠纷案件适用法律若干问题的规定（一）》第1条的规定，经营者提供的格式条款有下列内容的为无效：（1）收货人签收商品即视为认可商品质量符合约定；（2）电子商务平台经营者依法应承担的责任一概由平台内经营者承担；（3）电子商务经营者享有单方解释权或者最终解释权；（4）排除或者限制消费者依法投诉、举报、请求调解、申请仲裁、提起诉讼的权利；（5）其他排除或者限制消费者权利、减轻或者免除电子商务经营者责任、加重消费者责任等对消费者不公平、不合理的内容。该规定不仅针对经营者与消费者间具体的交易合同，也包括网规。笔者曾于2022年1月在“天猫国际”平台上购买一款番茄酱，后发现该款“海外直邮”与“进口保税”商品“不支持七天无理由”退换货，并且平台允许商品不设置中文标签。在申请平台介入纠纷处理后，平台工作人员声称天猫国际是境外购物平台，不适用《电子商务法》等的相关规定。而事实上，《电子商务法》第2条第1款规定，“中华人民共和国境内的电子商务活动，适用本法”。无论属于何种平台，也无论平台注册于何国何地，只要在中国境内开展电子商务活动，均须遵守中国的法律规定。并且，在天猫国际平台上，至今仍然存在网购海外直邮与进口保税商品“不支持七天无理由退换货”规定的现象。

按照《电子商务法》第34条第1款的规定，电子商务平台经营者修改平台服务协议和交易规则，应当在其首页显著位置公开征求意见，采取合理措施确保有关各方能够及时充分表达意见。笔者于2022年4月15日访问淘宝网“规则”中的“规则众议院”，[①] 发现淘宝网就新增

---

① 淘宝网“规则”中的“规则众议院”的网络地址为：https://rule.taobao.com/rulecycle.htm?spm=a2177.7231205.1998145763.7.1e8517ea4PeTYR，最后访问时间：2018年9月6日。

的《关于调整买家维权不受受理期限限制的相关规则》《关于〈淘宝网发货管理规范〉及违背承诺规则》等公开征求意见，用户可参与投票。但即便如此，也仍然无法保证网规制定的透明性、公开性，法律有必要对网规的制定施加进一步的限制，例如细化网规的制定程序，增强网规制定的公开与透明，发挥消费者保护协会在网规制定中的监督作用，等等。

在网规的执行方面，网规可以基于主体对规则的伦理遵从得到执行，基于合同、信用评价机制、商盟自治、政府治理以及平台经营者的管理而得到执行。[①] 对于保护消费者权益而言，平台经营者对网规执行的监督具有重大意义。根据笔者的个人体验，在京东商城购买京东自营商品时，消费者权益保障较为妥当。在京东商城购买平台内经营者的他营商品时，消费者权益保障并不周全。笔者于 2018 年 2 月 6 日在京东商城一家旗舰店（平台内经营者）下单购买一款商品，但随后所收到的商品与网页描述相差极大，笔者在收到商品后的七天之内以“七天无理由退换货”为由要求退货，但被该旗舰店拒绝。后笔者发现，当该旗舰店拒绝时，根本无法强行退货，即便选择的是“七天无理由退换货”。《消费者权益保护法》关于消费者反悔权的规定属强行性规定，当消费者在平台上购买商品时，平台根据法律规定而制定的网规应当能够令消费者可以强行退货而不需考虑平台内经营者意愿，京东商城的相关网规符合法律的规定，但当时其对交易流程的设置却并不支持这一点。2 月 14 日，笔者在京东平台的“交易纠纷”中向京东商城投诉，要求退货，并以平台内经营者欺诈为由要求承担赔偿责任。最终，在经营者同意退货、笔者不要求赔偿的情况下，纠纷才得以解决。消费者的退货理由明显合法，并且也符合京东平台关于退货的规则，而平台内经营者的推托理由明显违反《消费者权益保护法》的规定，但是京东平台仍然无法裁断纠纷。按照笔者的个人经验，在淘宝平台购物时，对于消费者与平台内经营者的纠纷，淘宝平台的工作人员经常只是机械地适

① 参见姚志伟：《“网规”若干基本问题初探》，载《科技与法律》2012 年第 2 期。

用其规则，对于规则的不足以及硬法的规定视而不见。

网规的执行不力尤其会体现在平台经营者对平台内经营者的管理之上。平台经营者制定并执行网规，对平台内经营者进行约束。大型网络交易平台所制定的网规内容较为丰富，在具化了法律规定之余，还提供了诸多更优承诺。从结果上来看，如果网规得到切实执行，平台经营者对平台内经营者约束有力，我国电子商务领域不至于假冒伪劣产品横行，消费投诉也不会过多。然而，我国电子商务领域的假冒伪劣产品依然泛滥，消费投诉仍然是巨量的，这也说明平台经营者所制定的网规并未得到有力执行。从商业逻辑的角度来看，平台之间的竞争愈加激烈，若平台经营者对平台内经营者的管理过于严格，可能会产生平台内经营者流向管理相对宽松的其他平台，这将导致平台提供的商品、服务在类型、数量上减少，从而降低对消费者的吸引力。这也是平台经营者虽制定了网规，但有时不会严格执行的原因。

网规具有诸多优点，其避免了硬法对具体商业活动过度的刚性束缚，能够灵活地、具有针对性地解决电子商务各领域中的问题，在事实上发挥了电子商务治理、保护消费者的作用，在我国电子商务的发展历程中具有不可或缺的作用。但是，从制定主体上看，网规多由平台经营者制定，虽然平台经营者会在网规中进行自我约束，提出自律承诺，但是其与消费者会存在利益冲突，自身也经常是侵犯消费者权益的主体，不论国内，抑或国外，均是如此。例如前文提及的天猫国际的网规不执行七天无理由退换货的规定。因此，通过平台经营者等电子商务经营者制定网规保护消费者在线权益，本身便具有先天的不足。从制定程序与网规内容上看，网规的制定较为随意，不存在如硬法一般严格的制定程序，存在漏洞、冲突、矛盾也是情理之中。并且，消费者在网规制定中未能起到应有的作用，即网规制定中欠缺软法治理中多方平等协商的一般特点，虽然商务部颁布了《网络零售第三方平台交易规则制定程序规定（试行）》，原国家工商总局颁布了《网络交易管理办法》（已失效）、《网络交易平台合同格式条款规范指引》，但在高位阶的法律规定尚有不足的情况下，行政部门无权过度介入属于私法自治范畴的网规的制定（同时，如前文分析，我国行政部门也存在对电子商务行为反应过慢、监管不足等问题），许多低位阶的行政规章多为指导性的，其本身也属于没有强制约束力的软法（硬法中的软法）。司法实践中，一些诉讼涉及对网规的司法审查，并且某些网规被法院认定为无效，但除非引发大范围的社会关注，否则平台经营者仍然置之不理、我行我素，无效的网规仍然处于平台经营者的网规体系之内。对于我国当前电子商务网规所暴露出来的问题，《电子商务法》虽有涉及，但仍存在不足。我国应当通过高位阶的硬法对网规的制定程序、内容、修改等予以明确的约束，要求吸收第三方参与网规制定程序，加强对作为软法制定者的平台经营者的监督和管理，加大对网规违反硬法的处罚力度，并授权行政部门对平台经营者所制定的网规进行审查，[①] 而行政部门也应当切实履行这种行政职责。在此过程中，应当规范政府介入，积极探索柔性管控机制，明确政府与网络信息市场的关系定位，充分尊重社会多元的现实，[②] 尊重司法最终解决原则，在司法过程中将软法与硬法中予以糅合。

第四节　在线争议解决机制与消费者在线权益保护

一、在线争议解决机制的形成

从程序法的角度来看，保护消费者权益的前提往往是消费者与经营者出现了纠纷，即便消费者可以通过公法机制获得保护，消费者与经营者的纠纷本质上也仍属民事纠纷。民事纠纷，是平等主体之间发生的以

---

① 很多国家建立了严格的审查制度。在英国，脸书的隐私权政策及其改变受到信息委员会的审查。脸书还和美国联邦贸易委员会达成一致，声明保护用户个人信息，对于数据政策的改变必须获得用户的同意，并进行独立审计。转引自薛虹：《论电子商务第三方交易平台——权力、责任和问责三重奏》，载《上海师范大学学报（哲学社会科学版）》2014 年第 5 期。

② 石毕凡、付浩亮：《“网络软法”治理与国家法秩序的冲突及整合》，载《上海政法学院学报》2018 年第 1 期。

民事权利义务为内容的社会纠纷，其特点在于主体地位具有平等性、内容具有特定性、纠纷具有可处分性。“冲突本身并不会被彻底根除，冲突实际上会产生许多使人类生活更具实际意义的东西。没有冲突，社会就会呆滞，就会灭亡。关键在于社会必须对冲突进行适当的调节，使冲突不以将会毁掉整个社会的暴力方式而进行。”① 保证社会稳定及良性发展的根本既在于减少冲突，也在于解决冲突的方式。从救济机制来看，现代社会的救济机制包括自力救济、社会救济、公力救济，具体表现为自决、和解、调解、仲裁、诉讼等。此中，替代性纠纷解决方式（Alternative Dispute Resolution，ADR）具有重要作用。ADR 兴起于美国，泛指民事诉讼制度以外的非诉讼纠纷解决方式或机制，具有代替性、选择性、灵活性等特点，主要包括以下类型：（1）司法 ADR，其虽不同于审判，但与诉讼程序相关联，或在法院主持下的纠纷解决制度，不具备司法性；（2）国家行政机关所设或附设的非诉讼程序，如行政申诉、消费者协会调解等；（3）民间团体或组织的非诉讼程序，如各国的仲裁机构的仲裁、我国的人民调解、日本的交通事故纷争处理中心、美国的邻里司法中心、世界知识产权组织（World Intellectual Property Organization，WIPO）的仲裁及调解中心。ADR 因其之灵活性而在解决电子商务争议方面有着独特的优势，但传统的 ADR 模式又难以适应全球性的、快捷高效的电子商务的需要，于是在欧美兴起了一种以传统 ADR 为基础的在线争议解决（Online Dispute Resolution，ODR）机制。② 联合国国际贸易法委员会将 ODR 定义为“一种生成、发送、接收、存储、交换或者以其他方式处理网络争议所使用的电子通信系统”。在一般意义上，ODR 是 ADR 的网络化，却又不限于 ADR 的网络化。ADR 泛指除传统的诉讼手段之外的其他纠纷解决方式，而 ODR 则指所有通过网络方式进行的纠纷解决方式，诉讼方式也包括在内。在具

---

① ［英］彼得・斯坦、约翰・香德：《西方社会的法律价值》，王献平译，中国法制出版社 2004 年版，第 45 页。

② 参见肖永平、谢新胜：《ODR：解决电子商务争议的新模式》，载《中国法学》2003 年第 6 期。

体模式上，ODR 与 ADR 也存在差异。

ODR 是一个宽泛的、非严格的概念，包括争议预防机制、争议解决机制、执行机制及其他各种交易治理机制。[①] ODR 的发展经历了三个阶段：1995 年之前、1995～1998 年和 1998 年之后。第一阶段未产生正式的网上争议解决模式，主要采取临时性、非商业性运作方式解决在线纠纷。第二阶段为实验性项目阶段，主要由大学负责运作并重点解决互联网相关争议，包括在线欺诈、虚假陈诉等。进入第三阶段，出现了大量的 ODR 机构和商业性 ODR 服务提供者，案件受理范围也从线上虚拟空间拓展到线下实体空间。[②] 对于现代社会而言，规则本就是多元的，纠纷解决机制也是多元的，不具有国家强制力作为保障的纠纷解决机制本就是广泛存在的。当事人可以任意选择纠纷的解决方式，其可选择诉讼、仲裁，也可寻求调解，当然也可自行协商。在网络中所发生的纠纷，当事人可以在实体空间中使用传统的纠纷解决机制，也可以在网络空间中使用 ODR（在线争议解决机制）。

二、在线争议解决机制的内容

（一）ODR 的类型区分

ODR 可以分为三种模式：第一，报价请求处理模式（Blind Demand/Offer Claim Settlement）。这种模式完全不依靠第三方主体，而是由双方各自向 ODR 网站提供报价和请求，再通过计算机程序的自动化处理，判断双方是否能够达成一致。如果双方的报价差异过大，ODR 网站会建议其将纠纷通过其他方式解决。第二，在线纠纷处理模式（Online Mediation，Arbitration，or Other Dispute Handling Services）。这种模式依靠网络技术在网络环境中提供虚拟的调解、仲裁甚至是诉讼场所，第三方通过网络介入纠纷解决过程。此模式可以分为在线调解

---

① 参见高薇：《互联网争议解决的制度分析两种路径及其社会嵌入问题》，载《中外法学》2014 年第 4 期。

② 参见刘一展：《欧盟网上争议解决（ODR）机制：规则与启示》，载《改革与战略》2016 年第 2 期。

（online mediation）、在线仲裁（online arbitration）和在线诉讼（online adjudication）。第三，和解支持处理模式（Decision/Negotiation Support Systems）。此模式首先将各方的争议分解成变量，再由专门的程序辅助纠纷主体对各个变量进行处理。通过技术的支持，此模式能够做到全天候同步在线回应，并擅长处理多主体和多争点的复杂纠纷。这一过程既没有传统纠纷解决的第三方（法官、仲裁员、调解员）参与，但也并非完全依靠双方当事人自行协商，计算机程序扮演了第三方的角色。[①] ODR 还可以分为自助式 ODR 与交互式 ODR。在前者，不存在第三方；在后者，存在第三方。按照 ODR 是否具有强制约束力，ODR 还可分为具有强制约束力的 ODR 与不具有强制约束力的 ODR。前者主要表现为在线诉讼与在线仲裁；后者则类型繁多，如在线调解、在线协商以及非约束性在线仲裁[②]等。我国消费者使用较多的 ODR 主要是由平台经营者所提供的 ODR 服务。

（二）具有强制约束力的 ODR

2018 年 9 月 3 日，最高人民法院通过了《关于互联网法院审理案件若干问题的规定》（以下简称《互联网法院规定》），对北京、杭州、广州三地的互联网法院在线审理案件的程序性问题进行了规定。《互联网法院规定》对互联网法院管辖所在市的辖区内由基层人民法院受理的一审案件的法院主管范围、受理、送达、调解、证据交换、庭前准备、庭审、宣判等事项的在线方式予以明确。按照《互联网法院规定》第 2 条的规定，与消费者在线权益保护相关的案件类型包括：通过电子商务平台签订或者履行网络购物合同而产生的纠纷；签订、履行行为均在互联网上完成的网络服务合同纠纷；签订、履行行为均在互联网上完成的

① 参见刘哲玮：《国家介入：我国 ODR 建设的新思路》，载《网络法律评论》2009 年第 1 期。

② 非约束性在线仲裁区别于约束性在线仲裁。约束性在线仲裁其实只是将仲裁过程予以网络化而已，所作出的仲裁裁决与传统的仲裁裁决在效力上是一致的。非约束性在线仲裁也是将仲裁过程予以网络化，但是所作出的仲裁裁判并不具有传统仲裁裁决的效力，对双方当事人而言，非约束性仲裁裁决事实上具有合同效力。例如，按照 ICANN 的统一域名争议解决政策，当事人关于域名的争端，可以在得到裁决后向法院另行起诉。

金融借款合同纠纷、小额借款合同纠纷；通过电子商务平台购买的产品，因存在产品缺陷，侵害他人人身、财产权益而产生的产品责任纠纷；因行政机关作出互联网信息服务管理、互联网商品交易及有关服务管理等行政行为而产生的行政纠纷等。按照《互联网法院规定》第5条的规定，互联网法院应当建设互联网诉讼平台，作为法院办理案件和当事人及其他诉讼参与人实施诉讼行为的专用平台。通过诉讼平台作出的诉讼行为，具有法律效力。当事人起诉的，需要先行注册诉讼平台的专用账号，通过证照比对、生物特征识别或者国家统一身份认证平台认证等在线方式完成身份认证。起诉材料的受理与退回，均采取在线方式。互联网法院采取在线视频方式开庭。存在确需当庭查明身份、核对原件、查验实物等特殊情形的，互联网法院可以决定在线下开庭，但其他诉讼环节仍应当在线完成。互联网法院在线审判的全部流程均依托诉讼平台以在线方式完成，案件审理所需数据，电子商务平台经营者、网络服务提供商、相关国家机关应当向法院提供，并有序接入诉讼平台，由互联网法院在线核实、实时固定、安全管理。2018年9月18日，杭州互联网法院开始运行司法区块链平台，使用区块链技术来生成、存储、传播电子数据证据，方便证据的固定、调取。如前文指出的，我国所建立的互联网法院并不是网络法院，而是实体空间中的法院，其并不是按照网络空间定位受理案件，仍然是按照实体空间定位、行政区域划分来受理案件。

在线仲裁在我国也获得了发展。例如，中国国际经济贸易仲裁委员会在2002年便设立了网上争议解决中心，推广在线仲裁，不过主要是面向域名争议，并且此种仲裁的约束力弱。广州仲裁委员会在多年间着力发展一般性的在线仲裁，其中便包括面向消费者与经营者纠纷的在线仲裁，此种在线仲裁具有与传统仲裁相同的约束力。按照广州仲裁委员会的互联网仲裁参考条款，“凡因本合同引起的或与本合同有关的争议，双方均同意提请广州仲裁委员会，按照申请仲裁时该会现行有效的网络仲裁规则进行网络仲裁并进行书面审理。仲裁裁决是终局的，对双方均有约束力”[①]。若合同双方在合同中增加了这一网络仲裁条款，或纠纷发生后达成在线仲裁协议，则可将纠纷提交广州仲裁委员会进行在线仲裁。广州仲裁委员会的《中国广州仲裁委员会网络仲裁规则》《中国广州仲裁委员会小额网购纠纷网络仲裁专门规则》等对相应仲裁程序中的材料提交、电子送达、证据提交与调取、在线仲裁等作出了规定。

新冠肺炎疫情在客观上推动了我国在线诉讼的发展，最高人民法院于2020年2月发布了《关于新冠肺炎疫情防控期间加强和规范在线诉讼工作的通知》，又于2021年6月发布了《人民法院在线诉讼规则》，对针对在线身份认证、区块链存证、在线法庭设置、电子笔录、电子签名、数据安全等问题，依法确认法律效力、明确审核规则、划定适用边界。我国《民事诉讼法》（2021年修正）第16条规定：“经当事人同意，民事诉讼活动可以通过信息网络平台在线进行。民事诉讼活动通过信息网络平台在线进行的，与线下诉讼活动具有同等法律效力。”于消费者在线权益保护而言，在线诉讼、在线仲裁的优点主要在于便捷。消费者不必亲至法院、仲裁委员会提交材料、出庭，在多数案件中可以完全通过在线方式完成诉讼、仲裁的全部流程。另外，在电子数据证据的提交之上也非常便利，由于网络交易流程中的电子数据均存储于网络交易平台或者其他第三方电子平台中，当法院、仲裁委员会调取证据时，证据的真实性、关联性、合法性可以很方便地得到认定。在线诉讼、在线仲裁的发展对消费者在线权益的保护极为有利，但需要降低程序费用、提升程序效率，以适应消费者在线交易的特点。在线诉讼在大大缓解当下中国“案多人少”矛盾的同时，也成为推进我国电子商务持续健康发展的重要力量。但其作为新生机制，尚存在社会信任度不高、法律规则供给欠缺、平台数量与功能不足方面的困境。[②]

---

① 参见广州仲裁委员会：《示范条款》，载广州仲裁委员会网2020年4月10日，https://www.gzac.org/sftkj/36682.jhtml。

② 参见胡晓霞：《我国在线纠纷解决机制发展的现实困境与未来出路》，载《法学论坛》2017年第3期。

（三）不具有强制约束力的 ODR

不具有强制约束力的 ODR（非约束性 ODR），类型多样，面向的主体多元，有的是借助相应的算法来解决纠纷，有的是将传统的和解、调解方式移植于网络而以网络化方式运行，但所形成的纠纷解决结果并不具有强制约束力。不具有强制约束力的 ODR 在这一点上如同传统的和解协议，和解协议本质为建立在意思自治基础上的合同，系纠纷双方就纠纷解决所达成的合意，并无强制约束力，但如果一方违反，对方可以违约为由提起诉讼。但通常来说，一旦达成解决纠纷的和解协议，违反者较少，仍然具有解决纠纷的效果。对于消费纠纷而言，由于纠纷标的额往往较小，在消费者与经营者达成合意之后，违反者更少。ODR 对于线上争议的解决具有积极意义，联合国国际贸易法委员会（以下简称贸法会）、欧盟等积极推动 ODR 的发展。不过，我国对 ODR 推广的力度不够，法制保障不足，致使这种符合网络交易特点的低成本纠纷解决机制并未得到充分发展。在我国，具有一定影响力的非约束性 ODR 多由电子商务企业（以平台经营者为主）建立。

多年以来，欧盟积极推动 ODR 的发展。2013 年，欧洲议会和欧盟理事会颁布了《欧盟消费者 ODR 条例》（《关于消费者纠纷网络解决机制及第 2006/2004 号欧共体条例和第 2009/22/EC 号指令的修正案》）。该条例第 1 条便宣告其制定主旨是在欧盟范围内构建起消费者纠纷网络解决平台（ODR 平台），为网络消费者和网络贸易商提供独立、公正、透明、高效和迅速的诉讼外纠纷解决方式，进而达到促进消费者权益保护，规范成员国国内市场，尤其是网络市场正常运作的目的。《欧盟消费者 ODR 条例》借助 ADR 机构在法庭外解决消费者和经营者之间因在线销售合同和在线服务合同引发的争议以及成员国国内的在线交易争议，并不包括在线诉讼。该条例所推动建立的 ODR 平台是一个互动式的网站，通过一个唯一的“ADR 中心”或唯一接入端口，链接欧盟境内所有符合条件的

ADR 机构。[①]《欧盟消费者 ODR 条例》第 8 条要求投诉者填写电子投诉表，提供充分信息，并附上证明材料，足够依此确定合格的 ADR 机构。《欧盟消费者 ODR 条例》第 9 条规定了投诉的处理和传递。收到符合条件的投诉表之后，ODR 平台必须毫不迟延地以易于理解的方式将投诉信息传递给被投诉方。如果被投诉方是经营者，必须在 10 日内声明其是否必须通过某一特定 ADR 机构解决与消费者的争议。如果答案为否，则被投诉方还必须声明其是否愿意通过平台所列 ADR 机构解决争议。若被投诉方是消费者，则经营者必须通过某一特定 ADR 机构解决争议，双方应当在 10 日内就选择特定 ADR 机构达成一致意见。若经营者没有必须在某一特定 ADR 机构解决争议的义务，则双方可以共同选择 ODR 平台所列 ADR 机构来解决争议。如果双方在向 ADR 机构提交了投诉表后未能在 30 日内达成一致意见，或者 ADR 机构拒绝处理争议，那么该争议处理程序终止。投诉方将被告知可以接触 ODR 顾问，以便获取其他救济方式的信息。按照《欧盟消费者 ODR 条例》第 10 条的规定，受理争议的 ADR 机构无须要求当事人或其代表到场，除非程序规则有此要求或者当事人同意。[②]

《欧盟消费者 ODR 条例》依托一些线下 ADR 机构来推广 ODR 机制，并建立了具有官方背景的欧盟范围内统一的 ODR 平台。此 ODR 平台并不负责解决纠纷，而是接入原有的 ADR 机构，将消费者（或者经营者）的投诉提交给相应的 ADR 机构。投诉者可以在此 ODR 平台上了解纠纷解决的进度。按照《欧盟消费者 ODR 条例》第 5 条的规定，ODR 平台的职责在于：（1）向符合规定条件的投诉方提供电子投诉表格。（2）将投诉告知应答方。（3）在双方当事人达成一致的情况下，将投诉移交满足要求的一个或多个 ADR 机构。（4）免费向当事人和 ADR 机构提供适用于案件管理的电子工具，使当事人各方能在 ODR 平

---

① 参见邹国勇、李俊夫：《欧盟消费者在线争议解决机制的新发展——2013 年〈欧盟消费者在线争议解决条例〉述评》，载《国际法研究》2015 年第 3 期。

② 参见刘一展：《欧盟网上争议解决（ODR）机制：规则与启示》，载《改革与战略》2016 年第 2 期。

台上推动纠纷解决进程。（5）通过 ODR 平台向当事人和 ADR 机构提供有助于纠纷解决的必要信息的转化和交换。（6）为 ADR 机构提供用以传输信息的电子方式。（7）提供反馈机制，允许当事人对 ODR 平台的功能以及 ADR 处理纠纷的情况发表意见。（8）为公众提供条例所规定的必要信息。[①]《欧盟消费者 ODR 条例》鼓励 ADR 机构建立相应的在线纠纷解决平台，为消费者提供迅速便捷的在线争议解决途径。

政府权威有助于提升民众对于 ODR 的信任，从而推动 ODR 的发展。当然，仅仅有政府权威作为背书仍有不足，关键是国家应当通过立法使 ODR 制度化，从 ODR 机构的建立、纠纷解决程序、费用承担，到 ODR 纠纷解决结果的执行，立法皆应予以明确，国家也应当建立相应的 ODR 配套制度，以辅助 ODR 的完善。对于我国来说，本就存在诉讼难的痼疾，我国也在积极探索现代化的多元纠纷解决机制，我国在进行司法改革的同时，也应当积极推动 ADR、ODR 的发展。ODR 依托网络技术，相对于 ADR 等传统纠纷解决机制，具有快速、便捷、公开、透明等优点，不仅可用于解决线上争议，也可用于解决线下争议，对缓解我国诉讼难的问题具有积极意义。

三、在线争议解决机制对消费者在线权益的保护

从 ODR 服务提供者的角度，可以将不具有强制约束力的消费者纠纷 ODR 机制分为外部 ODR 与内部 ODR。前者是由第三方提供的 ODR，如我国各级消费者协会的网站、中国电子商会主办的“‘3·15’消费电子投诉网”以及由企业建立的“中国汽车消费网”“新浪黑猫”等；后者是由平台经营者提供的 ODR，如京东商城、淘宝网提供的纠纷在线解决服务。在我国，外部 ODR 仍然没有得到充分发展，其之主要功能是为消费者提供投诉端口，而不是纠纷解决。其中的原因在于，外部 ODR 起源于对传统 ADR 的模仿，其实主要是传统 ADR 的网络化。

---

① 笔者所使用的《欧盟消费者 ODR 条例》来自齐玎：《消费者网络替代性纠纷解决机制（ODR）条例》，载《东南司法评论》2017 年卷。

然而在我国，除仲裁外的 ADR 并未得到重视和发展。即便诉讼难是民事诉讼的痼疾，ADR 的地位、功能、作用也并未在我国民事诉讼法等程序法中得到确认。在发生纠纷时，诉讼、仲裁仍是当事人的首选，民事诉讼以其之国家强制性、严格的规范性成为当事人解决纠纷的主要手段。在这种传统 ADR 未得到充分发展并且人们也未对传统 ADR 产生信任感的背景下，模仿传统 ADR 的外部 ODR 自然也无法得到充分发展。

内部 ODR 是我国解决消费者在线纠纷 ODR 的主体。① 一般而言，对于消费者与微商间的在线纠纷通常并无 ODR 机制相对应，能够解决消费者在线纠纷的 ODR 机制常常是由相对大型的电子商务经营者提供的，这主要表现为两类：第一，对自营商品提供的 ODR 服务；第二，对他营商品提供的 ODR 服务。在前者，消费者购买自建网站的电子商务经营者提供的商品、服务的，该电子商务经营者提供 ODR 服务。例如，消费者因购买华为商城、小米商城的商品产生纠纷的，由于网站内的所有商品均由自建网站的电子商务经营者经营，消费者可以直接向其提出纠纷解决请求，这也属于 ODR。在后者，平台经营者就平台内经营者提供的商品、服务向消费者提供 ODR 服务。例如，消费者购买京东商城的他营商品（平台内经营者经营的商品）、淘宝网上的商品（淘宝平台自身并不经营商品，所有商品均由平台内经营者经营）产生纠纷的，可以通过交易平台的 ODR 端口发起投诉，进行解决。对于这两种内部 ODR，《电子商务法》均有涉及。《电子商务法》第 59 条规定："电子商务经营者应当建立便捷、有效的投诉、举报机制，公开投诉、举报方式等信息，及时受理并处理投诉、举报。"第 63 条规定："电子商务平台经营者可以建立在线争议解决机制，制定并公示争议解决规则，根据自愿原则，公平、公正地解决当事人的争议。"

以淘宝为例。淘宝平台的 ODR 端口通常在用户账户内的每一订单中均可方便地找到，一般表述为"申请售后""退款/退货""投诉卖

---

① 平台上发生的纠纷包括平台经营者与平台内经营者、平台经营者与消费者、消费者与平台内经营者、平台内经营者与平台内经营者之间的纠纷，本处仅讨论与消费者有关的纠纷。

家”等投诉链接。消费者点击后，可以选择相应的投诉内容及投诉依据。例如，在订单完成后的七天之内，消费者可以选择“七天无理由退换货”的退货理由，发起退货。根据消费者所购商品品类、经营者承诺等的不同，淘宝平台上相应端口的内容有所不同，并且并非一成不变，而会根据情况自动变化。淘宝平台区分不同行业，实施不同的管理规则，相应的 ODR 机制也存在差异，基本上是将淘宝规则予以自动区分并体现于每一份订单的每一件商品之中。此外，淘宝平台还设有“大众评审”“闲鱼小法庭”，以随机抽取的用户作为评审员，对纠纷处理结果进行投票。目前的淘宝平台争议解决主要依据的是《淘宝平台争议处理规则》，此规则适用于淘宝平台上的全部商品、服务。[①]《淘宝平台争议处理规则》对争议的受理期限、受理范围、处理流程、执行进行了规定，并对发货、签收、退货、换货、运费以及商品质量问题、假冒商品问题、描述不当等情形中的举证责任分配进行了特别规定。而对于特殊交易，还适用相应的规则，如《淘宝网企业服务市场管理规范》《淘宝网大家电行业管理规范》《飞猪旅行集市管理规范》《飞猪旅行集市消费者保障标准》《淘宝网票务行业管理规范》《淘宝网医疗器械行业管理规范》《淘宝网住宅家具行业标准》《淘宝网居家日用行业标准》《淘宝网二手数码行业管理规范》《淘宝平台直邮海外交易争议处理规范》。这些不同规则对相关行业的经营管理、消费者保护等进行了更为详尽的规定，消费者在发起投诉时，这些文件成为解决争议的规则基础。

淘宝平台的 ODR 流程大致是：消费者选择相应的依据对平台内经营者发起投诉，平台内经营者必须在规定时间内与消费者进行协商，否则系统将判定消费者投诉成功，平台会按照消费者请求强制执行；平台内经营者与消费者协商成功的，按照和解内容执行；平台内经营者不按照和解内容执行，消费者可以向淘宝平台投诉，由淘宝平台按照淘宝规则进行裁断。按照《淘宝平台争议处理规则》第 2 条的规定，“买家向

---

① 淘宝平台的争议处理规则不断修订，笔者此处所引用的是 2019 年 5 月 6 日生效的规则。参见淘宝网：《淘宝平台争议处理规则》，载淘宝网 2019 年 5 月 6 日，https://rule.taobao.com/?type=detail&ruleId=99&cId=1154#/rule/detail?ruleId=99&cId=1154。

卖家发起维权或任一方向淘宝投诉的，淘宝将根据本规则进行处理，淘宝平台其他规则有特别规定的，优先根据特别规定处理。当卖家店铺因自身系统、管理、人力、仓储等原因出现异常大量维权或舆情事件，且卖家不具备及时处理能力的，为保障买卖双方交易安全，淘宝可主动介入处理。部分买卖双方的争议，买家有权选择或淘宝视争议内容交由大众评审进行判断，淘宝将根据大众评审的判断结果对该等争议作出处理”。对于 ODR 结果，淘宝平台基于相关规则予以执行。由于在平台内经营者与淘宝的注册协议中已经涵盖了淘宝平台中的系列规则，淘宝平台拥有对平台内经营者进行管理的权利，并且平台内经营者往往需要交纳保证金，因此，淘宝平台的 ODR 机制具有很强的执行力，并且这种执行具有自动性。在“林某与李某、浙江淘宝网络有限公司名誉权纠纷案”① “浙江瑞崎营销有限公司与周某某、浙江淘宝网络有限公司侵害商标权纠纷案”② “衣念（上海）时装贸易有限公司诉浙江淘宝网络有限公司、杜某发侵害商标权纠纷案”③ 等案件中，法院便是依据淘宝规则作出了裁判。京东商城的 ODR 流程与淘宝平台的 ODR 流程大致相似。

如前文所述，平台规则通过转引、桥接等方式进入了平台经营者与平台内经营者的合同之中，发生债的效力。并且，在平台经济中，平台经营者对平台内经营者居于优势地位，平台内经营者无论是在法律意义上，还是在商业意义上，均难以对抗平台经营者。例如，按照《京东开放平台交易纠纷处理总则》第 2.7.1 条的规定，“交易纠纷综合评分”因子包含“交易纠纷率”“自主完结率”“处理遵时率”。“交易纠纷综合评分”的计算方法为：交易纠纷率 =（商责纠纷单量 + 双责纠纷单量 - 纠纷单申诉成功量）÷订单总量；自主完结率 = 京东未介入纠纷单量 ÷ 纠纷单总量；处理遵时率 = 商家按时处理的纠纷单量 ÷ 纠纷单总量。其中的“按时处理”指商家回复环节、商家举证环节及商家执行

---

① 参见杭州市上城区人民法院民事判决书，（2009）杭上民初字第 1323 号。
② 参见杭州市余杭区人民法院民事判决书，（2016）浙 0110 民初 17254 号。
③ 参见上海市第一中级人民法院民事判决书，（2011）沪一中民五（知）终字第 40 号。

环节均未超时。并且,《京东开放平台交易纠纷处理总则》要求商家应积极响应并处理消费者的纠纷问题,京东有权对相同二级类目下的交易纠纷综合评分排名尾端10%的店铺采取包括但不限于限制参加京东平台营销活动、暂停向商家提供服务及终止合作等措施。通过这种合同机制,平台经营者对平台内经营者事实上拥有了合法的“惩罚权力”。因此,在平台经营者提供的ODR机制中,ODR结果一般可以得到快速执行。在平台经营者保护消费者在线权益时,这种由平台经营者提供的ODR机制可以发挥良好的效应。作为一种内生性机制,内部ODR从创生到形成稳定的结构,深深地嵌入在线交易域,它们之间的关联是一种制度化关联。内部ODR的特征和结构与在线交易类型相互影响、共同演化,形成了一种新的均衡,即内部ODR能够有效促进在线交易的规模,在线交易域也维持内部ODR的存在并使其从中受益。[①] 但是,由平台主导并处理争议的中立性经常受到质疑,[②] 并且平台不论采取何种争议解决手段,其均不可能达到和仲裁、诉讼一样的结果。

ODR机制包括争议预防机制与争议解决机制,上述ODR机制主要是争议解决机制。争议预防机制包括声誉机制、信誉标记等。声誉机制包括信用评价、商品问答等内容,购买了经营者商品的消费者可以对所购商品进行评价、问答,由于消费者评价及问答的内容并无太多限制,消费者可以对商品(以及服务)质量进行评价、问答,还可以对快递速度、经营者态度等进行评价、问答,这对于潜在的消费者作出是否购买的决定会形成巨大影响。消费者在消费之后还可以对经营者进行评级(一般是一星到五星),长期累积后,对经营者的声誉会形成巨大影响,而这会在经营者店铺的信誉评级(如淘宝实行的星、钻、皇冠等评级)上体现出来。取得良好的声誉、信誉,经营者才可以获得进一步的发展,这会促使经营者保护消费者权益,尽量预防发生争议。

---

① 参见高薇:《互联网争议解决的制度分析两种路径及其社会嵌入问题》,载《中外法学》2014年第4期。

② 参见孙颖、卜泓予:《电商平台内部消费争端解决机制(ODR)研究》,载《中国市场监管研究》2020年第3期。

从20世纪90年代起，各国ODR的发展便不是稳定的，而是经历了一种试错式的发展历程，诸多ODR平台在兴起之后，又迅速归于沉寂。① 其间的原因主要在于民间性的ODR缺少强制力保障，缺少制度支持与信用保障，目前的法律制度、网络交易机制与发展现状尚不足以对ODR形成完整的支撑。例如，ODR中的声誉制度、信誉标记的出发点是好的，但是由于缺少广泛的信用制度作为基础，始终无法得到进一步发展。在公权力很少介入ODR的背景下，我国ODR的主体是由平台经营者提供的民间性的内部ODR，并且这种内部ODR只能存在于相应的平台之内。相对于内部ODR，外部ODR的生存空间极小，并未得到充分发展。除上述原因外，民众对外部ODR缺少认识与信任也是原因之一。虽然政府可以推动民众对外部ODR的认识与信任，并且也可以借助政府权威来推广外部ODR，但是我国立法部门、行政部门在此方面建树甚少。我国在发展在线诉讼的同时，还应当通过立法、政府推动等方式促进ODR的发展，这对于丰富纠纷解决机制、实现权利快速救济具有重要意义。

① 例如，当初发展势头迅猛的“www. squaretrade. com”已经停止提供ODR服务。

第六章　消费者在线权益保护基础性电子交易制度

第一节　消费者在线权益保护与电子交易制度

消费者权益可基于发生环境的不同而区分为线下权益与线上权益(在线权益)，前者存在于实体环境，后者存在于虚拟环境。保护消费者在线权益，一般发生在电子商务之在线虚拟场景中。在电子商务中，交易依托计算机网络进行，主体在经由网络形成的在线虚拟环境中进行交易，在网络中的所有意思表示、通知、行为等均以数据电文承载，并在一定期间内留存于网络。虽然从区别于实体环境中的行为方式、交易手段的角度，将网络形成的空间称为虚拟空间或网络空间，将经由网络进行的交易称为网络交易、在线交易、线上交易，将相应的经济形态称为虚拟经济，但是，网络上各种行为、交易的参与方都是实体世界中的主体，其就网络而形成的权利、利益都是实在的，与在实体世界中所拥有的权利、利益并无二致。在此意义上，消费者的线下权益与线上权益并无本质区别，只不过在权利与利益的对象、内容、实现以及保护方式等方面因所依托的空间环境、产生方式上的差异而有所区别。对网络空间的治理与对实体空间的治理有很大不同，原本运用于实体空间的规则虽然可以移植、运用于网络空间，但囿于空间、技术、关系、结构等的迥异，若不进行改造，有时往往无法起到调整的作用。因此，对网络各种关系的法律调整，既可以沿用某些既定规则，也可以对既定规则进行修正、解释后予以适用，还可以在前述方式仍然无法达到调整目的时，进行规则创设。虽然技术的发展出现了实体空间与虚拟空间并存的情形，人在这两种空间的存在方式、行事方式也有所不同，但人的要素将这两种空间予以统一。在消费者保护中，虽然为区别不同的交易环境而可以使用线上消费者与线下消费者的概念进行身份区分，进而在法律适用上也有所区别，但是二者的主体身份实质是统一的。在统一的消费者概念下，线下权益与线上权益并无实质差别，无论线下权益还是线上权益，都是消费者权益在不同场景中的表现。

网络的确成为一种形成法律关系的新方式，令很多规范无法直接适用，但是网络仅是形成法律关系的新手段，当事人关系并没有发生根本性变化，网络交易法律关系仍然是一种民事法律关系。简单来说，将网络应用于交易便产生了电子商务。笔者并不认为电子商务法、网络交易法或者说网络法是一个独立的法律部门，因此，各式涉网络法律规范均应归入相应的法律部门。其中，根本原因在于网络并未在质上形成一种法律意义上的新型社会关系，所以，网络法或电子商务法欠缺独立的调整对象，不能独立成为一种部门法。有学者认为："电子交易形式关系，已经成为必须由法律调整的重要的社会关系。"① "（狭义的）电子商务法是调整以数据电讯（Data message）为交易手段而形成的以交易形式为内容的商事关系的规范体系。也就是说，以数据电讯为交易手段而形成的以交易形式为内容的商事关系，就是电子商务法调整的对象。"②还有学者认为，"电子商务法是一个在新形势下产生的全新的独立的法律部门，是调整电子商务活动的法律规范的总称"③。在民商合一的体制之下，电子商务意义上的商事关系指的便是民事关系。民商法之所以成为与宪法、行政法、刑法、诉讼法、国际法等相平行的独立的部门法，主要是因为民商法拥有独立的调整对象，即平等主体间的人身关系与财产关系。使用数据电文的电子商务活动中的社会关系已被民商法的

---

① 张楚：《电子商务法初论》，中国政法大学2000年博士学位论文，第19页。

② 张楚：《电子商务法初论》，中国政法大学2000年博士学位论文，第19页。

③ 覃征：《电子商务与法律》，人民邮电出版社2001年版，第176～178页。类似观点还可参见高富平、张楚：《电子商务法》，北京大学出版社2004年版，第10～11页；李双元、王海浪：《电子商务法若干问题研究》，北京大学出版社2003年版，第20～22页。

调整对象包含在内，因为其仍然属于平等主体之间所发生的社会关系。民法典等也对电子商务法所谓的调整对象进行调整。目前看来，电子商务民商事规范更多的是对既定规范的修补，很难称电子商务法的调整对象是独立的。电子商务民商事事项范围广泛，但主要是合同事项，没有任何一个国家脱离其合同法而制定独特的电子交易规则。经历了长久传承与发展的传统理论与规则仍然具有极强的生命力。例如，“法国民法典第三编的规定是包括电子合同在内的所有合同的基础，其包括了法国合同法的基础原则”①。《法国民法典》主要是通过对证据、证明的修改来纳入电子交易，如认可电子签名具有签名效力、数据电文具有证据力。各国电子商务法都是以本国传统合同理论与规则为基础，参酌技术性，比较他国立法，消除电子交易的障碍，之后再抽象、上升，予以体系化。电子商务法并没有脱离既定体制，而主要是对既定法的一种修补。例如，根据《美国统一电子交易法》第 3 条的规定，受该法调整的交易，仍受其他可适用的实体法的调整。这表明，《美国统一电子交易法》是在出现了“可适用的实体法”对使用数据电文的交易无法妥善规制的情况下才出台的，电子交易同时接受多部法律的调整。《美国统一电子交易法》中的规范也不成体系，因为其之出台主要是立法者基于对当时法律中的漏洞或不足的考虑，而不是试图建立起一种新的法律规则体系。根据美国统一州法委员会公布的《美国统一电子交易法》立法备忘录中对适用范围的说明，《美国统一电子交易法》最原始的目的是对合同法进行修订，以便支持交易使用现有的以及将来的电子或计算机技术。随后的《美国统一商法典》进行修订，在各编中引入了网络交易规则，其中也涵盖了《美国统一电子交易法》为数不少的规则。各国大多采取这种方法，即先通过电子商务单行法解决具体问题，然后再进行体系化处理，加强与其他法律的协调。

消费者在线权益体现于电子商务之中。如前所述，电子商务法涵盖

---

① See Cizek & Alexander, *Benchmarking of Existing National Legal E-business Practices* (July 29, 2010), http://www.pedz.uni-mannheim.de/daten/edz-h/gdb/06/austria.pdf.

范围宽泛，其核心是支撑电子交易正常开展的基础性电子交易法律制度。这些制度建立了电子交易基本法律构造，其之形成过程是在考察电子交易技术流程的基础上，通过规则沿袭、规则修正、规则创设的方式，确立电子交易规则框架。在电子交易规则框架形成后，随着电子商务在横向、纵向上向各领域延伸，立法者不断补充相应的规则，从而使电子交易法律体系更为丰富。在立法之初，电子交易法律亟须解决的并不是消费者保护问题，而是电子交易的合法性问题，因此立法的重点是数据电文、电子签名的合法性及电子商务中的认证机构等问题。当时，对消费者在线权益的保护还是依托传统的消费者保护法律，故存在不足与缺漏也是在所难免。例如，我国合同法对数据电文的简单规定完全不足以支撑电子交易的合法性，因此，我国于2004年制定了《电子签名法》，所针对的便是数据电文、电子签名、认证机构三大问题，从而在根本上解决了电子交易的合法性问题。《电子签名法》根本就没有涉及消费者保护问题。但是在相当长的时间里，我国一直没有制定高位阶的电子商务法律。对消费者在线权益的保护一直是通过商务部、原国家工商总局等部委制定规章的方式来实现，具有“一事一规”的特点。例如，分别针对网络交易、药品交易、彩票、团购、网络促销、电子支付等进行规定。《消费者权益保护法》在2013年的修订注重对消费者在线权益的保护，引入了反悔权、个人信息权等新型消费者权利。消费者传统权利与新型权利大致都会涉及网络，存在于电子商务之中。落实对消费者在线权益的保护，在很大程度上有赖于电子商务法律制度的完善，否则在电子商务中保护消费者在线权益不啻一纸空文，消费者权利将仅仅成为纸上的权利。

我国基础性电子交易法律制度主要基于《民法典》《电子签名法》《电子商务法》而建立。然而，《电子签名法》存在很大的不足与漏洞，[①]《电子商务法》也只是部分涉及电子合同的订立与履行，而未建立完整的电子合同制度，《民法典》亦是如此。消费者在线权益保护需

① 《电子商务法》与《民法典》仍然没有弥补《电子签名法》中的缺漏。

要以基础性电子交易法律制度为依托，基础性电子交易法律制度的不足将反馈至消费者在线权益保护之中，不利于消费者在线权益的保护。保护消费者在线权益需要对基础性电子交易制度进行完善，这种基础性制度的核心是电子签名制度与数据电文制度。电子签名制度与数据电文制度涉及内容较多，囿于篇幅，笔者于本章仅就我国电子签名效力规则的不足与完善以及数据电文归属规则的补充两个关键问题进行论述。

第二节　电子签名效力规则的完善

在一般意义上，签名是交易不可或缺的要素。电子签名是电子商务中用以代替手写签名的核证方法，① 在产生手段、表现形态、使用方式以及媒介、功能等方面均异于手写签名，② 无法直接套用传统手写签名规则。为满足网络交易对签名的需求，电子签名法建立起了一个多层结构的电子签名效力规则框架，通过电子签名定义条款③、效力认可条款、效力内容条款这三项框架性效力规则顺次解决什么是电子签名、电子签名是否有效、电子签名具有何种效力三个结构性基本问题。④ 但在我国《电子签名法》中，这三项电子签名框架性效力规则均有不当：定义条款（第 2 条第 1 款）不当限缩电子签名的形态，效力认可条款（第 3 条第 2 款）不当实施意思自治且未对电子签名效力予以缺省性认可，效力内容条款（第 14 条）未确定一般电子签名的有效条件与效力内容，却对可靠电子签名效力进行不当推定。电子签名框架性效力规则

---

① 参见贸法会：《电子商务示范法及其颁布指南（1996）》，第 55 段。

② 本文中的手写签名（或传统签名）包括手写签字与盖章。

③ 电子签名定义条款虽只是对电子签名进行界定，但却是效力认可条款、效力内容条款等诸多电子签名条款的适用前提。在此意义上，电子签名定义条款属于电子签名效力规则框架内的基础性、框架性规则。

④ 电子签名效力规则框架包含多项规则，相对于电子签名认证、失密、冒用等条款，电子签名定义条款、效力认可条款、效力内容条款确立电子签名效力规则框架的基本结构，所以称为框架性效力规则。

的不当导致我国《电子签名法》并未实现“确立电子签名的法律效力”的立法目的，[①] 这不仅有违网络交易实践，还会引致跨境电子商务规则对接障碍。从保护消费者在线权益的角度上说，如果消费者所订立的电子合同因签名而效力存疑，保护消费者在线权益甚至可能无从谈起。笔者认为，我国《电子签名法》需要在以下三个方面完善电子签名效力规则。

一、扩充电子签名的形态

（一）我国《电子签名法》相关规定存在的问题

我国《电子签名法》第2条第1款系电子签名定义条款，“本法所称电子签名，是指数据电文中以电子形式所含、所附用于识别签名人身份并表明签名人认可其中内容的数据”。此定义参考的是贸法会《电子签字示范法》对电子签名的定义，[②] 在概念内涵及用语表述上基本一致，与其他国家的规定也较为相似。不过，贸法会《电子签字示范法》与各国电子商务法一般规定了“所含”“所附”“逻辑相连”三种形态的电子签名，我国《电子签名法》第2条第1款只规定了前两种形态的电子签名，却删除了逻辑相连式电子签名。至于我国《电子签名法》为何限缩电子签名形态，从公开资料不得而知。在笔者看来，这种限缩并不妥当。按照《电子签名法》第2条第1款的规定，逻辑相连式电子签名不被认可，若使用此种电子签名，数据电文将因欠缺合法签名而难以发生效力。但是，逻辑相连式电子签名大量存在于网络交易之中，在某些场合，对其的使用甚至是不可避免的，若将逻辑相连式电子签名以及相应的数据电文归于无效，诸多网络交易将难以为继。

（二）域外相关立法例及实践情形分析

电子签名本身并无法律意义，其只有与数据电文相关联才会产生法

---

① 我国《电子签名法》第1条规定：“为了规范电子签名行为，确立电子签名的法律效力，维护有关各方的合法权益，制定本法。”

② 参见安建、张穹、杨学山主编：《中华人民共和国电子签名法释义》，法律出版社2005年版，第6页。

律意义。包括我国《电子签名法》在内，各国电子商务法对电子签名的定义普遍是从电子签名关联数据电文进而发挥法律功能的角度展开，从法律功能的角度界定电子签名的概念内涵，从电子签名与数据电文的关联关系的角度列举电子签名的概念外延。贸法会《电子签字示范法》第2条对电子签名的定义为各国普遍采用，“在数据电文中，以电子形式所含、所附或在逻辑上与数据电文有联系的数据，它可用于鉴别与数据电文有关的签字人和表明此人认可数据电文所含信息”。在此定义中，电子签名的概念外延包括“所含”“所附”“逻辑相连”三种形态的电子签名。“所含”“所附”两种形态的电子签名较为常见，其不脱离数据电文，包含于数据电文之内或附属于数据电文一并发送。而“逻辑相连”式的电子签名则脱离了数据电文，在保持与数据电文的可靠联系的前提下作为单独数据单元发送。[①] 例如，发件人对前封电子邮件的散列函数值进行电子签名，随后单独发送，电子签名与数据电文保持可靠联系，二者逻辑相连。

与界定电子签名概念内涵相比，列举电子签名概念外延并不复杂，仅仅只是分析实践中的电子签名形态并进行归纳总结。从技术上看，贸法会所列举的“所含”“所附”“逻辑相连”完全涵盖了电子签名与数据电文的关联关系，但贸法会在《电子签字示范法》颁布指南中对此并未加以解释。不过，美国统一州法委员会在《美国统一电子交易法》第2条官方评述中详细解释了为何需要在电子签名定义中列举逻辑相连式电子签名：“此定义的一个重要方面在于指出电子签名与电子记录逻辑相连的必要性。在纸的世界中，要求当事人的签名符号应当位于同一张纸的某个位置，以进行身份验证。电子环境不存在这种有形表现形态，因此定义特别规定签名符号可以某种方式与被签署的电子记录相连。”《欧盟电子签名的共同体框架指令》、《欧洲示范民法典（草案）（学者建议稿）》、《德国关于电子签名框架的立法》、《俄罗斯电子签名法》、《加拿大统一电子商务法》等立法均认可逻辑相连式电子签名。

① 参见贸法会《电子签字示范法及其颁布指南（2001）》，第42段。

逻辑相连式电子签名在网络交易实践中十分常见，只要分别传输签名数据（电子签名）与交易数据（数据电文），就不可避免地会使用逻辑相连式电子签名。以在电子支付领域中应用最为广泛的“SSL 协议[①] + 表单签名”型电子支付为例：客户在商家页面点击购买生成订单，随后通过客户端浏览器向银行服务器发出订单支付指令，银行服务器将其证书、加密算法等信息在签名后传送给客户端浏览器，通过验证后完成 SSL 握手，生成并交换会话密钥，建立临时加密信道，随后通过此信道传输交易数据；客户在信道内下载表单（包括银行账号、密码等字段），然后登录、使用 Ukey[②] 将填写完毕的表单发送给银行服务器，完成向商家的支付。这一过程混用了三种形态的电子签名：（1）客户在页面上的点击购买构成包含于数据电文的电子签名。（2）SSL 握手过程中银行服务器自动进行的电子签名、为建立加密信道而利用会话密钥进行的电子签名，均已脱离交易数据，构成逻辑相连式电子签名。（3）用户借助 Ukey 发送表单构成附属于数据电文的电子签名。在这一过程中，逻辑相连式电子签名对于顺利完成支付并预防事后抵赖具有基础作用，其可识别签名人身份，服务于之后的电子签名，并间接确认交易数据的归属。然而，按照我国《电子签名法》第 2 条第 1 款的规定，逻辑相连式电子签名非为法律上的电子签名，不能产生签名效力，后续支付行为无效，但事实上这些支付行为都被认为是有效的。在电子支付以外的其他网络交易领域中，逻辑相连式电子签名也很常见，《电子签名法》第 2 条第 1 款限缩电子签名形态明显违背了网络交易实践。

（三）规则修正建议

传统法上的签名是指手写签名，基于手写签名的唯一性，手写签名能够识别签名人身份并表明签名人对所签署文件的意图，“法律一般要求作成人亲笔签名。因此，作成人应当首先作成一份文件，并在文件末

---

① 安全套接层协议（Secure Socket Layer，SSL）同时使用对称密钥与非对称密钥，应用极为广泛，我国多家银行的网上银行系统使用的便是 SSL 协议。

② UKey 是一种连接计算机进行密码验证的常见设备（往往表现为优盘），拥有加密、解密等功能，常用于身份验证。

尾签名”[①]。这种在纸件上签名的习惯已经持续了上千年，纸张、墨迹的属性以及人们的使用习惯决定了签名规则。电子签名在技术、媒介、使用、目的、功能等方面均异于手写签名，天生不具备唯一性，[②] 很难认为构成了传统法上的签名。但是，在电子商务兴起之初，为电子签名而更动传统的签名概念及签名规则并不现实，因此电子商务立法迂回采取桥接手段，从传统的注重签名格式转为注重签名功能，通过数项基于功能等同法的规则建立起相对复杂的电子签名效力规则框架，将电子签名桥接至传统签名规则，最终解决了电子签名问题。在这一过程中，首当其冲的便是定义电子签名。

在不更动传统签名概念的前提下，通过功能等同法定义电子签名的过程是：先分析、归纳传统签名在法律上的核心功能，然后在核心功能等同的基础上界定电子签名的概念内涵，[③] 进而列举概念外延。对电子签名概念外延的列举只不过是对概念内涵的进一步申明与对实践情形的总结，只要符合电子签名的概念内涵，任何形态的电子签名均应被概念外延所涵盖。贸法会《电子签字示范法》第 2 条便是在传统签名核心法律功能的基础上界定了电子签名的概念内涵，进而列举了周延覆盖电子签名与数据电文关联关系的概念外延。我国《电子签名法》第 2 条第 1 款使用了贸法会《电子签字示范法》第 2 条中的电子签名概念内涵，但在电子签名概念外延上却将逻辑相连式电子签名排除在外，造成概念内涵与概念外延不一致，在结果上否定了使用逻辑相连式电子签名的网络交易的效力。这既违背网络交易实践，也违反鼓励交易原则，徒然减损法律的权威性。综上，笔者认为，我国《电子签名法》第 2 条

---

① ［德］卡尔·拉伦茨：《德国民法通论》，王晓晔等译，法律出版社 2003 年版，第 558 页。

② 电子签名的技术本性使其不可能拥有如手写签名一样的唯一性。事实上，电子签名不需要、也不能实现绝对唯一性，否则网络交易根本就无法展开。功能等同法的采取使符合条件的电子签名可以在法律上产生相对意义上的唯一性。

③ 功能等同只是要求核心功能等同。贸法会认为手写签名有十余项功能，但核心功能有三：确定一个人的身份、确定是该人自己的签字、使该人与文件内容发生关系。参见贸法会《电子商务示范法及其颁布指南（1996）》，第 53 段。

第 1 款应当修正为："本法所称电子签名，是指数据电文中以电子形式所含、所附或与数据电文逻辑相连的用于识别签名人身份并表明签名人意图的数据。"①

二、缺省性认可电子签名的效力

（一）我国《电子签名法》相关规定存在的问题

我国《电子签名法》第 3 条在电子签名、数据电文的使用及效力认可上实行意思自治，② 第 1 款允许当事人就得否使用电子签名、数据电文作出约定，"民事活动中的合同或者其他文件、单证等文书，当事人可以约定使用或者不使用电子签名、数据电文"。承接第 1 款规定，第 2 款以当事人约定使用作为认可电子签名、数据电文效力的前提，"当事人约定使用电子签名、数据电文的文书，不得仅因为其采用电子签名、数据电文的形式而否定其法律效力"。《电子签名法》第 3 条第 2 款是电子商务法中必不可少的电子签名、数据电文效力认可规则，是非歧视原则的具化。非歧视原则的目的在于推动无纸化通信手段的采用，③ 要求不得因电子签名、数据电文的无纸化形态而歧视，以消除传统法上的手写签名规则、纸式书面规则对网络交易形成的障碍。传统法对手写签名、纸面文件效力的认可从不以当事人约定使用为前提，而《电子签名法》第 3 条第 2 款对电子签名、数据电文效力的认可却以当事人约定④使用为前提，这无疑构成了新的歧视，违背了其所贯彻的非

---

① 此处还修正了《电子签名法》第 2 条第 1 款电子签名定义中的电子签名功能，从表明签名人认可数据电文的内容，变更为表明签名人对数据电文内容的意图。这主要是因为签名目的不限于认可数据电文的内容，还包括对数据电文内容进行见证、认证等。对此，可参见贸法会《国际合同使用电子通信公约》第 9 条的规定及说明。

② 因《电子签名法》一体规定电子签名与数据电文的效力认可，本部分的讨论同时针对电子签名与数据电文。

③ 参见贸法会《贸易法委员会秘书处关于〈联合国国际合同使用电子通信公约〉的解释性说明》，第 48 段。

④ 无论对我国《电子签名法》第 3 条第 1 款与第 2 款中的"约定"进行文义解释，还是进行体系解释、整体解释、目的解释，该"约定"指的就是允许使用电子签名、数据电文的合意。

歧视原则。

具体而言，按照《电子签名法》第3条第2款的规定，当事人约定允许使用的，电子签名、数据电文的效力将被认可；[①] 当事人约定不得使用的，电子签名、数据电文的效力将不被认可。问题在于网络交易实践中，当事人就电子签名、数据电文的使用通常是不置可否，不作任何约定，在这种情形下，是否认可电子签名、数据电文的效力？[②] 例如，消费者通过微信商城来购买商品时，甚至并未订立十分明确的合同。对此，《电子签名法》第3条第2款未予明确，不过，对该款进行反对解释可以得出结论：非经当事人约定的，不得使用电子签名、数据电文，否则无效。对该款进行体系解释、目的解释也会得出相同结论。[③] 但是，这将导致大量事实上应当有效的电子签名、数据电文被认定为法律上无效，呈现背反。笔者认为，出现这种背反现象的原因在于《电子签名法》第3条第2款过度实施意思自治而完全放弃国家他治，并且意思自治的实施方式与通常的网络表意习惯背道而驰，致使那些理应有效的电子签名、数据电文囿于当事人意思的缺位而被认定为无效。

（二）域外相关立法例评析

各国法在电子签名、数据电文的效力认可上是否实施意思自治有所

---

① 笔者在此处简略了行文，指当事人约定允许使用电子签名、数据电文的，不得仅因电子签名、数据电文的形式而否定其法律效力。电子签名、数据电文是否真正有效，主要取决于调整相应关系的法律的规定。例如，对于电子要约不得仅因其形式而否定效力，至于其是否有效，取决于《民法典》合同编对要约条件的规定，下同。

② 当事人双方虽未就电子方式的使用作出约定，但均以电子方式往来，可以认为存在允许使用电子方式的默示合意，但这仍然存在一方嗣后反悔，以无约定为由主张电子签名、数据电文无效的可能。网络交易多发生于不可能事先作出约定的陌生人之间，在一方向另一方首先发出电子签名、数据电文时并无默示合意存在，是否认可电子签名、数据电文的效力仍是《电子签名法》第3条第2款所面临的一个一般性的问题。

③ 因为《电子签名法》第3条实行意思自治的整体用意是由当事人自行衡量网络风险，协商决定是否采取电子方式，在当事人无约定时，自然不得使用电子方式。（例如，从广州中院“北京卓江贸易有限公司与潘某锋劳动争议二审民事判决书”中可以看到，一审法院否定涉案电子邮件的证据力的一项理由便是双方未约定可以使用电子签名、数据电文）如果不做这种解释，《电子签名法》第3条允许当事人就得否使用电子方式作出约定的规定将毫无意义。而且，在双方民事行为之外，第3条还允许就单方民事行为得否使用电子方式作出约定，而这种约定只能是事前约定。

不同，这主要表现为电子签名、数据电文效力认可规则究竟为强行性规则，还是任意性规则。采取强行性规则的立法例相对较少，例如，《欧洲示范民法典（草案）（学者建议稿）》第I－1：107条第1款规定："本示范规则所称的签名，包括手写签名、电子签名或高级电子签名，以及可被推定为签名人所签署的任何标记。"① 在强行性的电子签名、数据电文效力认可规则下，无论当事人是否愿意，电子签名、数据电文均为有效。

多数立法例采取的是任意性规则，并大多采取"表里不一"式的立法技术，即整体上实施意思自治，电子签名、数据电文效力认可规则虽在表面上为强行性规则，但整体看来却为任意性规则。例如，贸法会《电子商务示范法》第5条第1款表现为强行性规则，"不得仅仅以某项信息采用数据电文形式为理由而否定其法律效力、有效性或可执行性"。不过，由于第4条（经由协议的改动）优先适用，当事人可以协议排除第5条的适用，第5条实际为任意性规则。《美国统一电子交易法》亦是如此，第7条a款似乎为强行性规则，"一项记录或签名的效力或可执行性不得仅仅只是因其为电子形式而被否认"。但按照第5条b款的规定，第7条a款的适用以当事人同意使用电子方式为前提，"本法仅适用于每一方均同意以电子手段进行交易的当事人之间的交易。当事人是否同意以电子手段进行交易，由上下文和周围情势，包括当事人的行为来确定。"这一规定虽然针对的是《美国统一电子交易法》的适用对象，但效果却是将当事人同意作为认可电子方式的前提，似与我国《电子签名法》第3条第2款相同，但两者其实相去甚远。因为《美国统一电子交易法》第5条b款中的"同意"不仅包括当事人约定，还包括在无当事人约定时根据当事人行为、所处情境等扩展解释的"同意"，十分宽泛，而我国《电子签名法》第3条第2款中的"约定"并不包括这些情形。在各国电子商务法中，如《美国统一电子交易法》

① 《欧洲示范民法典草案》直接变更传统的签名概念与签名规则，将电子签名规定为签名，从而一体解决了电子签名的效力认可与效力内容两个问题。对于电子商务法而言，囿于无法变更传统法上的签名概念与签名规则，因此不能采取这种解决方案。

第5条b款一样的意思表示扩展解释规则十分常见，被用于补充电子商务中的意思自治。

基于对网络安全风险的考虑，在电子签名、数据电文的使用及效力认可上的确应当实施意思自治，但若因此而要求当事人在每一例电子交易中均就电子签名、数据电文的使用作出约定无疑难以实现，并且在实践中当事人往往不会就此作出任何表示，这将导致在法律上无法认定那些理应有效的电子签名、数据电文的有效性。为解决在电子签名、数据电文效力认可等问题上意思自治与网络表意习惯之间的矛盾，电子商务法对当事人的意思进行扩展，甚至在当事人未作表示时也扩展出允许或同意的意思，从而使对电子签名、数据电文效力的缺省性认可满足了意思自治的要求。这其实是在欠缺当事人意思的场合以意思自治之名行国家他治之实，虽与网络交易实践相符，却有违意思表示传统理论与规则，因此电子商务法需要特设意思表示扩展解释规则。例如，贸法会《国际合同使用电子通信公约》第2条第2款规定，该公约中的规定概不要求当事人使用或接受电子通信，但可以根据当事人的作为推断其是否同意使用或接受电子通信。《新加坡电子交易法》第5条、《新西兰电子交易法》第16条、《加拿大统一电子商务法》第6条也作了类似规定。这种立法技术使电子商务中当事人的意思自治主要表现为对电子签名、数据电文的反向排除，而不是通常的正向允许，所造成的结果是除非当事人明确排除，否则所使用的电子签名、数据电文将被认定为有效。我国《电子签名法》第3条第2款的规定与此相反，除非当事人明确约定，否则所使用的电子签名、数据电文将被认定为无效，产生这种差别的原因在于我国《电子签名法》未如上述立法例一样设置意思表示扩展解释规则，导致无法缺省性地认可电子签名、数据电文的效力。

（三）相关实践情形分析

如前所述，我国《电子签名法》第3条第2款中的“约定”是指合意，那么，除非另有交易习惯，否则只能在以下三种情形下认可电子签名、数据电文的效力：（1）事先约定，即当事人事先签订允许使用电子签名、数据电文的合同。（2）事中约定，即当事人的每一份文件都包含有可以使用电子签名、数据电文的附款。（3）事后约定，即当事人以事后补充协议认可之前所使用的电子签名、数据电文的效力。需要注意的是，当事人的这三种约定都得是非电子式的（多为纸面文件），否则属于在无约定的情况下使用了电子签名、数据电文，约定本身无效，自然不能达到认可电子签名、数据电文效力的目的。《电子签名法》第3条第2款的目的本是认可电子方式的有效性、推动无纸化交易的发展，但却不当实施意思自治，造成无纸化交易需以有纸化约定为前提的悖逆结果。而且，网络交易大多表现为陌生人交易，要求陌生人就电子签名、数据电文的使用作出非电子式约定有违网络使用习惯与常理。事实上，在网络交易中基本不会存在这种非电子式约定。例如，在京东商城、当当网、淘宝网等购物网站开立账户、购买商品以及通过支付宝等第三方支付平台支付款项，从未出现也不可能出现非电子式约定。按照《电子签名法》第3条第2款的规定，这些网络交易中的电子签名、数据电文都是无效的，但是这些网络交易都得以顺利完成，电子签名、数据电文处于法律上无效但事实上有效的背反状态。《电子签名法》第3条第2款明显是将纸基思维用于无纸化环境，完全背离了网络交易实践，其结果便是被实践弃之不顾。

（四）规则修正建议

通过对网络交易实践的分析可见，电子签名、数据电文效力认可规则应当能够对电子签名、数据电文的有效性进行合理的缺省性认定，否则网络交易将处于不稳定的状态。那么，立法应当选用强行性规则还是任意性规则？笔者认为，网络安全风险的存在使主体的预见性较弱，不确定性与不安全感较强，在电子签名、数据电文的使用及效力认可上，规则应当允许当事人意思自治。《德国民法典》选用强行性规则虽可发挥缺省作用，但排除意思自治并不妥当，在《德国民法典》第126条第3款下，当事人甚至无法拒绝电子签名、数据电文的使用。因此，立法不应选用强行性规则，而应选用任意性规则。任意性规则按照发挥作用的场合以及功能的不同，分为解释性的任意性规则和补充性的任意性规则，① 立法应当选用何种任意性规则，不无疑问。

解释性的任意性规则和补充性的任意性规则虽均可用于弥补当事人意思表示的不足，但解释性的任意性规则旨在消除当事人意思表示的不清楚或不精确，补充性的任意性规则的价值在于国家在当事人没有意思表示时，可以替代当事人意思进行相关权利义务安排。②《电子签名法》第 3 条第 2 款属于解释性的任意性规则，然而考虑到网络交易中的当事人很少会就电子方式的使用作出约定，若寄望于当事人完全意思自治而以解释性的任意性规则来解释可能根本就不存在的意思，既减损了法律的功能、增加了交易成本，也背离了网络交易实践。相形之下，选用补充性的任意性规则，以国家他治弥补意思自治的不足，既能发挥缺省认可作用，又能尊重当事人意思，更符合在电子签名、数据电文效力认定上的网络交易实践与立法目的。笔者认为，应将《电子签名法》第 3 条第 2 款修正为补充性的任意性规则："不得仅因电子签名、数据电文的形式而否定其法律效力，当事人另有约定的除外。"③ 规则前段采取反向否定方式对电子签名、数据电文的效力进行一般性认可，起缺省认可作用。规则后段将当事人的意思自治规定为反向表达不得使用的意思，而非正向表达可以使用的意思。这种双向否定式的规则可以扭转《电子签名法》第 3 条第 2 款原来的逻辑，将电子签名、数据电文的缺省效力状态从无效转为有效，更适应实践中不置可否式的网络表意习惯。采取这种修正方法，可以达到与前述立法例相同的效果，但不必特设意思表示扩展解释规则，从而可以更好地与传统意思表示理论相接洽。

---

① 参见王轶：《论合同法上的任意性规范》，载《社会科学战线》2006 年第 5 期。

② 参见刘恬：《任意性规范与意思自治关系之德国法考察》，载《郑州大学学报（哲学社会科学版）》2012 年第 2 期。

③ 笔者认为，《电子签名法》第 3 条第 1 款的主要作用是宣示当事人可就是否使用电子方式进行意思自治，修改后的第 3 条第 2 款完全可以起到这种作用，因此可以考虑将第 3 条第 1 款与第 2 款合并为："民事活动中的合同或者其他文件、单证等文书不得仅因电子签名、数据电文的形式而否定其法律效力，当事人另有约定的除外。"

三、增设电子签名效力内容规则

（一）我国《电子签名法》相关规定存在的问题

一项不得因形式而被否定效力的电子签名是否有效以及具有何种效力似乎是不言自明的，其实不然。这是基于以下两方面的原因：(1) 电子签名效力认可规则只是表明不得因电子签名的形态而否定其效力，并未涉及电子签名具体的效力状态。(2) 电子签名在方式、形态、功能等方面迥异于手写签名，甚至在很多场合下根本就不像“签名”，在无法律明确规定时，既不能比照手写签名简单的有效条件来认定电子签名的有效条件，也不能望文生义，因电子签名的“签名”二字便想当然地认为电子签名具有等同于手写签名的效力（功能等同效力）。因此，电子商务法在规定电子签名效力认可规则之余，还需要规定电子签名效力内容规则，进一步明确电子签名的有效条件与效力内容。我国《电子签名法》第 2 条第 1 款所定义的电子签名包括一般电子签名与可靠电子签名，《电子签名法》第 13 条规定了可靠电子签名的有效条件，[①] 第 14 条规定了可靠电子签名的功能等同效力，“可靠的电子签名与手写签名或者盖章具有同等的法律效力”。《电子签名法》未规定一般电子签名的有效条件与效力内容，那么一般电子签名在何种情形下有效、具有何效，不无疑问。

除第 14 条外，《电子签名法》别无其他条款对电子签名的效力内容作出规定，基于反对解释，仅规定较为安全的可靠电子签名具有功能等同效力，那么，不够安全的一般电子签名便不具有功能等同效力。但是，一般电子签名不可能不具有功能等同效力，否则规定一般电子签名没有任何价值。[②] 因此，若简单地从文义的角度将《电子签名法》第 14

---

① 《电子签名法》第 13 条将可靠电子签名分为法定可靠电子签名（第 13 条第 1 款）与约定可靠电子签名（第 13 条第 2 款），前者须符合四项严格的法定条件，后者符合约定条件即可。可靠电子签名之外的电子签名为一般电子签名。

② 电子签名不能直接类推适用手写签名规则，因此，认可一般电子签名，就必须明确其之效力内容，否则这种认可是没有意义的，因为无法确定一般电子签名究竟具有什么效力。

条看作可靠电子签名效力内容规则，将严重违背《电子签名法》“确立电子签名的法律效力”的立法目的，我们只能将《电子签名法》第14条理解为电子签名折中立法模式中的可靠电子签名推定规则（详见下文论述），[①] 一位参与《电子签名法》立法的学者亦称第14条系对可靠电子签名法律效力的推定。[②] 不过，推定是根据已经存在的事实，假定另一事实的存在，[③] 无论是事实推定还是法律推定，所指向的均非效力，而是事实，[④] 而事实与证据相关，并允许反驳。然而，《电子签名法》第14条却直接推定出可靠电子签名的效力，并且看不出允许反驳、反证。更为关键的是，无论怎样解释第14条，都无法依据《电子签名法》来认定一般电子签名的效力内容，以至于诸多法院裁判都不得不引用适用于可靠电子签名的第14条来认定一般电子签名的效力内容。笔者认为，《电子签名法》第14条存在极大法律漏洞，歧视一般电子签名，脱离网络交易实践。

（二）域外相关立法例评析

各国对电子签名效力内容规则的规定与所采取的电子签名立法模式相关，国际上主要有技术特定模式、技术中立模式与折中模式这三种立法模式。技术特定模式主要见于早期电子商务立法，该种模式仅接受数字签名，过度偏向特定技术，会阻碍技术在后期的积极发展，[⑤] 缺陷明显。技术中立模式与折中模式遵循技术中性，接受所有电子签名，不会限制技术的发展，为多数国家电子商务立法所采取。技术中立模式与折中模式的区别主要表现在是否区分电子签名的类型上，前者不作区分，

---

① 《电子签名法》第14条在立法之时究竟是作为可靠电子签名效力内容规则还是作为推定规则，无从查考，笔者只是从电子商务立法技术的角度对第14条进行逻辑推导。

② 参见杨坚争：《〈中华人民共和国电子签名法〉释义》，载高富平主编：《电子合同与电子签名法研究报告》，北京大学出版社2005年版，第202页。

③ 参见叶自强：《事实上的推定与法律上的推定》，载《人民法院报》2001年10月26日，第3版。

④ 在民事诉讼法上，推定指向的是事实，在民事实体法上也是如此，所谓不动产登记、动产占有具有权利推定效力实质上也是推定出登记人、占有人拥有权利的事实，而非推定出一种效力来。

⑤ 参见孙占利主编：《电子商务法》，厦门大学出版社2013年版，第195页。

后者则将电子签名区分为一般电子签名与可靠电子签名。[①] 但即便采取相同的立法模式，各国对电子签名效力内容规则的规定也存在很大差异。

我国《电子签名法》官方释义指出，《电子签名法》第14条参考了贸法会《电子商务示范法》的规定。[②] 但是，贸法会《电子商务示范法》采取的是技术中立模式，不区分电子签名的类型，未规定可靠电子签名。《电子商务示范法》的电子签名效力内容规则（第7条）为所有电子签名设定了相同的有效条件与效力内容。该条规定，如法律要求要有一个人签字，则对于一项数据电文而言，倘若情况如下，即满足了该项要求：（1）使用了一种方法，鉴定了该人的身份，并且表明该人认可了数据电文内含的信息；（2）从所有各种情况看来，包括根据任何相关协议，所用方法是可靠的，对生成或传递数据电文的目的来说也是适当的。

对可靠电子签名作出规定的是贸法会《电子签字示范法》。贸法会《电子签字示范法》试图在贸法会《电子商务示范法》的高度总括性与涉及特定签字技术时可能所需的专门性之间来处理电子签名法律问题，[③] 因此转采折中模式，区分一般电子签名与可靠电子签名。不过，贸法会《电子签字示范法》一体规定、同等对待一般电子签名与可靠电子签名，在第6条第1款为二者设定了相同的有效条件与效力内容。该款规定，凡法律规定要求有一人的签字时，如果根据各种情况，包括根据任何有关协议，使用电子签字既适合生成或传送数据电文所要达到的目的，而且也同样可靠，则对于该数据电文而言，即满足了该项签字要求。贸法会《电子签字示范法》第6条第3款进一步明确了可靠电子签名的有效条件。该款规定，就满足第1款所述要求

---

① 折中模式立法例是按照技术安全程度的不同对电子签名类型进行区分，各国在电子签名的具体类型及相关概念上虽有差异，但可简单理解为做一般电子签名与可靠电子签名的基本类型区分。

② 参见安建、张穹、杨学山主编：《中华人民共和国电子签名法释义》，法律出版社2005年版，第63页。

③ 参见贸法会：《电子签字示范法及其颁布指南（2001）》，第34段。

而言，符合条件的电子签字视作可靠的电子签字。不过，该款并未设定可靠电子签名区别于一般电子签名的特殊条件，而仅是从技术的角度具体化了第6条第1款中的“可靠”条件，对可靠电子签名的生效标准予以明晰。在贸法会《电子签字示范法》中，无论是可靠电子签名，还是一般电子签名，只要满足“适当且可靠”的条件，便具有“满足签字要求”的效力内容。贸法会随后的《国际合同使用电子通信公约》又从折中模式转回技术中立模式，对电子签名效力内容规则的规定基本同于贸法会《电子商务示范法》。这主要是因为贸法会认为不得因为采用功能等同的方法而要求电子商务用户遵守比纸面文件环境下更加严格的安全标准，并增加与其相关的费用。[①] 但无论采取何种模式，贸法会始终遵循技术中性，不实行功能等同歧视，同等对待所有电子签名。

各国法上的技术中立模式主要源于贸法会《电子商务示范法》，美国、法国、印度、新西兰、墨西哥、韩国、南非等国采取这种模式，[②] 不区分电子签名的类型，对所有电子签名进行统一规定。在技术中立模式下，各国对电子签名效力内容的规定基本相同，即电子签名满足法律对签名的要求，或具有等同于手写签名的效力，但对电子签名有效条件的规定有所不同。《美国统一电子交易法》甚至未对电子签名的有效条件作出规定，对此，美国统一州法委员会认为，有效的签名并不限定使用特定的技术，如果具有签名意图，那么应答设备中的人声、电子邮件中人的姓名或公司的名称等声音、符号均可构成有效的签名；如果没有签名意图，即便主体使用的是数字签名，可能也不会构成有效的签名；在任何场合，电子签名有效的关键因素是为达到签名目的而使用声音、符号、过程等的签名意图。[③] 这种态度在《美国统一商法典》买卖篇

---

① 参见贸法会《贸易法委员会秘书处关于〈联合国国际合同使用电子通信公约〉的解释性说明》，第134段。

② 参见贸法会《增进对电子商务的信心：国际使用电子认证和签名方法的法律问题》，第87段。

③ See NCCUSL，Uniform Electronic Transactions Act（1999），Comment 7.

2003 年的修订中也得到了体现。

折中模式立法在技术中立模式的基础上，吸收技术特定模式的优点，将电子签名区分为一般电子签名与可靠电子签名，并向安全程度高的可靠电子签名适度倾斜，以保障网络交易安全。但是，同采折中模式的立法在电子签名效力内容规则上的差别很大。《欧盟电子签名的共同体框架指令》（1999/93/EC）将电子签名区分为（一般）电子签名、高级电子签名、合格电子签名（后两者一般为数字签名，属于可靠电子签名），[①] 该指令虽然认可所有电子签名的有效性，但仅规定合格电子签名具有等同于手写签名的效力内容，未就一般电子签名的有效条件与效力内容作出规定。这是因为《欧盟电子签名的共同体框架指令》试图推动电子商务在欧盟内部市场的整体发展，建立统一的电子签名认证体系，因此主要围绕可予认证的合格电子签名进行规定。[②] 欧盟各成员国对该指令的转化存在不同，以德国、法国为例，德国 2001 年《关于电子签名框架的立法》采取折中模式，在各方面与《欧盟电子签名的共同体框架指令》保持一致，规定合格电子签名在法律关系中与亲笔手写签名具有同等效力，未规定一般电子签名的有效条件与效力内容。《德国民法典》在电子签名上准用《德国关于电子签名框架的立法》的规定。德国成文法不存在一般电子签名效力内容规则，这在实践中引发困扰，而在判例法上，德国联邦最高法院在 2008 年的一份判决中指出，接受使用带有签名扫描图像的数据电文的电子通信手段提交某些诉讼文件与现行判例法的精神是一致的，[③] 即认可一般电子签名具有签名效力。法国的 2000 年第 230 号法案（Evidentiary law and electronic signature bill）虽然接受了欧盟指令关于电子签名认证

① 《欧盟电子签名的共同体框架指令》中的这三种电子签名的安全程度顺次增强。另外，《欧洲示范民法典草案》在电子签名规则上虽然参考了《欧盟电子签名的共同体框架指令》，但未采取这种三级制区分，而是将电子签名分为（一般）电子签名与高级电子签名。

② 技术因素决定了可予认证的仅是合格电子签名。《欧盟电子签名的共同体框架指令》虽然规定了高级电子签名的有效条件，但未规定效力内容。

③ 贸法会《增进对电子商务的信心：国际使用电子认证和签名的法律问题》，第 1106 段。

的规定，但在立法模式上吸收的却是贸法会《电子商务示范法》的技术中立模式。《法国民法典》根据该法案在第 1316 条下增加了 4 项规则，不区分电子签名类型，一般性地规定电子签名的效力内容是表明签名人的同意，电子签名的有效条件是能够识别签名人身份、保证文书的完整性，并能够使用可行的鉴别方法将电子签名与相关行为联系起来。

俄罗斯 2011 年《电子签名法》采取折中模式，将电子签名区分为简单电子签名与强化电子签名，又将强化电子签名分为基于合格证书的、非基于合格证书的强化电子签名，但无论何种电子签名，均具有相同的效力内容，即满足法律对签名的要求。俄罗斯 2011 年《电子签名法》还对各种电子签名的使用场合、签名方式、有效条件进行了详细规定，这在各国电子商务立法中是比较少见的。新加坡 2010 年《电子交易法》采取折中模式，区分一般电子签名与安全电子签名，先一体规定电子签名（包括一般电子签名与安全电子签名）的有效条件（能够识别主体身份、表明主体意图、适当且可靠）与效力内容（满足法律对签名的要求），然后在此基础上特别规定安全电子签名推定规则。新加坡 2010 年《电子交易法》在安全电子签名推定上并不是如我国《电子签名法》第 14 条一样推定安全电子签名具有等同于手写签名的效力，而是电子签名一旦构成安全电子签名，则推定由名义签名人①签署，而非被冒用。

我国《电子签名法》采取的是折中模式，在笔者看来，折中模式立法例的根本差异主要体现在对待一般电子签名的态度上，而在可靠电子签名的类型及有效条件上的差异其实仅是对功能等同法的不同衍化。《欧盟电子签名的共同体框架指令》《德国关于电子签名框架的立法》等立法过度倾向于可靠电子签名，未规定一般电子签名效力内容规则，存在与我国《电子签名法》相同的缺陷。立法之所以需要对可靠电子

① 一般情况下，发件人即为名义签名人，但在电子签名被冒用的场合，发件人并非名义签名人。例如，甲盗用乙的电子签名制作数据，冒乙之名，向收件人发送电子签名、数据电文，甲系实际签名人，乙系名义签名人。

签名在效力上等同于手写签名作出规定，是因为即便是可靠电子签名，也不能直接套用手写签名规则，若不作规定，将无法认定可靠电子签名的效力内容。这一点同样适用于一般电子签名，一般电子签名广泛存在，认可其有效性，却又不确定其具有何种效力，又有何意义呢？折中模式的核心是在技术中立的基础上推动安全技术的使用，而罔顾一般电子签名无疑脱离了技术中立基础。

（三）相关实践情形分析

有学者认为，我国《电子签名法》第 14 条之后的条款已经脱离了技术中立，走上了技术特定化的道路。从整体上看，我国《电子签名法》通过既强调技术中立又突出特定技术方案的做法很好地兼顾了中立性与可操作性，既照顾了面又突出了点，看起来近乎完美。[①] 但笔者认为，过度倾向于可靠电子签名、漠视一般电子签名与我国相关网络交易实践并不吻合。交易的类型、主体、环境、金额等因素决定了交易对电子签名的类型需求、安全需求，许多交易并不需要使用安全程度更高的可靠电子签名。可靠电子签名大多由企业级用户运用于 B2B 市场，而在以自然人用户为主的 B2C、C2C 市场中，所使用的基本上都是一般电子签名。对于消费者来说，所使用的主要是输入密码、登录账户、点击购买等一般电子签名，使用可靠电子签名的机会是极少的，淘宝网、当当网、京东商城等国内大型 B2C 网站的页面甚至根本就没有向消费者提供使用可靠电子签名的机会。现今，电脑端电子商务已经大幅萎缩，移动端电子商务快速发展，而面向移动设备的可靠电子签名技术寥寥无几，移动端电子商务进行的基本上都是一般电子签名。然而，这些广泛存在于网络交易实践的一般电子签名无法依据《电子签名法》来认定有效条件与效力内容，这不能不说是《电子签名法》的重大疏漏。并且，这种疏漏已经对司法实践产生了不利影响，笔者于 2015 年 12 月 28 日通过北大法宝数据库检索到适用《电子签名法》第 14 条规定的共有 22 篇裁判文书，其中 17 篇涉及的是用户的银行储蓄密码，法院无一

---

① 参见阿拉木斯：《反思电子签名法》，载《信息网络安全》2005 年第 8 期。

例外都适用了第14条的规定，这明显属于法律适用错误，因为用户的银行储蓄密码并非可靠电子签名，而是一般电子签名，但除《电子签名法》第14条外又别无可资援引的条文。

我国《电子签名法》重视网络交易的安全性，一般电子签名的安全性的确远弱于可靠电子签名，但这并不能构成不规定一般电子签名效力内容规则的理由。首先，电子签名效力内容规则系诸多电子商务法律规则的适用前提，属电子商务法的底层规则，除非对之作出明确规定，否则无法借助逻辑推导等方式得出。因此，无论是可靠电子签名，还是一般电子签名，其效力内容规则均应在电子商务法中得到明确，否则既影响对电子签名有效条件与效力内容的认定，也影响其他规则的适用。其次，大量网络交易使用一般电子签名，不规定一般电子签名效力内容规则将无法为此类交易的效力认定提供法律支撑，交易的安全性又从何谈起？再次，在一般电子签名效力内容规则中设定较严格的法定有效条件，由法官在个案中综合当事人的交易环境、惯例、证据等因素对之作出认定，也可以在一定程度上保障一般电子签名的安全性。最后，非歧视原则要求立法应“避免歧视任何电子签字形式，即使该形式在某种场合下可能看来不够精致和安全，任何电子签字技术，只要从所有情形来看，包括根据当事方之间的任何协议都认为足够可靠，那么便可产生法律效力”①。总之，认可一般电子签名的有效性却不明确其之有效条件与效力内容，并不应当。

（四）规则修正建议

由上述分析可见，我国《电子签名法》虽采主流的折中模式，但存在一般电子签名有效条件与效力内容不明、可靠电子签名推定规则规定有误等问题。对此，笔者认为，我国《电子签名法》应当增设电子签名效力内容规则，一体规定一般电子签名、可靠电子签名的有效条件与效力内容，并对可靠电子签名推定规则进行修正。

---

① 参见贸法会：《电子签字示范法及其颁布指南（2001）》，第118段。

1. 一体规定电子签名的有效条件与效力内容

迥异于手写签名的电子签名之所以能够在效力上等同于手写签名，不是因为电子签名概念中的“签名”二字，而是因为电子商务立法经过电子签名定义规则与效力认可规则的铺垫，最终通过电子签名效力内容规则，使具备法定有效条件的电子签名得以认定与手写签名功能等同、效力等同，可靠电子签名与一般电子签名均是如此。因此，若无一般电子签名效力内容规则，电子签名效力规则框架将出现逻辑脱扣，无法认定一般电子签名在何种情形下有效以及具有何种效力，导致法律的行为准则功能与裁判准则功能处于缺位状态，我国法院不得不错误地引用《电子签名法》第 14 条便是明证。立法青睐更为安全的可靠电子签名并无不可，却不可漠视一般电子签名，否则无疑走向了落后的技术特定模式，笔者认为，我国《电子签名法》并未确立广泛存在于实践的一般电子签名的法律效力，而要实现“确立电子签名的法律效力”的立法目的，就必须补充一般电子签名效力内容规则。

一般电子签名与可靠电子签名的区别仅在于安全程度的不同，而不在于功能的不同以及进而产生的效力差别，正如贸法会及新加坡等国的规定，二者应对应相同的有效条件与效力内容，应合并于同一条文一体规定。笔者认为，在我国《电子签名法》现行规定的基础上，应当增设一体式的电子签名效力内容规则：电子签名符合下列条件的，满足签名的要求：（1）能够识别签名人身份并表明签名人对数据电文内容的意图；（2）电子签名的使用适合生成或传送数据电文的目的，并且可靠。该规则遵守功能等同原则与非歧视原则，不限制电子签名技术、媒介、类型，在电子签名定义条款、效力认可条款的基础上一体设定一般电子签名与可靠电子签名的有效条件①与效力内容。无论是一般电子签名，还是可靠电子签名，只要满足两项法定有效条件，均可产生效力。

① 在电子签名的有效条件下，该规则主要参考的是贸法会《电子商务示范法》《电子签字示范法》的规定。

考虑到电子签名的使用场合大于手写签名，电子签名与手写签名在签名目的与作用上也存在较大差异，该规则明确了电子签名的效力内容是“满足签名的要求”，而非“与手写签名具有同等的法律效力”，这可以保持规则弹性，避免将电子签名束缚于手写签名之内。[①] 需要指出的是，在新增的效力内容规则下，《电子签名法》第 13 条（可靠电子签名的有效条件）的规定不能看作为可靠电子签名设定了有别于一般电子签名的特殊有效条件，而应看作从技术角度对效力内容规则中的“可靠”条件的细化，用以认定电子签名是否构成可靠电子签名。《电子签名法》第 13 条主要用于简化对可靠电子签名的生效判断，并构成可靠电子签名推定规则的适用基础。而就可靠电子签名的有效条件而言，折中模式立法例在此之上的差异反映出各国对电子签名安全性的不同理解与需求，我国《电子签名法》第 13 条规定的可靠电子签名有效条件似过于严苛，在很多场合难以全部实现，由此导致一些在事实上可靠的电子签名难以被认定为法定可靠。[②] 对可靠电子签名有效条件的问题颇有进一步研究的必要。

2. 修正可靠电子签名推定规则

如前所述，若将我国《电子签名法》第 14 条理解为可靠电子签名效力内容规则将严重违背立法目的，产生否定一般电子签名效力的错误，并且根本不能达到推动使用可靠电子签名的初衷。[③]《电子签名法》第 14 条实际上是可靠电子签名推定规则，而折中模式对可靠电子签名的推动使用也主要是通过特别设定可靠电子签名推定规则，使可靠电子

---

① 手写签名的作用较为单一，而电子签名不仅有签名作用，还有其他作用，这意味着电子签名的效力内容不限于签名效力，例如可靠电子签名还拥有归属效力，用于判明数据电文的归属。随着电子签名技术的发展，电子签名在将来可能还会拥有其他效力，“与手写签名具有同等的法律效力”的表述可能会限制电子签名的效力内容。

② 《电子签名法》第 13 条还允许当事人自由约定可靠电子签名的有效条件，这虽然可以弱化法定有效条件的严苛性，但第 13 条却没有对当事人的约定加以限制，这可能会导致对可靠电子签名法定有效条件的规定在某些场合被架空。对可靠电子签名有效条件的设定，以及在此之上应否实施意思自治，在很大程度上同各国的技术与电子商务发展水平相关。囿于篇幅，本文不再展开分析。

③ 即便仅规定可靠电子签名具有功能等同效力，也无法达到推动使用可靠电子签名的目的，因为符合条件的一般电子签名同样具有功能等同效力。

签名获得相对于一般电子签名的推定优势来实现的：在电子签名效力内容规则的基础上，设定可靠电子签名的条件，通过可靠电子签名推定规则将可靠电子签名直接推定为由名义签名人所签署（并非被冒用），[①] 按照电子签名效力内容规则发生签名效力，除非以反证推翻推定；而一般电子签名囿于技术安全性的欠缺而不足够可靠，被冒用的可能性较高，法律无法为其设置推定规则，一般电子签名是否为名义签名人签署需要综合多种因素来判断，这一过程较为烦琐，还会涉及数据电文归属确认与归属推定规则的合并适用。两相比较，使用可靠电子签名无疑更为安全、高效，发生错误归属的法律风险更低，从而推动可靠电子签名的使用。另外，从规范体系逻辑的角度来看，一个简单的判断是：(1）一般电子签名的效力内容必须得到明确规定。(2）应当一体规定一般电子签名与可靠电子签名的效力内容。(3）没有必要重复规定可靠电子签名的效力内容，而应规定可靠电子签名区别于一般电子签名的推定。因此，《电子签名法》第 14 条应予修正，恢复到推定规则的本来面目。

虽然推定最终与效力相关，但推定直接指向的是事实，而非效力，[②] 其实是对证明责任的一种分配。[③] 在可靠电子签名推定中，只要收件人证明其收到的电子签名符合《电子签名法》第 13 条所规定的条件，构成可靠电子签名，基于对可靠电子签名安全性的信赖，无需其他证据便可推定出可靠电子签名由名义签名人签署的事实，进而将相应的数据电文归属于名义签名人。因此，可靠电子签名推定规则实为证据与证明规则，即便电子商务法不对之作出规定，而只设定可靠电子签名的条件，也可借助证据法推定出可靠电子签名由名义签名人签署的事实。不过，在立法上明确可靠电子签名推定规则有利于降低意思表示归属成

---

① 在目前技术条件下，可靠电子签名基本上就是基于公钥、私钥非对称加密体系的数字签名，签名的同时进行加密，收件人能以名义签名人的公钥解密的，便表明签名系名义签名人（其为私钥拥有者）所签署。

② 参见刘杰：《试论法律推定》，载《现代法学》1991 年第 5 期。

③ 参见马栩生：《因果关系推定的基本法律问题》，载《武汉大学学报（哲学社会科学版)》2004 年第 7 期。

本、提高网络交易效率，明确宣示法律对安全技术的偏好，推动可靠电子签名的使用。例如，新加坡2010年《电子交易法》第19条便在贸法会《电子签字示范法》第6条的基础上明确了可靠电子签名推定规则。该条规定，除非提出反证，否则推定安全电子签名是与其相关人的签名。

可靠电子签名推定规则作为证据与证明规则，所指向的仅是事实，对可靠电子签名效力内容的确定仍应以电子签名效力内容规则为依据，而我国《电子签名法》第14条却是在无电子签名效力内容规则的情形下便直接推定可靠电子签名具有功能等同效力，虽在结果上没有不同，却构成对一般电子签名的歧视。综上，笔者认为，在增设电子签名效力内容规则一体规定一般电子签名与可靠电子签名的有效条件与效力内容的基础上，应将《电子签名法》第14条修正为："除非有相反证据，否则推定可靠的电子签名由电子签名制作数据拥有人签署或授权签署。"使用可靠电子签名的，除非名义签名人提出有效反证，否则即可按照可靠电子签名推定规则直接推定系由名义签名人签署，无须收件人履行其他归属确认程序，便将相应的数据电文归属于名义签名人，按照电子签名效力内容规则发生签名效力。① 使用一般电子签名的，无法推定，而只能逐一审查是否具备法定有效条件，综合各种因素判断能否发生签名效力并将相应的数据电文归属于名义签名人。

第三节　数据电文归属规则的补充

在网络交易中，无论是通过计算机还是手持数字设备，消费者与

① 可靠电子签名的优势主要体现在简化生效判断与快速判明归属上。实际上，可靠电子签名的生效与归属推定是同时发生的，因为只有有效的可靠电子签名才能将相应的数据电文推定归属于名义签名人。从归属的意义上，可靠电子签名推定主要服务于数据电文归属推定与归属确认。

经营者都是通过数据电文往复的方式订立电子合同。以通过计算机进行淘宝购物为例，电子合同的订立过程如下：第一，经营者将商品信息上传至网络地址，这通常会构成要约。第二，消费者点击购买按钮，构成承诺。[①] 通过智能手机等手持数字设备进行网络购物的，流程也基本相同，只不过鼠标点击变成了手指触摸。不同的消费方式，电子合同的缔结过程有所不同，例如，以拍卖、抢购等方式订立的电子合同在技术流程、缔约机制上便与通常的网络购物有别。不过，法律一般也没有必要细致入微地针对这些具体的交易方式来修订传统的“要约—承诺”合同缔结机制，毕竟这些交易方式并未创设出新类型的合同。消费者、经营者在订立合同时的意思表示均通过数据电文进行，不仅如此，有时合同的履行也是通过发送数据电文来完成的。以无形财产为交易标的的电子合同，从交易磋商、合同订立到合同履行，可以均通过数据电文来实现，从而成为一个在某种意义上脱离实体世界的闭环。在网络上所实施的任何行为，均离不开数据电文。基于数据电文在网络活动中的重要作用，数据电文制度具有重要意义，在电子商务法中居于基础地位，也是电子商务法研究与立法的线索。在民法典视角下，数据电文制度是民法典规制网络交易的核心与基础，是电子商务法中的基础性法律制度。在消费者在线权益保护的视角下，数据电文制度也属于支撑电子商务、保护消费者在线权益的基础性法律制度。不过，我国《电子签名法》中的数据电文制度存在的问题较多，此处，笔者探讨的是完善数据电文归属规则，这对于规范电子合同订立、履行，进而保护消费者在线权益，具有基础意义。

---

① 在此方面，不同网站所设计的机制有所不同。有的是“直接购买”，直接完成合同的订立，导向支付页面。更多的是，消费者点击“购买”或“加至购物车”等按钮，然后在新打开的页面中点击“结算”或“提交订单”按钮，这才完成合同的订立，然后导向支付页面。总之，应当将消费者作出的明确的订立合同的意思表示的点击行为，认定为承诺。在这一点上，传统方式与电子方式，并无二致。《民法典》第 491 条的规定是，选择该商品或者服务并提交订单成功时合同成立，但是当事人另有约定的除外。

一、数据电文归属规则在消费者在线权益保护中的意义

法被认为是社会生活的组织方式，① 其以对权利义务的双向规定为调整机制，形成权利义务关系群。权利义务关系的第一要素是主体，在复数方当事人参加的交易中，作出意思表示的主体及由此所确定之权利义务主体必须确定。因此，意思表示必须被归属于特定的主体。在单方行为中也是如此，需要确定表意人的身份，由其承担相应的后果。但是在传统法中，似乎并不存在所谓的意思表示归属制度，规则并没有特别着意于如何确定表意人的身份。实际上，即便对于并无法律意识的人来讲，将某句话、某表示确定地归属于某特定人，也是一种风险控制本能。而在传统法上，也的确是存在意思表示归属制度的。例如，“当文字契约流行起来之后，由于没有笔迹鉴定，在许多国家，手印和印鉴就成为当时辨识契约真伪的最主要和最基本的证据”②。手印、印鉴便是一种意思表示归属手段。在传统的线下交易中，消费者与经营者的意思表示主要通过签名、笔迹、指印、印章、书面合同、发票、收据、行为等方式予以归属。

当消费者与经营者订立电子合同时，必须也能够将数据电文归属于相应的主体，否则无法判定意思表示究竟应当归属于谁，也就无法确定意思表示的效力。换句话说，如果消费者在网络上购物，但连买方、卖方的主体身份都无法确定，保护消费者在线权益就只会成为一句空话。例如，当消费者在网站上抢购到了某商品，那么便需要确定抢购者的身份。传统场合中的意思表示的归属在事实上已经成为一种常理，隐含于法律之中，只不过法律未设明文罢了。如果因意思表示的归属而产生争议，除非当事人和解，否则往往需要通过诉讼来解决。例如，在实体法上，要约人受要约的约束，但前提是可以确定到底谁是要约人。向受要

---

① 参见［法］雅克·盖斯旦、吉勒·古博：《法国民法总论》，陈鹏等译，法律出版社 2004 年版，第 4 页。

② 参见苏力：《法律与科技问题的法理学重构》，载《中国社会科学》1999 年第 3 期。

约人发送要约的人是不是就是名义上的要约人?[①] 这需要当事人提供证据进行证明。如此一来，确定意思表示归属的实体问题便演化成为程序法上的证据与证明问题，实体规范借助程序规范来实现其之目的。但无论如何，在传统法上的确是存在意思表示归属的，只不过规范往往未将之明确罢了。而在使用数据电文进行意思表示的场合，由于数据电文的技术特性不同以往，但又需要将意思表示进行归属，所以，实体法也就有了针对数据电文制定意思表示归属规则的必要，这主要包括签名、一般归属、归属推定、归属确认等。数据电文若不能实现将意思表示归属于主体（主要指处于发件人地位的表意人）的功能，则在实体法上根本不能成为表意手段；若不能具有诉讼证明力，则成为实体法上的表意手段亦无甚价值可言。在方法上，虽然简单地凭电子邮件地址等信息也可将数据电文进行归属，但数据电文主要借助电子签名来实现归属。不过，囿于物理属性上的差异，很多场合下，单凭简单的电子签名仍难实现与纸面文件等同的归属功能，尚需作为中间手段的归属推定规则与归属确认规则的辅助方能体现电子签名与数据电文间的可靠联系，或发件人与数据电文间的可靠联系，实现将数据电文归属于签名人的功能，并为诉讼中的证据可采性提供实体依据。数种规则结合构成数据电文的归属制度，可用于确定意思表示过程中的相关主体，这属于保护消费者在线权益中的基础性电子商务法律制度。关于签名问题，前文已述，此处研究的是数据电文其他的归属规则。

二、数据电文的一般归属规则

归属的一般归属规则针对的是一般情况下的数据电文归属，即确属发件人[②]发送、视为发件人发送的数据电文，即贸法会《电子商务示范法》第 13 条第 1 款与第 2 款所针对的情形。按照《电子商务示范法》

---

① 例如，甲为扰乱乙的经营，以乙的名义向丙发出要约。实际发送要约的人是甲，名义上的要约人是乙。

② 在意思表示往复中，消费者与经营者均会成为发件人、收件人。在电子商务立法上，主要使用的便是发件人、收件人的概念。

第13条第1款的规定，一项数据电文，如果是由发件人自己发送，即为该发件人的数据电文。按照第13条第2款的规定，数据电文在下列情况下发送时，应视为发件人之数据电文：(1) 由有权代表发件人行事的人发送；(2) 由发件人设计程序或他人代为设计程序的一个自动运作的信息系统发送。我国《电子签名法》第9条只规定了视为发件人发送的数据电文。该条规定，数据电文有下列情形之一的，视为发件人发送：(1) 经发件人授权发送的；(2) 发件人的信息系统自动发送的；(3) 收件人按照发件人认可的方法对数据电文进行验证后结果相符的。当事人对前款规定的事项另有约定的，从其约定。发件人自己发送或视为发件人发送，法律后果并无不同。在发件人的代理人或自动信息系统发送数据电文时，数据电文归属于发件人，法律效果自然也归属于发件人。

在淘宝网购物时，经营者与消费者一般使用阿里旺旺即时通信软件在线交流，内容一般是有关于消费标的信息、价格信息等，阿里旺旺软件会经常自动提醒消费者不要使用其他软件进行交流，否则所形成的信息将很难在淘宝网的争端解决程序作为证据使用。所涉及的其实也是数据电文的一般归属。淘宝网的合同订立机制是个相对封闭的机制，主体身份已经得到事前认定。在争端解决程序中，从阿里旺旺软件所调取的数据可以很方便地归属于相应的主体，即数据确由相应主体发送。可以说，一个谨慎的、严格遵从淘宝网交易规则的消费者，受骗上当的可能性还是比较低的。在淘宝网平台上进行的交易，越来越多的经营者参与淘宝网推出的真品保障、正品保障、如实陈述、保障卡等消费者保障服务项目，经营者先行向淘宝网支付保证金。若消费者与经营者发生纠纷，由淘宝网作为中立第三方进行裁断，即便经营者不同意，消费者也可自淘宝网获得先行赔付，淘宝网再自经营者保证金中扣取。支付宝平台的设计也基本可以确保双方当事人履行各自义务，消费者先行向支付宝上的经营者账户付款，若经营者不履行义务，消费者可要求退款。若经营者履行了义务，消费者不可能索回款项。买卖双方的支付行为、发货行为均可在网络交易平台上寻到相应的数据电文来证明。双方的意思表示及义务履行等均可归属。这一系列流程的实现除技术因素外，主要由网络交易平台以及当事人间的协议来保障。不过，除非买卖双方最终诉至法院，否则网络交易中的意思表示到底归属于现实中的“谁”，双方当事人在现实中的真实身份究竟为何，并不是重点问题。通过较完善的网络交易机制的设计，纠纷完全可以做到在虚拟环境中得到全部解决。然而必须承认的是，即便是按照淘宝网平台经过绞尽脑汁并不断修改的交易流程与交易规则，当事人的真实身份有时仍然无法彻底发现。

在淘宝网尚且如此，在 C2C 及微商等网络交易中更是如此。经营者通过微信朋友圈进行商品展示，然后作为经营者微信朋友圈内的“朋友”的消费者予以购买。此中，对于相关数据电文的发送、接收主体均是微信昵称，消费者权益受损的，目前尚难以从微信平台经营者，即腾讯公司方便地获得保护，腾讯公司在保密义务之下，难以简单地对经营者真实身份信息进行公示。鉴于交易金额一般较小，所以，大多数消费者一般都是自认倒霉。而若要提起诉讼，消费者会发现单靠自己的力量，根本就无法确定经营者在实体世界中的真实身份，诉讼便会因被告身份无从确定而无法提起。从数据电文归属的角度来看，一方面应当能够将存在于虚拟世界中的数据电文归属于虚拟主体（在上例中为经营者的微信昵称），另一方面应当能够将虚拟世界中的虚拟主体与实体世界中的实际主体进行身份关联。相较而言，第二个方面的实现更为困难，除非完全贯彻、执行网络实名制，否则基本上不大可能将两个世界中的主体身份予以一一对应。当然，这一问题与数据电文归属问题的关联并非很大，因为数据电文归属主要是要解决第一个方面的问题。如果第一个方面的问题不解决，根本就谈不上解决第二个方面的问题。

当事人真实身份得否确定与当事人真实身份是否确定是两个问题，因为，在大量的交易中完全不需要确定当事人的真实身份，否则经营者将支付较高成本，得不偿失。例如，在京东商城、亚马逊等网上商城购物时，消费者下单购买商品，网上商城将商品发送至指定地址、指定收货人。只要网上商城能够获得价款，其并不需要过度关注究竟是谁购买了商品，消费者的真实身份并不需要确定。也就是说，如果网络平台的交易机制设计较为合理，基本上并不需要解决第二个方面的问题，只解决第一个方面的问题足以保护消费者在线权益。但是，如果发生争议，例如消费者取走商品，却未付价款，经营者诉至法院，前提便是合同相对人（消费者）的身份得以确定。反之，若消费者已经付款，但经营者不发货，或虚假发货，或消费者要求经营者提供售后服务，消费者诉经营者，前提便是经营者的身份得以确定。此时，就必须要解决第二个方面的问题。因此，虽然在网络交易中，较完善的交易机制的设计可以保障交易的安全，甚至根本就不必确定当事人的真实身份，但在法律上，规则设定的出发点却不应是不必确定当事人的真实身份，而应是从发生纠纷的角度出发，令当事人的真实身份可得确定、意思表示及义务履行等可予归属。而无论如何设计精巧的商业模式、精细的法律规则，网络交易的虚拟性特质使当事人的真实身份可能确实无法在任何场合中均得以确定。若法律不对数据电文的归属作出规定，按照传统的实体法、诉讼法规则，也是可以对之进行确认的。只不过，对数据电文的归属情形与传统的意思表示归属情形有所不同，技术性较强，在证据的发现、提供等方面也有差异。并且区别于实体环境中的交易，网络环境中的交易当事人身份更易被伪造、盗用，因此网络交易对数据电文的归属有着更高的现实需求，若法律对数据电文的归属作出明确规定，可以快速地对数据电文进行归属，既有利于发挥法律的指引功能，也能提高交易的效率。这主要是指法律需要对归属推定规则与归属确认规则作出规定，以保障归属的可靠性、效率性，并对不可靠的归属进行风险分配。相形之下，归属一般规则的宣示性色彩更浓一些。例如，与贸法会《电子商务示范法》第 13 条第 1 款、第 2 款相比较，我国《电子签名法》第 9 条只规定了视为发件人发送的数据电文，而未对确属发件人发送的数据电文做出规定，虽有所不足，但也不会产生太大的问题。

三、数据电文的归属推定规则

数据电文的归属推定，指的是贸法会《电子商务示范法》第 13 条第 3 款所称的推定为发件人（名义上的发件人）发送的数据电文的归属。贸法会认为各国需要“通过推定或直接认定签字的某些技术特点与法律效力之间的联系”。[①] 电子签名与数据电文之间联系的可靠性由确认程序与推定规则来保障，其为确认数据电文归属的中间手段，在数据电文意思表示场合起着重要的纽带作用，而我国《电子签名法》对这两种规则均未明确。[②] 这对建立完善的网络交易规则、提升消费者在线权益保护水平不利。笔者认为，在确属发件人发送、视为发件人发送、推定发件人发送三类数据电文归属情形中，推定归属是常态，因为确属发件人发送的数据电文很难证明，[③] 往往需要通过证据进行证明，借助基础事实进行推定，视为发件人发送的数据电文也往往首先需要对代表发件人发件的人进行证明、推定。从这个角度上说，可以认为，确属发件人发送、视为发件人发送实际上包含于广义的推定发件人发送之中，只不过在推定的类型上、可靠性上有所区别。

（一）安全环境中的归属推定

美国犹他州《数字签名法》第 401 条第 3 款有“在下列情况下，以公钥证实的数字签名，推定为用户是以承认信息的真实性并愿受其内容约束的意愿而附加的”的规定。其之推定不仅包括归属推定，也包括发件人认可数据电文内容的推定，这主要是基于对数字签名的安全性的考察而作出的规定，即对发件人处于安全环境下的归属推定。新加坡 2010 年《电子交易法》也做了类似规定，该法第 18 条明确规定了与安全电子记录、安全电子签名有关的推定：

“（1）在任何使用了安全电子记录的程序中，被认为，除非有相反证据证明，否则推定安全电子记录从具有安全状态时便未被更改。

---

① 《电子签字示范法》第 6 条与第 8 条明确了签字人的行为、符合签字要求、签字的后果，第 6 条第 4（b）款是为了指明，示范法并不限制可能存在的对第 3 款设想的推定加以否定的任何可能性（见贸法会《电子签字示范法及其颁布指南 2001 年》，第 129 段）。

② 《电子签名法》规定了收件人对数据电文的验证（第 9 条），还对电子签名制作数据进行界定（第 34 条），但却未对确认程序、归属推定及相应的法律后果作出规定。

③ 例如，在实体环境中，确认要约系由某人发出，最直接、最可靠的方法是，相对人亲自从要约人手中接受要约文件。若要约通过信件、传真件发出，相对人并未亲眼看到要约人发出要约，将要约意思表示归属于信件的签名人或传真机拥有者，其实也是一种推定。

(2) 在任何使用了安全电子签名的程序中，被认为，除非有相反的证据证明，否则推定——

(a) 安全电子签名是被关联的人的签名；以及

(b) 安全电子签名被该人具有签署或同意电子记录的意图而签署。

(3) 缺少电子安全签名或者安全电子记录，不能依本章规定产生有关于电子记录或电子签名的真实性与完整性的任何推定。

……"

按照该款规定，当事人使用安全电子记录①，则推定该电子记录保持了真实性与完整性；当事人使用安全电子签名，便可推定该人即为签名人、表意人，并且其已经认可了电子记录中的内容。若当事人同时使用了安全电子记录与安全电子签名，则推定该当事人为表意人，认可了电子记录的内容，电子记录完整且真实，那么意思表示的主体与内容均得以确定。

如果数据电文使用了被认为十分安全可靠的技术（例如，发件人所使用的技术被认为难以破解，这主要依赖网络交易平台所使用的技术），或者技术虽非可靠，但使用封闭信道传输数据电文，可以认为发件人处于安全环境中，完全可以作出比较贴合客观事实的推定，因为事实为真的可能性远远高于事实为假的可能性。在法律上对此种归属推定作出明文规定的必要性在于：第一，极大降低归属的成本、提高效率，从而促进交易的快速进行，有利于鼓励交易；第二，增强相关证据的证明力，例如，只是凭可靠电子签名的使用便可推定该电子签名及相应的数据电文归属于电子签名制作数据拥有者；第三，明确诉讼上的证明标准，明

① 《新加坡电子交易法》规定了安全电子记录（secure electronic record），其他国家很少对之作出规定，不过《伊朗电子商务法》明确使用了安全数据电文的概念（secure data message）。《新加坡电子交易法》第 17 条第 1 款规定，如果一项特别安全程序或经当事人同意的商业合理的安全程序，已经适当地运用于一项电子记录，校验该电子记录自某特定时间起未被更改，该记录自该时间起至校验时被认作是安全电子记录。其之安全电子签名的条件基本同于我国的可靠电子签名。新加坡的规定对于数据电文与电子签名而言，区分出了安全数据电文、安全电子签名与非安全的数据电文、电子签名。这种体制更为合理。而我国《电子签名法》只侧重于可靠电子签名，详细规定可靠电子签名的条件，却未相应地规定可靠数据电文，而只是在原件规则中有所涉及。相较之下，新加坡的规定更为合理。

确法官的心证依据，指引当事人的证据提供。如果发件人非处于安全环境的话，便不能迅速作出这种推定来。对安全环境的判断，主要依据所使用技术的可靠程度、所处环境的安全程度来进行，如是否加密、加密是否会被轻易破解、传输信道是否安全、应答机制的设计是否存在安全漏洞、交易额的大小、交易对当事人的重要程度，等等。消费者通过较为安全的网络交易平台进行交易，便属于此类情形，如果频繁地需要在消费者与经营者之间进行身份确认、归属确定，交易将十分烦琐。例如，支付宝采取了较为可靠、安全的技术，虽经常遭受黑客攻击，却仍然保持着较高的安全性，支付宝本身的信息的真实性、可靠性还是值得信赖的。但在比特币交易中，却经常发生交易平台被黑客攻击，比特币被盗走的情形，此类环境属于非安全环境。

（二）非安全环境下的归属推定

在封闭的网络系统[①]中，封闭网络支持单个实体或一个现存的封闭用户群的运作，如参与银行同业支付系统、证券和商品交换的金融机构，或航空公司和旅行社组成的协会。[②] 由于系统封闭且规模相对较小，使用者往往需要注册真实身份，并遵循统一的系统运行规则，即便不使用看起来足够安全的技术，交易环境却依然较为安全可靠，数据电文或者电子签名的归属推定也是比较容易的。而在开放的网络系统中（也包括在公网线路上的大型虚拟封闭专用网络），归属推定相对困难一些。在C2C模式、微商模式以及较小型经营者参与的B2C模式中，经营者所使用的系统往往不足够安全，有时甚至是十分危险的，交易数据暴露于外，也缺少足够安全的身份确认机制。在发件人使用并非足够安全、可靠的技术的场合，数据电文及电子签名的归属便不会简单，例

---

① 这种封闭系统以起初的电子数据交换网络（Electronic Date Interchange，EDI）为典型，现在也不少见，例如很多单位内网与外网物理分隔，其内网便为封闭的网络系统。我国一些地方政府部门的电子政务平台便是一个封闭网络，不接入外网。这种内网与外网的物理分隔成本十分高昂，因此目前的许多封闭网络主要是虚拟封闭网络，使用公网线路，但通过技术手段创造一个虚拟的封闭网络。

② 参见贸法会《增进对电子商务的信心：国际使用电子认证和签名方法的法律问题》，第79段。

如，很难仅仅只是自电子邮件地址等便推定数据电文、电子签名是电子邮件地址拥有人所签署、发送。不过，综合考虑当事人间的相关协议、交易类型、交易惯例、相关情境等因素，也是可以进行推定的，只是这种推定比较麻烦，并且可靠性程度一般不如安全环境下的数据电文、电子签名的归属推定，往往需要借助其他证据辅助推定，依赖于个案中的法官自由心证。

区别于安全环境下的归属推定，在非安全环境下，虽然也进行归属推定，但法律却不宜设置明文进行归属推定。因为前者较为可靠，而后者却并非那么可靠。若在后者，法律也设置明文进行归属推定，可能会起到相反的作用。

例如，双方当事人使用非安全可靠的电子信箱进行电子邮件往来，针对这种以及类似的非安全环境中法律不宜设置归属推定明文，因为欠缺进行归属推定的可靠基础，发件人名义被盗用的可能性是极高的。若法律设置了归属推定明文，则收件人可能不会足够谨慎，从而将非由名义上的发件人发送的数据电文推定归属于名义上的发件人，使名义上的发件人承受过高的法律风险。也就是说，在非安全环境中，虽然也进行数据电文归属推定，但推定应实行于个案之中，推定基于一般规则，而不是基于明确的归属推定规则。例如，按照双方当事人总是使用固定的电子信箱进行电子邮件往来的交易惯例，产生争议的电子邮件也是从相同的电子信箱发出，便可基于双方当事人的交易惯例而推定电子邮件归属于一方当事人，但该推定可被反证推翻。

以消费者通过网上银行付款为例。消费者在使用信用卡进行网上付款时，一般只需要简单地填写信用卡号码、密码以及识别码等个人标识码（Personal Identification Number，PIN）即可，无须使用 UKey、数字证书等，任何人只要知悉该信用卡的相关信息，便可使用该信用卡进行网上付款。付款流程中的数据电文、电子签名均可推定归属于持卡人，因为一般而言，只有持卡人自己或经其授权的人才知道这些个人标识码。持卡人保持信用卡信息的秘密性以策安全是常理，考虑到持卡人与银行间的关系、银行对持卡人的风险提示、网上银行技术、付款交易的性质以及交易环境等因素，这种归属推定通常是合理的。[①] 但如果银行所设计的机制并不足够安全，不能保障网上付款流程的安全性，卡号、密码存在很大的失密可能的话，[②] 那么这种归属推定便是不合理的。在持卡人能够举证证明银行所使用技术存在极大漏洞时，先前的推定便可被推翻，需要银行进一步提供证据。不过，持卡人往往是很难证明银行所使用技术的缺陷的，其很难推翻归属推定。但若持卡人能证明第三人利用了银行的技术缺陷而窃取了持卡人信息、完成了付款行为，则推定也可被推翻，数据电文、电子签名不归属于持卡人。付款结果是否由持卡人承担，依据其他规则来解决。目前在我国出现多例此方面的相关判决，消费者的银行卡信息失密，被他人盗刷，若消费者成功地证明了盗刷之时的银行卡在消费者处，而不在盗刷处，基本上都是银行败诉。这便是典型的推翻了表面归属推定的例子。《美国统一计算机信息交易法》对第 212 条（归属确定）中的官方评注举例：一位女子将其账户密码交与其弟，其弟的行为归属于她，即便其弟不是她的代理人。如果其弟偷取密码，她不受其弟的行为的约束，除非其他法律要求她承担其弟的行为所产生的后果。从推动发展网络支付的宏观层面来看，如果动辄推翻推定，也不利于宏观目的的实现。但是网络支付安全环境的营造在很大程度上还是有赖于银行使用安全的技术、设计安全的流程。

但即便在这种意义上，在下例中，应由银行承担归属风险，付款行

① 在不使用 UKey 或数字证书等的银行信用卡网上付款时，虽然数据电文与电子签名也使用了加密技术，但是这种加密技术主要是保障这些信息在网络上传输时，不会被他人窃取，而不能防止信息泄露以后未经授权的人非法使用这些信息。笔者在使用招商银行借记卡专业版网上银行服务以及建设银行借记卡网上银行服务时，除了要输入卡号、密码等信息，还必须使用 UKey 或银行颁发的数字证书才能完成付款。付款的安全性得到了进一步保障。这不仅可以保障信息在网络传输时的安全性，还可以保障即便个人标识码等信息泄露，未经授权的人因不占有 UKey、数字证书，便不能使用银行卡进行网上付款。相较之下，使用 UKey、数字证书的网络交易环境更为安全，推定更为可靠。

② 不存在不可能被破解的技术，也可能不存在不可能被攻陷的数据库。银行所使用的技术的安全程度应依所在行业的通常技术水准来判断，技术十分高超的黑客攻入银行的数据库，获取客户信息，也并不表明银行所使用的技术是不安全的。但是，如果技术水平一般的黑客便可攻入数据库，很难说银行使用的技术是安全的。事实上，见诸报端的黑客攻破某对安全性要求较高的网站、数据库还是比较少的，并且黑客的技术水平往往都比较高超。

为不能对持卡人产生效力。我国目前经常出现犯罪嫌疑人在自动取款机上安装摄像头、读卡器来获取持卡人银行卡的卡号、密码等信息，[①] 然后复制银行卡取款的现象。（这种环境便为非安全环境[②]）笔者认为，首先，银行设置自动取款机在方便持卡人的同时，对银行更为有利，[③] 得其所利，必虑其所害，银行应当对其所设置的自动取款机承担安全保障义务。其次，持卡人尽到了相应的注意义务，[④] 却因银行未尽到安全保障义务，由他人非法获取个人标识码，进而伪造银行卡提款。在这种情况下，不能将相关电子签名、数据电文归属于持卡人。具体而言，在这种场合中，持卡人为名义上的发件人，取款人为真实的发件人。因取款人使用了相应的银行卡，并输入了准确的密码，银行向取款人付款。基于自动取款机在一般意义上的安全性，与取款有关的数据电文与电子签名首先推定归属于持卡人。但是持卡人能够证明持卡人已妥善保护了个人信息，银行未尽到安全保障义务，自动取款机被他人非法更动，导致持卡人信息失密，取款人并非持卡人或经持卡人授权的人，便可推翻推定，电子签名、数据电文不归属于持卡人，银行的付款行为对持卡人无效，损失应由银行承担。也就是说，银行就自动取款机承担安全保障义务，在非因持卡人原因而导致失密的情况下，与自动取款机有关的风险应当由银行而不是持卡人承担。目前，在我国已经出现大量因使用自动取款机、网上银行服务而资金被盗的案件，情形不一，但问题的实质却就是网络交易中的意思表示、合同履行行为的归属。但在相关案件的审理中，在目前的已有判决中，笔者却很少发现法官从付款流程中电子

---

① 持卡人将银行卡插入自动取款机，然后输入银行卡密码，便是进行了电子签名，然后持卡人操作自动取款机，发出取款指令，便是发送数据电文。自动取款机输出纸币，为银行履行付款义务。

② 若银行保障了自动取款机的安全性，那这种环境便为安全环境。

③ 否则持卡人涌入银行的营业所办理业务，银行将不得不扩充场地、增加人员、添置设备，其成本将大幅提高。并且，有一些银行还借助自动取款机弥补其营业网点不足的缺点，例如招商银行在烟台市的营业网点不足，在烟台大学附近有数处自动取款机，方便持卡人存取款。所以，自动取款机的设置对银行更为有利。银行自然应当对之承担安全保障义务。在风险承担上，银行承担的风险也应大于持卡人。

④ 笔者认为，持卡人的注意义务主要是保持相关信息的秘密性，不将之泄露，如在自动取款机上存取款时，输入信息不可被他人窥探。

签名、数据电文的归属的角度分析问题，也很少直接根据电子签名法的规定作出裁判。借助网络完成付款、取款，消费者与银行各自获得便利，其间却也蕴含着极大风险。如何切实保障消费者金融利益，颇值研究。

可以说，虽然传统法上并没有意思表示的归属推定规则，但在网络交易中，当当事人在安全环境中进行意思表示（以及交付等）时，法律规定明确的数据电文的归属推定规则将更有效率，并较为准确。若当事人不服，可举出反证推翻推定。当当事人在非安全环境中进行意思表示时，法律不宜针对电子签名、数据电文规定归属推定规则，因为欠缺妥当的推定基础。虽然在非安全环境下也是存在归属推定的，但基本上是仍然按照传统规范（尤其是程序法上的证据与证明规范）进行推定的。由于实践中的情况多变，除使用安全的、足够可靠的技术的电子签名与数据电文的归属推定是比较容易且确定的外，其他电子签名与数据电文的归属推定需要综合考量多种因素，当事人的预见性较弱，往往最终只得交由法院或仲裁机构来确定数据电文究竟是否能够归属于名义上的发件人。在难以通过直接证据证明发件人初始的发送情况[①]时，只得综合其他证据来证明。从这种意义上说，法院或仲裁机构也只能依靠推定来做出归属认定的。总之，无论是在安全环境下，还是在非安全环境下，使用数据电文本身便伴随着风险。因此，数据电文的归属问题也是一个风险分配的问题，当然，在更大程度上是一个证据与证明的问题。

（三）数据电文归属推定规则建议

《电子签名法》第 9 条在数据电文的归属方面只是规定了视为发件人发送这一种情形，而未规定确属发件人发送与推定发件人发送这两种情况。如果贸法会《电子商务示范法》第 13 条第 1 款所规定的“确属

① 笔者此处指的是发件人在其信息系统上完成数据电文发送的过程，例如通过证人证明发件人在其计算机上完成数据电文，并填写收件人信息系统的地址，发送至收件人的信息系统；持卡人授权他人在自动取款机上完成取款。

发件人发送”的情况不必规定的话，（因为这是不言自明的）那么推定发件人发送的这种情况却是有规定的必要。[①] 如前文所分析，除非为了宣示、倡导、强调、提高交易效率，或者为了确立不同于传统规范的意思表示归属推定标准或证明标准，否则法律完全可以不规定归属推定。但对安全环境中的数据电文、电子签名还是应规定归属推定，以便提高效率、降低归属成本。在我国区分一般电子签名与可靠电子签名的框架下，[②] 一般电子签名的归属推定可不予规定，仍按一般规范解决，[③] 而使用安全技术、处于安全环境的可靠电子签名的归属推定还是需要进行规定的。

笔者认为应当补充下列推定规则：“使用可靠电子签名的，电子签名制作数据拥有人不能证明电子签名非为其所签署或授权签署的，推定电子签名为其所签署。”该规则符合贸法会《电子签字示范法》第 8 条[④]的规定。（如果我国将来如《新加坡电子交易法》一样，规定了安全数据电文或可靠数据电文，也应就安全数据电文的归属推定作出规定，“使用安全数据电文的，发件人不能证明数据电文非为其或其授权的人发送的，推定数据电文为其发送”。）

---

① 《电子签名法》第 9 条第 1 款第 3 项的规定也可理解为归属推定与归属确认，即收件人实施为发件人认可的归属确认行为，经验证后结果相符的，推定数据电文为发件人发送。但规定不清，并且因过于简略而遗漏了多种可能，详见下文分析。

② 我国《电子签名法》未区分安全、非安全的数据电文，笔者认为 2010 年《新加坡电子交易法》区分安全、非安全电子记录的方式更为合理。如果我国《电子签名法》对安全、非安全数据电文作出区分，那么也应当针对安全数据电文规定归属推定。

③ 笔者认为，《美国统一电子交易法》《美国统一计算机信息交易法》所称的电子签章、电子记录等可以一切方式证明，主要是宣示性的。《美国统一电子交易法》第 9 条与《美国统一计算机信息交易法》第 108 条的规定也表明，电子签章、电子记录使用较为可靠的技术或者通过了具有商业合理性的归属程序的验证，其效力便可被直接认定。虽然没有明确对技术的安全性、可靠性作出规定，但还是隐含着一种倾向，即倡导使用较为安全的技术。对于未使用安全技术的一般电子签名、数据电文的归属在证据与证明上可以适用传统法。诉讼法可以制定特别的证据规则、证明标准，也可以只是交由法官进行自由心证，但面对五花八门的技术、各式各样的应用，法律很难为一般的电子签名与数据电文拟定出一般性证据与证明规则。

④ 按照第 8 条第 1 款的规定，签名人应妥善保管电子签名制作数据，避免他人擅自使用其电子签名制作数据，在失密或很可能失密时，应毫不迟延地通知任何相关人员。按照第 2 款的规定，签字人应当对其未能满足第 1 款的要求而承担法律后果。

按照该规则，将可靠电子签名推定归属于电子签名制作数据拥有人，相应地，使用可靠电子签名的数据电文也归属于电子签名制作数据拥有人。在规范中是否出现“推定”的字眼，并无所谓，在结果上并无区别。该规定在更大程度上是对可靠电子签名的证据力的规定，单凭可靠电子签名的使用，便可将电子签名以及数据电文归属于签名人，这可理解为立于可靠证据基础上的归属推定。这种归属推定规则具有极强的实体指引与诉讼指引功能，可以使电子签名制作数据拥有人履行妥善保管义务以策电子签名制作数据安全，在失密时，应迅速通知认证机构以及收件人等相关人员，以尽快消除风险。在诉讼中，证明标准及举证方向得以明确，收件人应当首先证明发件人（电子签名制作数据拥有人）使用了可靠电子签名的事实，在证明此事实后，便可进行归属推定。归属推定规则的适用往往需要以归属确认规则为基础，因为发件人使用可靠电子签名的，收件人需要执行验证程序或者说归属程序，这便是一种归属确认方法。

四、数据电文的归属确认规则

（一）对归属确认的界定

归属确认是指收件人实施的确定所收到的数据电文为发件人发送的行为，例如，收件人以发件人的公钥对发件人以私钥加密的信息进行解密，便是一种归属确认方法。归属确认目的在于将数据电文归属于特定主体，其方法多种多样，并不受限。其中，收件人通过一定的归属程序来确认数据电文的归属，是一种常见的归属确认技术手段。

贸法会《电子商务示范法》第 13 条关于归属的规定源于国际支付，[①] 考虑各种复杂的可能性，对数据电文归属中的各种情况的规定十分烦琐，欠缺可操作性。“许多国家都采用了《电子商务示范法》第 13

---

① 《电子商务示范法》第 13 条的渊源是《贸易法委员会国际信用划拨示范法》第 5 条，该条界定了支付命令发送人的义务（贸法会《增进对电子商务的信心：国际使用电子认证和签名方法的法律问题》，第 99 段）。

条中的规则，包括该条第 3 款确定的关于归属的推定。一些国家明确提及将密码、口令或其他识别手段用作对归属做出推定的要素。第 13 条还存在着较为笼统的模式，其中，通过事先约定的程序进行适当验证而做出的推定被重新措辞为可用于归属目的的各种要素的表示。”①

虽然有些国家采纳了第 13 条的规定，② 但该规定并未被各国广泛采纳。“没有采用《电子商务示范法》的国家似乎并未颁布任何以类似方式处理归属问题的具体立法条文。在这些国家，③ 归属的确定通常是一种对电子签名的法律承认功能和对使用特殊类型的电子签名加以核证的记录所作的推定。”④ 其他一些国家和地区仅采用了第 13 条中的一般性规则，⑤ 即在下述情况下，数据电文为创建者的电文：数据电文由创建者本人发送或由代表创建者行事的人发送，或由创建者编程或代表创建者行事的人编程而自动运作的系统发送。另外，《电子商务示范法》的一些执行国并未列入以第 13 条为依据的任何具体条文。这些国家的推定是，不需要订立任何具体规则，最好使用与确定纸质文件归属相同的普通取证方法确定归属：“对任何签名表示相信的人都必须承担签名无效的风险，这条规则不会因为是电子签名而有所改变。”⑥

归属确认的方法不受所限，消费者直接打电话或拜访询问经营者在网络上存在的信息是否为经营者发送或授权发送，也是一种十分妥当的

---

① 参见贸法会：《增进对电子商务的信心：国际使用电子认证和签名方法的法律问题》，第 101 段。

② 这些国家包括哥伦比亚、约旦、菲律宾、韩国、新加坡等（新加坡修订其《电子交易法》，已经将原第 13 条的内容删除）。参见贸法会《增进对电子商务的信心：国际使用电子认证和签名方法的法律问题》，第 101 段第 105 注释。

③ 这些国家包括澳大利亚、印度、巴基斯坦等。参见贸法会《增进对电子商务的信心：国际使用电子认证和签名方法的法律问题》，第 102 段。

④ 贸法会《增进对电子商务的信心：国际使用电子认证和签名方法的法律问题》，第 106 段。

⑤ 例如，《澳大利亚电子交易法》第 15 条第 1 款规定：“为施行联邦法例，除非该电子通讯的声称发讯者及收讯者另有协议，否则该项通讯对声称发讯者具有约束力，只要该通讯是由声称发讯者或经由声称发讯者授权而发生。”《澳大利亚电子交易法》只接受了贸法会《电子商务示范法》第 13 条的部分规定，并进行了更改。

⑥ 贸法会《增进对电子商务的信心：国际使用电子认证和签名方法的法律问题》，第 102 段。

方法。但在网络交易中，这却是一种低效的方法，无法为大范围的网络交易提供有效率的支撑。较有效率的方法是一种技术流程，典型便是归属程序。

（二）归属程序

归属程序（Attribution procedure）是一种常见的归属确认方法，一般为一套程序机制，由软件实现。《美国统一计算机信息交易法》第102条中对归属程序进行了定义：归属程序，是指可证明一项电子签章、显示、讯息、记录或履行归属于某一特定人的程序或可以检测信息的变化或错误的程序。归属程序包括需要使用算法或其他代码用以鉴别单词或数字、密码、回调或者其他确认的程序。《美国统一计算机信息交易法》第102条对归属程序的定义基本同于《美国统一电子交易法》第2条对安全程序的定义。《美国统一计算机信息交易法》对"归属程序"的官方评注称："一项归属程序是一项用以鉴别发出电子讯息的主体或可以检验讯息内容的完整性的程序。一般而言，一项归属程序只有当它是被当事人同意或被采纳或者被法律规定时才可产生效力。对程序的同意或采纳可以直接在相对双方间出现，也可通过第三方出现。例如，包含第三方信息的系统的管理员可以与数据库提供者、用户安排使用一项特定的归属程序。"

《美国统一计算机信息交易法》第211条（归属程序的有效性与商业合理性）规定："（a）归属程序的效力，包括其商业合理性，由法院决定。（b）法院在根据（a）款做出决定时，适用下列规则：（1）法定的归属程序对在法律或规则适用范围内的交易具有法律效力。（2）除（1）另有规定外，商业合理性与有效性按照程序的目的与在双方同意或采纳程序时的商业环境来决定。（3）归属程序可以使用在所处环境中具有商业合理性的任何安全设备或方法。"根据第211条的规定，除法定的归属程序①能够产生法律效力外，考虑多种因素而被认为具有有

① 在制定数字签名法的国家、地区，对数字签名的解密程序的规定便是一种法定的归属程序。

效性[①]与商业合理性的归属程序能够产生法律效力。《美国统一计算机信息交易法》第212条（归属确认）规定：“（a）一项电子签章、显示、讯息、记录或履行被归属于一人，如果其为该人的行为或者该人电子代理的行为，或者如果该人按照代理或其他法律应受约束。依赖电子签章、显示、讯息、记录或履行归属于另一方的当事人负有证明确立归属的责任。（b）一方当事人的行为可以任何方式证明，包括表明被各方同意或采纳或法律确立的归属程序的有效性。（c）根据（a）款，归属于某人的一项电子行为的效力取决于其之生成、实施或采纳时的具体情形，包括双方间可能的协议，在其他情况下按照法律的规定确定。（d）如存在对一项电子签章、显示、讯息、记录或履行中的错误或更动进行检测的归属程序，其已由双方同意或采纳或者由法院确立，一方遵守了该程序而相对方没有遵守该程序，且相对方如遵守该程序便可检测到更动或错误，那么未遵守程序的效力有约定的从约定，无约定的，遵守方当事人可以不受错误或更动的约束。”

《美国统一计算机信息交易法》在归属方面，首先对归属程序进行定义，其次规定签章的证明与签章的效力，再次规定有效的归属程序的判断因素，最后规定电子记录等归属于当事人后所产生的效力。虽其强调应当采用归属程序，但并不限定归属确认的方法。《美国统一计算机信息交易法》对第211条的官方评注称：“进化的技术与商业实践使得预测将来的发展是不明智的，通过狭隘的规则来限制当事人应当使用的归属程序导致排除将来的发展也是不当的。本法依靠的是由当事人去选择或采用适当的归属程序。”[②]“归属程序是一种合理的、有效的方法，在所在的商业环境中，适于其之使用目的，并不要求该项程序具有一定的技术水平、最合理或不会犯错。对归属程序是否适当的认定必须考虑

---

① 此有效性（efficacy）并不是指能够产生法律效力（effective，effectiveness），《美国统一计算机信息交易法》在此处同时使用了这几个单词。有效性是指具有校验的功效，笔者认为可以理解为可靠性。具有有效的校验功效与商业合理性的归属程序可被法院认为能够产生法律效力。

② See NCCUSL, Uniform Computer Information Transactions Act. Section 211, Definitions, Comment.

当事人的选择，以及交易的效力与交易的成本。对有效性或商业合理性的评测取决于多种因素，包括协议、当事人的选择、技术、交易类型、当事人的复杂状况、从事的相似交易、其他可行的代替方式的可取得性、使用代替程序的成本与困难以及相似交易一般使用的程序。多数场合下，归属程序的有效性与其是否具有商业合理性相关。此外，如果一项归属程序源于当事人间的谈判，程序通常将被执行。相似的原则可以适用于非谈判的环境中，如果双方对于一项特定程序的风险有了一般认知，而仍同意在特定交易中使用该程序，那么就可以认为他们接受了风险，同意该归属程序足够有效与商业合理。"①

在《美国统一电子交易法》与《美国统一计算机信息交易法》中，对电子签名与数据电文的确认可以通过任何方式进行，在使用非对称密钥进行电子签名的场合，通过签名人的公钥解开加密的签名与电文本身就是合理的归属程序，② 传真页页首处打印出的显示发送传真的机器的信息，也可以据此确定该传真属于某人。③ 收件人持收到的数据电文到发件人的住所询问发件人是否为其所发也是一种合理的确认。虽然不限制归属确认的方法，但美国立法强调收件人应当通过具备有效性与商业合理性的归属程序来确认所收到的电子签名、数据电文是否系名义上的发件人所发送。这种技术性的归属程序也是十分灵活的，并不拘泥于具体的技术与特定的规则。立法不可能穷举归属程序应使用的一切合理方法，归属程序是否合理往往取决于技术特征、当事人间的交易状况、周遭情境、商业惯例以及诉讼中法官的自由心证，④ 确认归属问题也最终交由法院在程序中解决。《美国统一计算机信息交易法》要求法官在确

---

① See NCCUSL, Uniform Computer Information Transactions Act, Section 211, Definitions, Comment.

② 对于这种加密传送的文件，收件人能打开、读取，便表明文件通过了验证，这就是一种归属程序。

③ See NCCUSL, Uniform Electronic Transactions Act, Section 9, Attribution and Effect of Electronic Record and Electronic Signature, Comment.

④ 参见房绍坤、于海防：《论数据电文制度的涵义及表意基础》，载《甘肃政法学院学报》2008 年第 3 期。

定归属时，除非另有规定，否则应当考虑归属程序的有效性与商业合理性。有效性主要考察的是归属程序的使用目的、所使用技术的水平，某些场合下还包括归属程序能否检测数据电文与电子签名的错误与更动，等等。商业合理性考察的是当事人间的协议与选择、交易类型、交易成本、交易惯例以及当事人对风险的预先考量，等等。有效性与商业合理性经常是结合在一起的，是否具备商业合理性也往往与是否具备有效性相关。

美国立法采取了非常灵活的方式对数据电文进行归属。相形之下，贸法会《电子商务示范法》第 13 条的烦琐规定便显得拘泥于对实践中复杂情形的考察，周到地分析实践中可能发生的情形，并详细作出规定，很难跟得上技术与实践的发展脚步。《国际合同使用电子通信公约》搁置了数据电文的归属问题，未予明确。2010 年《新加坡电子交易法》删除了其原来第 13 条（类于贸法会《电子商务示范法》的规定）所规定的内容，在第 17 条与第 18 条中以安全程序（security procedure）来作为安全电子签名与安全电子记录的判断标准，而具备商业合理性是安全程序的基本标准。2010 年《新加坡电子交易法》对商业合理性的判断因素的规定基本同于《美国统一计算机信息交易法》第 211 条的官方评注。不过，2010 年《新加坡电子交易法》中的安全程序的作用更大，不仅可用于确认数据电文与电子签名的归属，而且可用于确认数据电文与电子签名的真实性与完整性。而在《美国统一计算机信息交易法》第 212 条中，归属程序能够校验数据电文与电子签名等的错误或更动并非一般情形，一般的归属程序并不要求具有这种功能。

（三）消费者、经营者在线交易中的归属确认

数据电文的归属推定常常需要由归属确认行为的辅助，以令推定的事实尽可能与真实的事实相符。例如在使用可靠电子签名的场合，电子签名制作数据拥有人为发件人之推定的合法性前提是收件人履行某种归属程序（如公钥解密、查询发件人的数字证书）来确认数据电文上的电子签名为发件人的电子签名制作数据所签署。当消费者使用数字证书的方式连接网络银行进行电子支付时，便为使用了可靠电子签名发送数

据电文。立法对归属确认作出规定的必要性在于增强对数据电文意思表示归属推定的可靠性，在没有使用安全可靠的电子签名的情况下，往往更需要收件人执行某种归属程序，或实施其他归属确认行为，以确认数据电文确为名义上的发件人所发送。否则，很难对数据电文（以及一般电子签名）进行归属推定。

在这种意义上，归属确认往往成为归属推定的基础。在电子签名、数据电文使用可靠技术的归属推定中，只要收件人能够正常读取电子签名、数据电文，便可将之推定归属于发件人。因为技术因素决定了，收件人能够正常读取电子签名、数据电文的本身便是一种合理的归属确认行为。如果收件人无法读取数据电文（如无法通过公钥解密发件人发送的文件），那通常表明数据电文并非由名义上的发件人所发出，不能将数据电文推定归属于名义上的发件人。若电子签名、数据电文使用的技术不足够可靠，处于非安全环境中，往往无法单凭技术因素本身便将数据电文推定归属于名义上的发件人，必须综合考虑当事人间的相关协议、交易类型、交易惯例、相关情境等具体因素来进行判断。

消费者与经营者通过网络交易时，消费者很少有使用可靠电子签名的，其使用的是一般电子签名。以典型的网购流程为例，消费者登录已注册的账户，然后点击下达订单，通过层层点击，最终订立与经营者的电子合同或者完成电子合同的履行（如付款）。对于小额交易而言，消费者通过上述操作一般便可完成合同的缔结。但在大额交易中，一般还需要消费者输入手机验证码等方式先进行归属确认，然后再完成合同缔约或合同履行。①

从消费者的角度来看，特定域名或者说网站、网页归属于特定经营者，其中所存储的数据、发送的数据电文均属于该特定经营者。在此方面，消费者需要保持较高的注意力，对域名进行分辨，避免进入虚假

---

① 何为小额，何为大额，取决于相应的经营者（例如平台经营者）所做界定。例如，通过手机电子银行或支付宝、微信等第三方支付手段进行网络支付时，小额付款只需消费者输入密码即可，而大额付款则需要消费者通过事先留存的手机号码获得验证码，输入后完成支付。不同的银行、第三方支付公司在此方面多有不同。

的、非属特定经营者的网站。例如，许多被通过虚假网络银行诈骗的人，其银行卡号、密码等信息之所以失密，有时起因便是其基于虚假的银行短信而登录了错误的域名网站，这些域名与特定经营者的域名差之毫厘，但却是虚假的。

从经营者的角度来看，登录某账户的消费者在保持账户登录状态的情况下，不断点击，发送数据电文，或者进行一般电子签名，这些数据电文、电子签名均可归属于账户的名义拥有人。① 例如，我国在网络直播出现后，出现大量的未成年人使用父母的支付宝、银行账户将款项转入网络直播网站的账户之后“打赏”主播的情形。从《电子商务法》归属规则的角度来看，相关电子签名、数据电文归属于账户的名义拥有人是没有问题的。至于相关民事法律行为是否有效，或可撤销，直播网站是否应当返还款项，则交由《民法典》合同编来解决。但需要指出的是，《电子商务法》第 48 条对电子商务中民事行为能力推定的规定，前提是相应的数据电文已经进行形式上的归属。

与归属推定规则相比，存在归属确认规则的必要性并非十分强烈，许多国家未予规定便是例证。但在笔者看来，归属确认规则具有以下功能：第一，明确确认电子签名、数据电文是否归属于收件人，尽量消除不确定性与风险。第二，服务于数据电文的归属推定，使数据电文的归属尽可能地符合真实情况，增强收件人的预期。这两项功能使收件人可以在数据电文归属于发件人的可靠前提下实施后续行为。第三，增强相关证据在诉讼中的证明力。数据电文已通过收件人的较为有效的归属确认方法的验证，在诉讼中的证明力极强，凭之便可以认定数据电文确定归属于或推定归属于发件人的事实。第四，宣示、指引功能。法律对归属确认规则做出规定，有利于宣告数据电文归属中的风险，倡导当事人实施归属确认行为，降低错误归属的风险。考虑到归属确认规则的这几

---

① 需要注意的是，归属系列规则的基本目的是将电子签名、数据电文归属于名义拥有人，而不是实质拥有人。也就是说，归属，并不能保证归属的结果一定是真实与准确的。由此而导致的合同效力、权利义务的真实主体等问题，由其他规则解决。所以，从这个角度来说，归属主要是在保证效率的基础上，追求便捷与一定程度的安全。

项功能，如果法律更重视安全性、效率性，则应对归属确认作出规定；如果法律认为应由当事人自行判断数据电文归属的风险的话，则不必规定，放由当事人意思自治，完全适用传统规范。法律不对归属确认规则作出规定也不会产生太大的不利或者不安全后果，因为收件人一般都会自觉不自觉地使用某种确认方法来确认所收到的数据电文是否为名义上的发件人所发送。

《美国统一电子交易法》对数据电文、电子签名归属确认的规定较为灵活，归属确认方法并不受限制，但以归属程序①作为主要的归属确认方法。《美国统一电子交易法》第 9 条（a）款规定："一项电子记录或电子签名可归属于该电子记录或电子签名的行为人，如果系由该人实施的话。该人的行为可以任何方式来表明，包括可将电子记录或电子签名归属于行为人的安全程序的校验。"这种灵活性在《美国统一计算机信息交易法》中也得以体现。《美国统一计算机信息交易法》在第 102、108、211、213 条都涉及数据电文的归属、推定以及归属程序。

在笔者看来，支撑网络交易快速进行的基本的规则基础是归属推定与归属确认，拥有了规则支撑，那么收件人可以在合理信赖的基础上，认定相关电子签名、数据电文归属于名义发件人，进而实施其他行为。在消费者与经营者间的交易中，归属规则其实更有利于消费者，令消费者不必耗费更多的成本与时间去确认特定经营者网站中的信息是否属于诈欺信息，单依照正确的域名便可将信息确认归属于特定经营者，基本上也可以令经营者无从推翻归属推定，承受相应的法律后果。当然，当今网络上的欺诈行为层出不穷，消费者还是应当善尽注意义务，提高防骗意识，避免误入"钓鱼"站点。

（四）归属确认义务的产生、履行与后果

一般说来，收件人并非必然承担实施归属确认行为、确定数据电文（或电子签名）是否归属于名义上发件人的义务，而只有法律对之作出

---

① 《美国统一计算机信息交易法》被称为"Attribution procedure"，贸法会则只是简单地使用了"Procedure"。

规定或者当事人对之作出约定时，收件人才承担这种义务。如果基于法律规定或当事人约定，收件人承担这种义务的：

第一，如果收件人履行了这种义务，按照法定的或约定的归属确认方法实施了归属确认行为，那么通过了归属确认方法验证的数据电文（当然也包括电子签名，下同）归属于发件人。发件人与收件人对数据电文的归属产生争议的，收件人单凭数据电文通过了归属确认方法的验证，便足以将数据电文归属于发件人。即便该归属确认方法的确不具备一定的有效性、不足够合理，但是只要达到了法定的或约定的标准，便可以将本不属于发件人的数据电文归属于发件人，[①] 发件人也不能以归属确认方法不够合理来否定数据电文的归属。这其实是由发件人承担数据电文错误归属的风险。

如果法律未规定、当事人也未约定具体的归属确认方法，而只是要求进行归属确认，那么收件人需要证明其实施的归属确认方法足够合理，才能将通过归属确认方法验证的数据电文推定归属于发件人，发件人也可以反证推翻推定。如发件人反证推翻了推定，收件人需要寻找其他证据继续举证，否则数据电文不归属于发件人。

第二，如果收件人未履行这种义务，但收件人与发件人并未产生争议，则不会产生问题。

第三，如果收件人未履行这种义务，但收件人与发件人对数据电文的归属产生了争议，那么在表面上，不能将数据电文推定归属于发件人。但这也不意味着数据电文便不归属于发件人，只是收件人需要对数据电文的归属承担证明责任，进一步举证。[②] 收件人当然可以在产生争

---

① 随着时间的经过、技术的发展，法定的归属程序技术标准可能也会过时，以至于不足以有效的验证数据电文的归属。但作为法定标准，仍然有效，除非法官在诉讼中否定了这种标准。如果当事人约定了某种归属程序或其他归属确认方法，即便该程序、方法不够安全、可靠，但通过验证的数据电文仍然归属于发件人，发件人应当承担由此产生的后果。因为既然发件人与收件人作出了这种约定，那么便视为其愿意承担该程序、方法不安全、不可靠的风险，除非法律另有规定。

② 如果当事人当初约定，只有收件人执行了约定的归属程序，确认了数据电文归属于发件人，数据电文才归属于发件人，那么如果收件人没有执行归属程序，即便数据电文确系发件人发送，也不能将数据电文归属于发件人。

议后再实施归属确认方法来判断数据电文是否归属于发件人，只要这种拖延并不会否定收件人实施的归属确认行为的合理性、有效性与可接受性。如果收件人无法证明，那么数据电文不归属于发件人，即便数据电文确为发件人所发送。

法无规定、当事人也无约定的，收件人不承担实施归属确认行为的义务，但是收件人仍然可以按照某种方法实施归属确认行为，只要收件人采纳的归属确认方法符合法律规定的条件（例如《统一计算机信息交易法》规定的有效性与商业合理性），那么通过归属确认方法验证的数据电文推定归属于发件人，此证据的提出使得收件人达到了证明标准，除非发件人能够推翻推定。

第七章　电子格式合同中的消费者权益保护

各国电子商务经营者在网络交易中主要使用衍生于拆封合同的点击合同、浏览合同、点击浏览合同三种新型电子格式合同（或者说网络格式合同）进行交易。拆封合同使用了“先付款，后合同”的反传统的缔约机制，属异化的合同，点击合同、浏览合同、点击浏览合同属异化合同的再异化，在效力方面颇有争议，这些合同在用于大数据与人工智能数据收集后，争议被进一步放大。[①] 我国电子商务经营者所使用的点击合同、浏览合同、点击浏览合同普遍存在欠缺，甚至存在业界通行恶习，侵害消费者权益。相对于传统的格式合同来说，点击合同、浏览合同、点击浏览合同属于新型电子格式合同，所存在的问题主要包括实体性问题与程序性问题。在前者，主要指的是合同条款的效力问题，在此之上，分析逻辑基本同于传统格式合同。[②] 在后者，主要指的是合同因特殊的缔结机制而产生的合同效力问题，并且，消费者在线权益会因新型电子格式合同特殊的缔结机制而受损。在法律上确定点击合同、浏览合同、点击浏览合同合理的缔结流程、成立条件，对于保护消费者在线权益具有基础意义，对消费者具体权利的保护往往也是在这些新型电子

① 点击合同、浏览合同、点击浏览合同产生于电子商务，大数据与人工智能也仍然使用这三种合同。只是基于人们对大数据与人工智能的想象、警惕与担忧，这三种合同中原有的争议被放大，并且向其他领域延伸。争议主要分为两大部分：第一，缔约机制的合法性问题，这主要表现为特殊的缔约流程能否产生真实的合意，是否侵犯了消费者权益；第二，合同条款的效力问题，例如 Google、脸书、百度、字节跳动、腾讯等在大数据与人工智能领域居于领先地位的公司所使用的点击合同、浏览合同、点击浏览合同中包含大量关于数据收集、处理、转移及授权的条款，这些条款是否有效？笔者此处探讨的主要是合同缔结机制是否合法有效，如何保障真实合意的形成。

② 例如，亚马逊等电子商务经营者在合同中约定发货后合同才成立，这一条款会因排除了相对人的主要权利或强行性规范而无效。

格式合同的框架之内进行。

第一节　电子格式合同的表现与存在的问题

在相当长的时间里，电子商务经营者所使用的用户注册协议、买卖合同、服务合同等普遍为格式合同，并以点击合同、浏览合同及混合二者特点的点击浏览合同来呈现，此三类合同系由拆封合同发展而来。经营者为拆封合同、点击合同、浏览合同以及点击浏览合同的合同拟定者，消费者权益不仅会因经营者所拟定的合同条款受损，还会因这些合同采取特殊的缔结流程而受损。

一、拆封合同

拆封合同是一种特殊的格式合同，源于20世纪七八十年代美国的软件业销售惯例。时至今日，拆封合同已经广泛地使用于各国的软件销售中。① 软件自身的特点以及高效率的销售需求，导致依循传统的缔约程序已难以达到目的。② 于是，软件业者为了在规模销售的同时，加强对自身权益的保护，在合同自由主义下，结合软件自身的特殊属性，改变了意思自治原则下的传统缔约程序，在格式合同之上发展出拆封合同。从缔结程序上看，拆封合同最大的特点便在于其“先付款，后合同”的扭曲的缔约程序以及同时存在纸质合同与电子合同的双合同文本，这表现为：首先，合同拟定者将若干重要条款（如价格条款）标示于软件包装盒，而将完整的合同封入盒内，并在包装盒外声明“拆封便表明接受合同”；其次，相对人付款后携带商品离开；再次，相对人

---

① 这主要是出现在实体店铺的软件销售中。随着网络的发展，大量的软件通过网络进行销售，经营者便不再使用拆封合同，而使用点击合同等新型电子格式合同。

② 计算机的普及化使用以及市场上广泛竞争的存在，使软件在公众市场上实行大规模销售成为必要。又由于从业者之间的竞争愈演愈烈，价格的随势走低又使软件业者在与个体购买者交易时难以通过对等协商订立合同的方式来进行单独授权。

将包装盒拆封，此时其有机会详细阅读合同；最后，相对人进入软件安装程序，合同全部条款会显现于安装界面，只有相对人按键点选“同意”方可以完成软件安装，若其拒绝，则可以退出安装程序并可以退回软件、获得全额退款。在拆封合同的使用流程中，相对人在付款之时并不知悉合同全部内容，在付款接受标的物后方可知悉合同内容。① 根据拆封合同的使用流程，我们可以将拆封合同界定为：拆封合同是由一方当事人预先拟定，对方当事人只能凭包装上的条款或提示进行意思表示，付款接受标的物后方可知悉合同内容的格式合同。

相较于传统合同，拆封合同主要有如下特别之处：第一，拆封合同的缔约程序不同于传统合同的缔约程序。传统的缔约程序中，当事人在知悉合同内容的情况下，进行协商并达成合意，之后付款、交货，或者至少在付款、交货时，已知悉合同内容。而在拆封合同中，购买者在付款时并没有机会知悉合同全部条款，其缔约程序与传统缔约程序的顺序完全颠倒，即“先付款，后合同”。购买者只能看到包装外条款，只有在付款取得标的物之后才能看到详细条款。第二，购买者可以退还标的物、返还价款。在传统合同中，退货、返还价款一般是合同解除的后果。而在拆封合同中，如果购买者不愿接受拆封条款，其可以退还已拆封的软件，请求返还已经支付的价款，这种行为已经无法用解除合同来解释了。第三，购买者付款购买后，还必须在软件安装程序中再次作出接受合同的意思表示，即需要两次同意才可以使用软件。而在传统合同中，承诺人通常只需作出一次接受的意思表示。拆封合同的使用迥异于传统合同，这是与传统法律冲突的主要原因，从而引发出如下两个问题：其一，拆封合同可否衔接传统理论与既定规范。购买者在付款后才能知悉合同内容，这使拆封合同与传统合同从形式上看存在很大差异，进而导致拆封合同的效力很难得到传统合同法的认可。首先，相对人在

① 之所以采取这种设计，主要是因为交易涉及软件的版权问题，因此不得不拟定冗长的合同，这对权利保护和交易的顺利进行虽有利，却令购买者在购买时难以详细阅读，于是销售者便将合同封装入袋，在包装上加以提示，提醒购买者在购买后详加阅读，在软件安装中还会再次提醒。

付款之时并不知晓合同的详细内容。相对人在付款之后再订立合同，似乎有违传统缔约流程，难以认定存在合意。其次，购买之时仍不为相对人所知的拆封条款能否构成合同内容？再次，销售者通常限定“拆封即生效”，这种限定可否成为拆封合同的生效依据？最后，如果承认了拆封合同的效力，那么如何认定拆封合同的要约、承诺？拆封合同缔约规则能否融入传统合同理论之中，或者是否需要创建新的规则？其二，拆封合同的使用与其他法律的冲突。现代生活已离不开计算机，而居于强势地位的计算机从业者往往利用条款拟定者的便利，拟定不公平或不合理条款。这一方面使消费者对软件的使用受到掣肘，对消费者不利，与消费者权益保护法相冲突；另一方面，合同中诸如禁止反向工程的条款可能会限制市场自由竞争，对技术进步、社会发展不利。软件业者往往通过拆封合同对知识产品施加额外保护，与作为强行法的知识产权法也时时产生冲突。①

笔者认为，拆封合同的订立虽然迥异于传统合同，但拆封合同特殊的缔结机制并不会导致其不成立。首先，使用拆封合同属于合理的商业惯例。软件交易当事人必须详细约定合同内容，然而，为削减成本、降低价格以取得竞争优势，销售者不可能同每一位购买者单独协商，而只能使用格式合同，由销售者预先拟定软件交易所需要的细微烦琐的条款。但是，冗长的合同对于权利保护和交易的顺利进行虽有利，却令购买者在购买时难以详细阅读，于是销售者便将合同封装入袋，在包装上加以提示，提醒购买者在购买后详细阅读，在软件安装中还会再次提醒，并且提供退还请求权，从而使格式合同的拆封使用方式具有合理性，令消费者因特殊的缔约流程而受损的权益得到弥补，挽回了利益的失衡。其次，拆封合同的使用也不违反传统合同理论。在拆封合同场合，软件标价陈列仍可认定为要约，但却不能想当然地认为购买者付款、携带货物离开这种行为构成承诺或履行。在不同的交易中，相同的

① 参见于海防、姜沣格：《软件交易拆封合同的一般性研究》，载《法学论坛》2009 年第 2 期。

行为可能表明当事人不同的意思。在购买软件时，虽然购买者已经付款，但此时仍不存在意思合致，因为此时购买者并不知悉合同条款，也就不能认定其付款行为构成承诺。笔者认为，只有在购买者安装软件，在知悉全部条款的情况下点击“同意”按钮继续安装软件时才构成承诺，并于此时达成意思合致，彼时合同成立。所以在拆封合同中，我们可以不再将付款行为认定为承诺，而将购买者在完全知悉条款后点击同意的行为认定为承诺。采取这种认定方式，拆封合同的缔约程序与传统合同便无二致，仍然是“先条款，后合同”，如此便可解决拆封合同因缔约程序特殊所造成的麻烦，认定存在意思合致。这种认定完全立足于传统理论与既定规范，只不过在具体化传统理论、规范时，将通常被视为具有某种属性的行为作出了不同的属性认定。[①] 在 1996 年的 ProCD 案[②]之前，美国判例法拒绝认可拆封合同的可执行性，而在 ProCD 案之后，美国判例法基本上认可了拆封合同的可执行性，且发展出相应的判例法规则来，并被成文法所吸纳。在我国的郭某诉微软公司拆封合同无效案中，北京市第一中级人民法院认可了拆封合同的效力。[③] 当然，需要强调的是，认可拆封合同的效力，并不意味着拆封合同条款的效力也得到认可，这需要在具体案件中进行具体分析。

二、点击合同、浏览合同与点击浏览合同

拆封合同的有效性在 20 世纪 90 年代得到美国判例法的认可。在 20 世纪末 21 世纪初，结合网络技术与电子商务的特点，电子商务经营者在拆封合同基础上发展出了点击合同、浏览合同、点击浏览合同三种常见的电子格式合同。

---

① 对拆封合同的详细分析，可参见于海防、姜沣格：《软件交易拆封合同的一般性研究》，载《法学论坛》2009 年第 2 期。

② Procd, Incorporated, Plaintiff-Appellant, v. Matthew Zeidenberg and Silken Mountain Web Services, Inc., Defendants Appellees. 86 F. 3d 1447 (7th Cir. 1996). 该案在美国首开认可拆封合同的先河。

③ 参见李赛敏：《拆封合同的成立与效力——兼评郭力诉微软公司等拆封合同无效案》，载《中国专利与商标》2011 年第 4 期。

拆封合同同时存在纸质合同与电子合同，二者分别存在于实体环境与虚拟环境，因此可以说拆封合同同时存在于两种环境中。拆封合同的核心系最终用户许可（EULA 协议①），用于向软件用户进行版权授权。在网络兴盛之后，软件销售便主要在网络空间进行销售，因此纸质合同便被舍弃，只留下电子合同，而在此拆封式电子合同的基础上又发展起点击合同与浏览合同，此二者其实就是拆封合同的数字演化。起初，点击合同主要用于软件销售、网站注册，浏览合同则主要用于对特定网站的访问浏览。随着电子商务的兴起，点击合同又被广泛地用于网络交易之中，但由于合同条款数量太多，因而又与浏览合同相混而成为“点击—浏览合同”。至今，使用点击合同、浏览合同以及点击浏览合同电子商务行业的通用习惯。笔者认为，点击合同与浏览合同的核心法律问题同于当初的拆封合同，并且将之进一步浓缩，最终表现为点击合同、浏览合同是否具备有效性。具体而言，用户的点击行为、网站使用等行为是否构成承诺，合同是否在双方当事人间成立，并是否能够得到法律上肯定的效力评价。经检索可以发现，我国法院处理了为数不少的点击合同、点击浏览合同案件，② 也处理过浏览合同案件。③ 在点击合同与点击浏览合同案件中，法院基本上认可了合同的有效性，但对于合同之所以有效却很少进行充分的论证。比较有影响力的浏览合同案件当属朱某诉百度案，④ 两级法院对案件中的浏览合同是否成立作出不同的判断，虽然二审法院认定合同成立，但在笔者看来，该案中的浏览合同并不成立，并且即便至今，百度公司所提供的浏览合同也难以认定为成立。

点击合同、浏览合同、点击浏览合同面向的对象主要是消费者。现今，点击合同主要用于网络购物场合，消费者在各电子商务经营者网站

---

① EULA（End-user license agreement），最终用户许可协议。

② 例如王某丹与腾讯科技（深圳）有限公司等计算机软件著作权许可使用合同纠纷案、赖某与浙江淘宝网络有限公司确认合同无效纠纷案等。网络购物类的电子合同纠纷案件大多都会涉及点击合同问题。

③ 例如在朱某诉百度案中，关键便在于百度公司的“使用百度前必读”（百度提供的浏览合同）是否有效。

④ 参见南京市中级人民法院民事判决书，（2014）宁民终字第 5028 号。

上购买商品或服务，基本上均是通过步步点击，最终完成合同的订立。浏览合同主要用于网络搜索服务、信息浏览服务等非交易场合。点击浏览合同主要用于用户注册场合。在大数据、人工智能技术兴起之后，这三种电子格式合同又成为经营者通过网站、应用程序收集用户数据的合法性基础，经营者主要经由这三种合同取得用户的同意来收集用户数据。其中，浏览合同用于取得用户的默示同意，点击合同与点击浏览合同用于取得用户的明示同意。

点击合同、浏览合同、点击浏览合同广泛地存在于电子商务各领域，属于具有普遍性的电子格式合同。可以说，消费者与经营者所订立的电子合同大多表现为这三种电子格式合同。在大数据与人工智能技术兴起之后，这三种电子格式合同又成为经营者收集数据的基础。① 在经营者所使用的合同类型上，百度搜索引擎②、微软网站③使用浏览合同，微信、滴滴、优步、京东、支付宝、新浪微博等使用点击浏览合同，④谷歌、百度、亚马逊、今日头条等对浏览合同、点击浏览合同均有使用，淘宝、京东混用点击合同与点击浏览合同。⑤ 经营者主要通过这三种新型电子格式合同取得用户对数据收集、处理的同意，这些合同会冠以“注册协议”“隐私政策”“网站使用条款”“服务协议”等名称。拆封合同的缔结机制本便异于传统，并因此而引发争议。点击合同、浏览合同、点击浏览合同在拆封合同的基础上进一步简化、扭曲了传统缔约机制，自然又会重现当初的核心争议：异化的缔约机制能否体现当事人真实意思？合同是否成立？电子格式合同制度属于电子商务中的基础性法律制度，在相当大的程度上与消费者在线权益保护具有直接关联。

---

① 这主要指的是经营者将与数据收集、处理、转移等相关的条款加入电子格式合同之中。

② 参见百度：《免责声明》，载百度网，https://www.baidu.com/duty/index.html，最后访问时间：2018年5月1日。

③ 参见微软：《微软服务协议》，载微软中国网2021年4月1日，https://www.microsoft.com/zh-cn/servicesagreement/default.aspx。

④ 参见微信、滴滴、优步、京东、支付宝、新浪微博的电脑端、手机端的用户注册协议。

⑤ 参见淘宝网、京东商城的用户注册协议及流程。

第二节　电子格式合同的合法性

现代法很少对合同订立方式作出强制性要求，拆封合同“先付款，后合同”的缔结程序虽与传统习惯相悖，但在合同自由之下，法院的态度也从拒绝转变为认可，例如，我国北京市第一中级人民法院在郭某诉微软拆封合同无效案中便认可了拆封合同的效力。[①] 拆封合同被认定为有效的根本理由在于，拆封合同的缔结机制使相对人获得了充分的合同审查机会，相对人也知悉点击同意按钮便意味着接受了拆封合同的内容，并且合同拟定者还向相对人提供了拒绝合同的机会，相对人可以终止软件安装，退回软件并获得返款。从整个流程来看，虽然拆封合同采取了“先付款，后合同”的反传统的缔约机制，但只要不是“拆封即表明同意”，合同在整体上仍然是公平的。拆封合同所衍生出的点击合同、浏览合同、点击浏览合同在缔结机制上有相似之处。在点击合同中，相对人拥有充分的合同审查机会，合同的订立也有赖于相对人审查合同条款后点击同意，能够明确表达合意，更容易被认定为合同成立并有效。我国法院在北京世纪卓越公司与孙某乐买卖合同纠纷案、王某丹与腾讯公司软件著作权许可合同案等案件中均认可点击合同的有效性，本文对点击合同的有效性不予详述。区别于点击合同，浏览合同并不需要相对人点击，用户有时甚至很难察觉浏览合同的存在。在这种情况下，“使用即表明同意”有将要约人意志强加于受要约人之嫌，用户一旦使用网站、应用程序便受浏览合同的约束，的确有欠公允。同理，在点击浏览合同中，用户必须点击超链接方可阅读合同，而事实上用户却很少会点击超链接，让用户接受未经其审查的超链接条款，似乎也不公平，业界对合同隐匿式处理的恶习也加剧了不公平。有学者认为电子格

---

① 参见李赛敏：《拆封合同的成立与效力——兼评郭力诉微软公司等拆封合同无效案》，载《中国专利与商标》2011 年第 4 期。

式合同违反传统合同的缔结机制，极大地侵害了消费者权益。① 在笔者看来，浏览合同与点击浏览合同的使用似有滥用合同自由之嫌，但网络环境相较于实体环境，有其特殊之处，针对实体环境的法律安排有时很难完全套用到网络环境中，考虑到网络技术、环境以及用户使用习惯等因素，不能强求电子格式合同采取传统的缔结方式，网络新型格式合同的使用具有相对合理性。

一、异化的缔约机制适应网络环境与用户习惯

浏览合同与点击浏览合同进一步强化了拆封合同本已扭曲的缔约机制，但这两种合同的使用场合较为有限，主要是免费场合与用户注册场合，与传统消费场合相对应的网络场合使用的主要是点击合同，而点击合同能够真实合意地形成。损害用户权益的其实主要是合同条款，而非缔约机制。浏览合同及点击浏览合同的缔约机制的确存在损害用户权益的可能，但对其予以规制，可以避免用户权益受损。

（一）缔约机制的技术合理性

迅速发展的网络技术、电子商务模式的一大目标便在于令用户可以更便捷地使用网络，使用户获得良好的使用体验，经营者与用户在此之上利益一致。自网络兴起至今，这一点始终没有发生改变，在采取大数据与人工智能技术后也是如此。网络缔约不可能使用纸质合同，这根本就不符合网络天性，而只能使用电子合同。② 一如传统，重复式网络缔约也必然会使用电子格式合同，电子格式合同在拆封合同的基础上抛弃纸质文本，演化成为点击合同、浏览合同、点击浏览合同。可以说，在网络技术环境下，这种合同异化具有必然性，因为网络由计算设备联网组成，可用于缔约的是计算设备中起人机交互作用的 IO 设备（In/Out 设备，即输入/输出设备），网络缔约机制也只能依托 IO 设备进行设计。

① Christina L. Kunz et al., *Browse-Wrap Agreements: Validity of Implied Assent in Electronic Form Agreements*, Business Lawyer, Vol. 59, p. 1 (2003).

② 在一定程度上，网络天生便是无纸化环境，若在电子商务及其他网络活动中使用纸质文件，将大大降低网络的使用效率。

网络经营者舍弃纸质文本，依托IO设备将合同改造为点击合同、浏览合同、点击浏览合同也在情理之中。从这一点来说，点击合同、浏览合同、点击浏览合同的出现与使用具有技术上的合理性与必然性。明显的是，如果禁止使用这些类型的电子格式合同，电子商务很难得到发展。

随着大数据与人工智能技术的运用，经营者又借助这些网络新型格式合同大量收集用户数据，并在合同中要求用户授予诸般权利，进而利用数据对用户进行画像。经营者无孔不入的数据收集与信息推送引发民众反感，屡屡发生的数据滥用事件引起民众的警惕与担忧，经营者的数据收集行为屡受质疑。但事实上，点击合同、浏览合同、点击浏览合同在大数据与人工智能技术产生之前便已存在并持续使用，缔约机制的技术合理性不会因其被用于大数据与人工智能中的数据收集、授权而被否定，尤其是，存在问题的主要是合同条款，而不是缔约机制。

（二）缔约机制的商业合理性

技术的成熟使网络得以兴盛，用户群的急剧攀升也放大了网络经营者的法律风险。然而，法律持续滞后于技术与网络的发展，无法提供充足的法律规则，致使经营者无法依据默示合同来厘清与用户之间的法律关系。在这种背景下，经营者通过电子格式合同来确定权利义务、控制法律风险是十分必要的。在大数据与人工智能技术得到普遍应用后，鉴于既定法对个人隐私的保护，如果不通过合同取得用户同意，经营者的数据收集行为将成为一种大规模侵权行为。虽然点击合同的确更能引起用户注意、保障合意的真实性，但点击合同相对烦琐的缔结方式决定了其难以运用于所有场合，浏览合同与点击浏览合同在相应场合的运用，具有商业合理性。

从缔约程序来看，浏览合同“使用即表明同意”与拆封合同“拆封便表明同意”异曲同工，均有经营者向用户强加合同的不公平之嫌。拆封合同通过授予相对人以撤销权实现了结果公平，而浏览合同却不存在这种挽回机制。对此笔者认为，这种反常态的缔约机制从宏观层面来看也并非那般不公平。如上述，技术因素与网络环境决定了电子格式合同的选择余地并不大，拆封合同主要运用于交易场合，而浏览合同主要运用于网络搜索、信息浏览等无须用户注册即可匿名使用的免费场合，用户无偿获得经营者耗费大量资源产生的网络内容，要求网站承担过高的义务与法律风险本便不当。若使用点击合同，用户每次匿名访问网站，网站都跳出合同文本，要求用户点击同意，将极大降低用户的访问效率与使用体验，在整体上也不利于网络经济的发展。在无须用户注册的网络搜索、信息浏览等场合，经营者使用浏览合同具有合理性。当然，这并不是说经营者提供浏览合同，合同便会成立。浏览合同的成立仍需具备相应的条件，这主要指的是要约通知必须具有显著性，否则“使用不能表明同意”。在数据收集上，经营者基于浏览合同取得的是默示同意，因此经营者不能基于浏览合同收集需用户明示同意的数据（如敏感数据），否则构成侵权。

点击浏览合同多运用于用户注册场合，若将多份合同、大量条款均在注册页面显示，虽无不可，却极为不便，与网络便捷化发展方向不符。经营者将用户注册协议从点击合同发展为点击浏览合同，将合同文本以超链接方式显现给用户，使用户知悉合同的存在与勾选同意的法律后果，从而令用户拥有充分的合同审查机会，这种缔约机制在商业上与法律上均具有合理性。不过，由于点击浏览合同包含了大量重要条款，因此经营者使用点击浏览合同的，应尽合理提示义务，使用户知悉相应的法律后果，否则将受到否定性评价。

二、异化的缔约机制不违反强行性规范与传统理论

传统法以实体环境为适用空间，当经营者在网络空间以传统法为基础发展符合网络特性的缔约机制时，自然会发生扭曲。浏览合同与点击浏览合同的特别之处主要在于反常态的缔结机制，而非合同内容。[①] 合同自由包括合同缔结方式自由，当事人可以自由选择订立合同的方式，

---

① 合同内容的异常与合同的缔结方式并不存在必然联系，即便在传统纸面合同中，也经常存在异常条款。虽然浏览合同、点击浏览合同经常存在不公平条款，但对合同条款效力的审查应当与合同是否成立、是否有效相区分。

但一方当事人的自由会与对方当事人的自由相冲突。[①] 格式合同也曾因欠缺实质协商而被认为异于合意本旨，构成对合同自由的侵害，但格式合同仍被认为存在合意，现代合同法以实质正义来矫正形式正义，干涉合意，设定格式合同效力规则，以保护缺乏议价能力的弱势相对人。拆封合同因采取了扭曲的缔约程序而导致其得到有效性认定较传统格式合同更为艰难，在美国判例法上历经多年方被接受。拆封合同源于（单方）合同自由，但对“先付款，后合同”的缔约机制的适法性评价仍然是围绕着合同的核心——“合意”来展开，其实也可看作综合衡量经济、技术、环境等因素而对合同自由的不同理解与运用。现代合同法不是简单的再生与死亡问题，而是在保证合同法基本规则的基础上，适应现代经济社会发展而衍生出新理论、新规则的问题。[②] 对浏览合同与点击浏览合同缔约机制的评价仍然应当围绕着合同自由与合意理论来展开。按照传统理论与现行规范，如果认为缔约机制可以体现合意，自然没有予以否定的必要。反之，若认为缔约机制无法体现合意，便应予以否定。事实上，在评价浏览合同与点击浏览合同缔约机制时，并不存在强行性规范作为施加否定评价的依据，况且在这些新型合同的缔约机制中，的确可以产生真实的合意。点击合同、浏览合同、点击浏览合同主要源于美国，至今仍有争议。反对者原本主要从合同、消费者保护的角度提出质疑，进而扩展到版权领域，在合同用于数据收集后，反对者又延伸到隐私与信息保护领域。

笔者认为，合同订立方式与合同条款效力是两个问题，不应混为一谈。浏览合同、点击浏览合同的确会存在不公平条款，但这是纯粹的条款效力问题，若将这些条款订入纸质合同，仍然会面临同样的问题。解决有关涉及新型权利义务的合同条款效力问题的关键是完善《个人信息保护法》等法律以及对经营者义务的强化，而不能因条款效力问题而逆推否定浏览合同、点击浏览合同的效力。浏览合同、点击浏览合同的缔

---

① 参见［美］亨利·马瑟：《合同法与道德》，戴孟勇、贾林娟译，中国政法大学出版社 2005 年版，第 23 页。

② 参见王利明：《合同法研究》（第 1 卷），中国人民大学出版社 2015 年版，第 5 页。

约程序看似“刻薄”，但从宏观上看，符合网络技术特点的浏览合同、点击浏览合同（以及点击合同）的缔约机制无疑是更有效率的，不过会在微观层面与公平产生冲突，损害用户权益。因此，浏览合同与点击浏览合同的首要问题在于如何妥当地设计缔约机制，后续问题在于如何控制条款以实现公平。在后者，应当尽快制定个人信息保护、数据处理等方面的法律，为合同条款效力认定提供依据，以保护相对人的权利。在前者，缔约机制应当能够保障用户的知情与合理预见，存在真实的合意，经营者在设计缔约机制时应当考虑到如何令当事人以合理注意便可以觉察合同的存在，提供容易理解的条款，而不是故意隐匿合同。如此，则按照传统理论与现行法，浏览合同与点击浏览合同可以得到认可，而如支付宝账单事件中的“芝麻服务协议”（我国存在大量此类隐匿式浏览合同、点击浏览合同），经营者采取的缔约机制根本无法保障形成真实合意，应予否定。若用户拥有合同审查机会却不阅读合同，则成为权利上的睡眠者，不影响合同的成立，不能出于对权利睡眠者的保护而妨碍产业的发展。

第三节　电子格式合同的成立

合同是否成立，关键在于缔约程序能否产生真实的合意。通过要约与承诺往复而形成合意是通常的缔约方式，拆封合同、点击合同、浏览合同、点击浏览合同的缔结亦是如此。在拆封合同缔结流程中的商品标价陈列、拆封、付款、软件安装、用户点击同意、使用软件等多个行为中，商品标价陈列构成要约，拆封行为并不构成承诺，最终的点击同意行为才构成承诺。[①] 在我国的郭某诉微软公司拆封合同无效案中，法院便采取了这种认定方式。点击合同使用了拆封合同的合同呈现方式与点

① 参见于海防、姜沣格：《软件交易拆封合同的一般性研究》，载《法学论坛》2009 年第 2 期。

击机制，经营者在网络页面向用户提供合同文本，构成要约，用户在点击之前拥有审查合同的机会，点击同意按钮之时便是合意产生之时。[①]由于点击合同的缔结是通过层层点击完成的，因此对于点击合同中要约、承诺的认定是较为简单的，按照传统合同法律制度的规定即可予以认定。在浏览合同与点击浏览合同中，情况则变得复杂，需要特别讨论。

一、对要约的认定

认定浏览合同与点击浏览合同能够形成合意的前提是存在有效的要约，在到达主义下，要约必须到达相对人才生效。在这两类合同中，考虑到网络环境、消费者保护等因素，要约的生效须在传统条件之外增设其他条件，在此之上，浏览合同与点击浏览合同的条件基本上是相同的。

（一）要约具有可获取性

在典型的浏览合同中存在以下关键行为：第一，经营者作为要约人将合同文本存储于网络地点；第二，经营者设置合同文本的超链接，并置于网站、应用程序某位置；第三，用户点击超链接，便可访问、阅读合同条款；第四，用户实施使用行为。[②] 在典型的点击浏览合同中存在以下关键行为：第一，经营者作为要约人将合同文本存储于网络地点；第二，经营者设置合同文本的超链接（有时是多项链接、多份合同），并设置供用户勾选的文本框、同意按钮；第三，用户点击超链接，便可访问、阅读合同条款；第四，用户勾选文本框；第五，用户点击同意按钮。浏览合同、点击浏览合同文本在内容上往往具体、确定，具有一经承诺便产生约束的意思，在实体上符合现行法对要约条件的规定，经营者将合同文本置于网站、设置合同超链接构成要约，当无疑问。问题集

① 在用户注册协议中，消费者往往只需要一次点击。在网络购物时，消费者往往需要多次点击。

② 大型网络经营者一般都会使用浏览合同来确定权利义务，但有的经营者不设置任何合同，在应用程序的安装流程中也只是要求取得用户设备的相关权限。对于经营者未提供合同的情形，也应当认为仍然存在合同，不过需要按照《民法典》合同编等的规定补充默示条款。

中在要约是否生效上，即要约是否到达受要约人，能否令相对人知悉要约的存在、拥有合同审查机会。要约未到达相对人的，要约不生效力，不存在用户同意、承诺的前提。

要约的传统到达往往是主动到达，即要约人将要约送至相对人处，[①] 而在浏览合同与点击浏览合同中，要约的到达则为被动到达，因为网站、应用程序用户具有随机性、偶发性，经营者不可能将合同文本主动传输至潜在用户。因此，浏览合同与点击浏览合同中的要约到达一般表现为要约可由受要约人获取，而非如传统般到达受要约人处。用户通过计算设备成功访问网站，便意味着网站信息已经到达用户，[②] 但各网站（以及移动端应用程序，下同）设计不同，能否基于网站信息到达而认定为要约到达，需要具体情况具体分析。如果用户访问网站的任何页面，均可出现覆盖网站页面的悬浮页或跑马灯等弹窗式浏览合同文本（在美国的 Hubbert v. Dell Corp. 案[③]中被告网站便是如此），自可认定为要约到达，即要约进入用户的控制范围，至于用户是否点击阅读，在所不问。然而，这虽满足法律对要约的要求，却会严重影响用户的使用体验，因此少有经营者采取这种方式。在浏览合同中，经营者一般是将合同文本设链接，并在用户访问网站时通知用户，此通知往往表现为冠以“网站使用条款”等名称[④]的超链接。在点击浏览合同中，用户一般是有意识地主动点击进入注册页面，经营者在打开的页面中向用户显示合同超链接通知，用户点击超链接便可转至存储合同文本的页面，予以审查。如果因未设超链接、超链接失效、无法找到超链接等原因而导致要约无法获取的，则只能认定要约已发送却未到达。

---

① 例如，要约人以递送合同文本、电话通知等线下方式以及发送电子邮件、网络即时信息等线上方式令要约到达受要约人。

② 经过域名解析，用户访问网站 IP 地址，读取网站内容而显现于用户设备，网站信息即为用户收到。

③ 835 N. E. 2d 113（Ill. App. Ct. 2005）.

④ 各网站的通知名称并不相同，“网站使用条款”“隐私政策”“免责声明”“网站声明”“使用协议”等名称均有使用。

（二）要约通知具有显著性

在技术意义上，网站、应用程序上的要约通常都具有可获取性，若用户仔细寻找，一般能够找到合同超链接，能够获取合同文本。但是，不能要求用户在获取合同文本上负有较高的注意义务，否则无异于将要约未到达的风险由受要约人承担。因此，要约的到达、可获取性问题，便转化为经营者的要约通知是否具有显著性的问题。在2000年美国第一起浏览合同案件 Pollstar v. Gigmania Ltd. 案[①]中，法院认为 Pollstar 网站上向用户提示浏览合同的超链接（要约通知）无下划线，并且在灰色背景色下使用灰色字体，提示不充分，认定浏览合同不成立。在2002年的一个相关案件[②]中，被告美国网景公司（Netscape）提供免费插件供用户下载，但用户只有将页面下拉至距“下载”按钮很远的位置方可看到合同，用户点击“下载”即完成软件安装，在软件安装过程中也未出现安装合同。法院认为，美国网景公司没有合理通知用户合同的存在，用户下载软件的行为并不表明其确定无疑地表示接受合同约束，浏览合同不成立。这两起否认浏览合同的判例均以网站未合理通知为由，否定了浏览合同的成立。但何为合理通知，成文法并无规定，美国判例法逐渐发展出合理通知的条件。在2005年的一个相关案件[③]中，被告在通过网站向用户销售个性订制电脑时，在每一页面上均使用醒目的蓝色超链接，将“销售条款与条件”通知用户，[④] 并且在最终的订购页面上标明“所有销售活动受被告销售条款与条件的约束”。但用户在诉讼中主张，只有经用户作出确认“销售条款与条件”的动作方成立合同关系，但被告并未在订购页中为用户设置可点击的按钮，并且用户只有在点击超链接时才能获悉条款，因此不能认定被告将“销售条款与条件”通知了用户。法院认为：“蓝色超链接将用户带至另一页面，就

---

① 170 F. Supp. 2d 974（E. D. Cal 2000）.

② 参见 Specht v. Netscape Communications Corp.，306 F. 3d 17（2d Cir. 2002）。

③ 参见 Hubbert v. Dell Corp.，835 N. E. 2d 113（Ill. App. Ct. 2005）。

④ Dell 公司在销售订制电脑时使用了数个合同，作为浏览合同的“销售条款与条件”存有强制仲裁条款，Hubbert 主张浏览合同不成立，强制仲裁条款无效。

如纸面合同的翻页，蓝色超链接通知具有显著性。常识是，在网上购买电脑的网站用户通常并非新手，其很快便会意识到，点击超链接会获得更多信息。”法院认为被告的通知具有显著性，可以将用户转至合同页面，结合被告所称“所有销售活动受被告销售条款与条件的约束”与可获取文本内容的“销售条款与条件”通知，会令理性人知悉“销售条款与条件”将约束交易，其应当在订购前阅读“销售条款与条件”。法院最终认定浏览合同成立。在2011年的一个相关案件①中，法院认为，超链接通知并未显现在购物初始页面上，用户需要经过多次点击后才能进入包含显著超链接通知的页面，浏览合同不成立。在2012年的一个相关案件②中，法院认为网站发出的超链接通知隐藏于诸多链接之中，极不显著，无法认定用户知悉合同文本的存在，用户的网站使用行为不能表明同意。在2014年的一个相关案件③中，网站虽然通知了合同的存在，但法院认为通知内容不合理，因为网站的通知并未完整表达出用户继续使用网站将导致受合同拘束的意思。

点击合同的有效性得到了相对普遍的认可（包括我国），毕竟在层层点击中，经营者已经向相对人提供了合同审查机会与充足的考虑时间。相比之下，浏览合同的有效性认定较为复杂，而对点击浏览合同有效性的认定则介于点击合同与浏览合同之间。在一个相关案件④中，被告的用户注册协议使用的是点击浏览合同，被告在“注册”按钮旁边告知相对人“通过点击按钮，表明你已经阅读也同意了服务条款”。基于有效的要约通知，法院认定合同有效。从美国浏览合同、点击浏览合同的判例来看，认定包含合同超链接的要约通知具有显著性，需要要约通知在位置、方式、完整性以及点击的便利性等方面符合合理谨慎用户

---

① 参见 Van Tassell v. United Marketing Group, LLC, 795 F. Supp. 2d 770 (N. D. Ill. 2011)。

② 参见 Zappos. com, Inc. v. Customer Data Security Breach Litigation, 893 F. Supp. 2d 1058 (D. Nev. 2012)。

③ 参见 Nguyen v. Barnes & Noble, Inc., 763 F. 3d 1171 (9th Cir. 2014)。

④ 参见 Fteja v. Facebook, Inc., 841 F. Supp. 2d 829 (S. D. N. Y. 2012)。

的一般注意标准，但对于通知的具体内容，不同法院观点不一。[①]《电子商务法》第33条规定："电子商务平台经营者应当在其首页显著位置持续公示平台服务协议和交易规则信息或者上述信息的链接标识，并保证经营者和消费者能够便利、完整地阅览和下载。"这一规定的前句可以理解为要约应当具备显著性，后句可以理解为要约应当具备可获取性。

在浏览合同与点击浏览合同中，若要约具有可获取性，且要约通知具有显著性，便可认定要约生效。对点击合同、点击浏览合同要约显著性的认定应当考量要约通知的名称与内容、要约通知在网页中所处位置以及要约通知的字体大小、颜色对比、用户获取的便利性等因素，在显著程度上应当达到一般理性用户以一般注意力便可注意到的程度，并且要约通知在内容上应当包括对法律后果的告知。[②] 在点击浏览合同中，要约通知还应附有供用户勾选的文本框（或采取具有同等功能的设计），否则不能认为用户之后点击同意按钮的行为包含了对要约通知所列超链接合同的承诺。我国大量企业所使用的浏览合同、点击浏览合同在要约通知上存在很大问题，如某些搜索引擎目前的超链接要约通知被冠以"使用前必读"的法律意义不明的名称，位于首页下端，但下拉便会消失，此超链接不会在搜索页面显示，用户在浏览器地址栏直接搜索的，会跳转到搜索结果页面，而不是搜索引擎首页，要约通知便自始不显现；某些应用程序电脑端的浏览合同并未发出要约通知，在使用过程中也不会显示要约通知；某些应用程序以极不显著的方式通知用户合同的存在，并且自行勾选文本框；某些应用程序的通知使用了较小的字体，甚至有些注册页面的要约通知连供勾选的文本框都未提供。并且，

---

① 技术的复杂性也加深了法律问题的复杂性，例如用户使用自动程序登录网站、应用程序时，经营者的通知对用户是否有效？用户在使用第三方账户登录时，一般不会收到经营者的通知，如何规制双方关系？

② 在点击浏览合同中，对法律后果的告知一般表现为"点击同意将表明您同意订立用户注册协议"等类似内容，但在浏览合同中，经营者很少在要约通知中告知法律后果，一般仅使用冠以诸如"网站使用条款"等简单名称的超链接，却无其他内容。浏览合同要约通知对法律后果的告知可以是"使用网站便表明同意'网站使用条款'"等类似表述。

绝大多数企业的通知未包含对法律后果的告知或告知内容不清晰，这将导致用户并不知悉使用行为、点击同意行为的法律后果。[①] 笔者认为，这些浏览合同、点击浏览合同的要约因无要约通知或要约通知不具有显著性而不生效，合同不能成立。

二、对承诺的认定

浏览合同中的“使用即表明同意”承袭的是拆封合同的“拆封即表明同意”，但拆封行为在拆封合同成立认定中却并无法律意义。那么在浏览合同中，用户的使用行为是否能够表明同意、构成承诺？在点击浏览合同中，经营者并未向用户直接出示合同，而是将合同以超链接方式置于同意按钮附近，用户的点击同意行为是否构成承诺？笔者认为，对此问题不可一概而论。

（一）浏览合同

在浏览合同中，“使用便表明同意”的声明令用户使用的事实行为与表示行为（承诺行为）重叠。判断用户的使用行为究竟是事实行为还是表示行为，关键在于认定用户实施使用行为时是否具有相应的内心意思。表示是对内心意思的外在公开，属于心理事实的信息告知，[②] 如果用户并无内心意思，那么使用行为便不构成表示行为，浏览合同不成立。[③] 问题在于，在这种场合中如何认定用户是否具有内心意思？对意思表示的解释主要以表示主义为原则，意思主义为补充，在实体环境中这可以相对合理且公平地解释当事人的意思。然而，囿于其他缔约证据的欠缺，表示主义似乎很难解释在浏览合同的网络缔结过程中用户究竟有没有订立合同的内心意思，若单凭用户使用行为在外部表示上符合网

---

① 京东与淘宝网使用了类似的注册流程，用户点击进入注册页面的，网站弹窗发出通知，告知法律后果以及合同概况。笔者认为这种缔约机制可以保障用户注意到合同的存在，并关注合同条款，合同要约具有显著性。

② 参见［德］维尔纳·弗卢梅：《法律行为论》，迟颖译，法律出版社2013年版，第57页。

③ 当然，这仅指的是网站所提供的浏览合同不成立，而非网站与用户之间不存在合同关系，本书不讨论此种场合中的默示合同及条款问题。

站声明，便以外部表示为准，而不顾不得为外人窥知的用户内心真意，对用户有失公允，也与常理不符。意思主义过度重视对用户内心真意的发现，在经营者难以提出其他证据的情况下便认定用户的使用行为非为表示行为，不构成承诺，对耗费大量资源的经营者也有所不公。在这种背景下，如何在简单的流程中相对公平地对缔约法律事实作出认定？笔者认为，应当按照一般理性人标准以表意人和受领人共同理解的意思来确定，即所谓标准意思。经营者提供浏览合同文本意在发出要约，若要约通知具备显著性，令一般理性人能够意识到要约的存在及使用行为的后果，要约具备生效条件，那便应当认定用户的使用行为构成承诺。反之，若要约通知不具备显著性，要约便不生效力，用户并无缔约目的，用户的使用行为徒具承诺表象，却无承诺意思，不构成承诺。不能仅以网站留存的用户使用记录而逆向推定用户知悉要约并作出承诺，否则将严重侵害用户的缔约自由。

在我国的朱某诉百度案[①]中，被告使用的是浏览合同。原告通过百度搜索引擎搜索关键词后，其他网站会向原告推送较为准确的关联信息，原告认为隐私权受到侵犯。一审南京市鼓楼区人民法院认为，由于被告在网站中默认的是网民同意被告使用Cookie[②]技术收集并利用网民的上网信息，网民可能根本就不知道自己的私人信息会被搜集和利用，更无从对此表示同意，这就要求被告在默认“选择同意”时要承担更多、更严格的说明和提醒义务，以便网民对被告的行为有充分的了解，进而作出理性的选择。但是，被告网页中的“使用百度前必读”标识，虽有说明和提醒的内容，但该文字却被放在网页最下方，不仅字体明显

① 参见南京市中级人民法院民事判决书，（2014）宁民终字第5028号。

② Cookie是由Web服务器创建的将信息存储在用户计算机上的文件，记录了用户对相应网站的使用记录，各网站一般都会设置Cookie。Cookie技术本是便利用户对网站的使用及网站对用户的服务，但此技术在产生之初便有泄露隐私之忧。用户浏览器在向服务器发送请求时，会将Cookie信息一并发送给服务器。服务器据此可以识别独立的浏览器，以维护服务器与浏览器之间的会话状态，例如判定该浏览器是否已经登录过网站，是否在下一次登录网站时保留用户信息以简化登录手续，等等。当用户电脑中有多个不同内核的浏览器时，用户使用不同的浏览器访问同一服务器时，会被服务器识别为多个独立访客；当网络用户在同一电脑上使用同一浏览器时，则会被服务器识别为同一访客。

较小，而且还夹放在“© 2014Baidu”与“京 ICP 证 030173 号”中间，实在难以识别并加以注意，无法起到规范的说明和提醒作用，不足以让原告明了存在“选择同意”的权利。二审法院南京市中级人民法院推翻了一审判决。二审法院认为被告将“使用前必读”的链接设置于首页下方与互联网行业通行的设计位置相符，链接字体虽小于首页中心位置的搜索栏字体，但该首页的整体设计风格为简约型，并无过多图片和文字，网络用户施以普通注意义务足以发现该链接。二审法院认为被告已经明确说明 Cookie 技术、使用 Cookie 技术的可能性后果以及通过提供禁用按钮向用户提供退出机制，原告在被告已经明确告知上述事项后，仍然使用搜索引擎服务，应视为对被告采用默示“选择同意”方式的认可。

笔者认为，二审法院的判决是值得商榷的。被告将浏览合同文本存储于网络地点、发出超链接通知，构成要约，且具有可获取性，但基于判决所述超链接通知的名称、位置、字体、颜色等案件事实，应当认定被告向原告发出的要约通知不具有显著性，因此不能认定要约到达，原告的使用行为并不构成承诺，浏览合同不成立。被告在合同未成立的情形下收集用户数据，构成侵权（不一定是隐私权侵权）。百度目前的超链接通知位于首屏下端，但使用高分辨显示器而放大显示的话，首屏下端有时不显示，需要下拉方能显示通知，并且一旦滚动屏幕，超链接通知便会消失。此通知使用了较小的字体、对比度较弱的色彩，而首屏中的各栏目（包括新闻、地图、视频、贴吧等）却使用了加黑字体。基于对各大型互联网经营者的网站、应用程序的分析，我国互联网行业的确存在所谓的通行设计，大量企业使用较小的字体、对比度较弱的色彩、靠下的位置，甚至会对通知进行一定程度的隐匿，而宣传性文字、供用户输入信息的文本框、同意按钮却非常显著，这无益于合同的有效性认定。笔者认为，我国互联网行业的这种通行设计实属恶习，行业仍未形成足够的尊重消费者的观念，这种恶习不应当得到法院的肯定与支持，相反应被驳斥。令人遗憾的是，我国法院在相关诉讼中大多持合同成立的态度。

笔者认为，在浏览合同要约所要求的“使用即表明同意”下，认定用户的使用行为是否构成承诺，关键在于经营者发出的要约是否具有可获取性、要约通知是否具有显著性。具备的，用户的使用行为构成承诺；不具备的，不能仅以要约的存在以及用户的使用行为在表面上符合要约所要求的承诺行为表象，便认定构成承诺。因为，承诺人欠缺缔约目的，欠缺作为意思表示要素的内心意思，使用行为不构成承诺。否则，便属于不符合私法自治原则的他人决定。[①] 规制浏览合同的缔结，关键在于要求经营者必须发出显著的要约通知。

（二）点击浏览合同

不同于浏览合同，点击浏览合同主要用于用户注册（包括后续的合同修订[②]），用户一般是有意识地主动点击进入相关页面。在页面中，经营者将点击浏览合同超链接包含于要约通知内，在合同超链接附近设置文本框供用户勾选，并设置同意（或下一步等）按钮，用户点击同意按钮才能完成用户注册。如前述，点击浏览合同要约通知必须具有显著性，要约才能生效。要约生效的，用户在勾选文本框后点击同意按钮的行为构成承诺。笔者认为，具有显著性的要约通知应当包含供用户勾选的文本框（或类似的可用于表明用户同意超链接所列点击浏览合同的设计），并应当由用户主动勾选，而不能由系统自行勾选，如此才能引起一般理性用户对合同的注意。用户的主动勾选行为表明其知悉合同的存在、拥有合同审查机会，之后的点击同意按钮便包含了对点击浏览合同的承诺。若因要约通知不显著而致要约不生效的，用户的点击同意按钮行为虽然完成了用户注册，但是超链接所列点击浏览合同不能成为用户注册协议的内容，经营者与用户的合同按照《民法典》合同编等法律规定补充默示条款。

我国已经出现为数不少的点击浏览合同案例，不过法院却基本未对

① 参见［德］迪特尔·梅迪库斯：《德国民法总论》，邵建东译，法律出版社2000年版，第327页。

② 有的经营者在修订合同后，会在用户使用账户时跳出弹窗通知，用户点击同意才可继续使用账户。

合同的成立与生效进行分析。在吴某飞与互爱互动（北京）科技有限公司、腾讯公司网络服务合同案中，腾讯公司的“应用用户协议”使用的是点击浏览合同，法院基于超链接通知左侧文本框已自动勾选而认为属于未采取合理方式提请消费者注意，双方争议的管辖条款无效。[①]在高某与腾讯公司网络服务合同案、张某穆与腾讯公司网络服务合同案中，法院也作出同样认定。[②]但在谢某峰与腾讯公司财产损害赔偿案、腾讯公司与陈某军财产损害赔偿案中，法院却认定涉案“腾讯游戏许可及服务协议”中的管辖条款有效。[③]在丁某宏与腾讯公司案中，原告诉称腾讯公司查阅其微信朋友圈数据、推送广告的行为侵犯隐私权。法院未对原告与腾讯公司间的“腾讯微信软件许可及服务协议”的订立流程进行审查，便直接基于合同有效而认定腾讯公司有权在原告的朋友圈推送广告。[④]

从我国互联网实践中用户注册页面的通行设计来看，作为点击浏览合同的用户注册协议实际上混合了用户注册为会员的内容与对会员权利义务进行具体约定的内容（超链接条款），要约通知相应地也包含这两部分内容。在前者，页面设置极为显著，用户填写用户名、密码并提交，即可完成注册，基本不存在问题，存在问题的是后者。同于前文的分析逻辑，只有超链接条款通知具有显著性，使超链接条款处于可由用户注意、获取、审查的状态，才能认定用户在点击同意时具有对超链接条款的缔约意图，承诺包含超链接条款。为具备显著性，超链接条款通知应使用妥当的名称、字体、位置、颜色、对比度，达到使一般理性用户以一般注意便可注意到的程度。并且，超链接条款通知还应对法律后果进行告知，使用户知悉点击同意的法律后果，产生缔约意图。此时，设置由用户主动勾选以外显缔约意图的文本框是一种较为妥当的设计，

① 参见北京市第三中级人民法院民事裁定书，（2017）京03民辖终831号。

② 参见长沙市中级人民法院民事裁定书，（2017）湘01民辖终1090号；六安市中级人民法院民事裁定书，（2016）皖15民辖终43号。

③ 参见深圳市中级人民法院民事判决书，（2017）粤03民终5123号；乌鲁木齐市新市区人民法院民事裁定书，（2016）新0104第5366号。

④ 参见南京市中级人民法院民事判决书，（2017）苏01民终9238号。

当然也可以采取能够起到同等功能的其他设计。若超链接条款通知不具有显著性，即便用户点击同意作出承诺，也只能认定承诺仅针对注册，用户注册协议仅包括会员注册的内容，不包括超链接条款。

目前，我国许多互联网经营者所采取的用户注册流程大多存在一些需要进一步完善的问题，这主要表现为用户注册的内容极为显著，超链接条款通知却不够显著。例如，某应用程序在用户注册页面中表述称："我同意并阅读'用户协议'和'隐私条款'"。左侧的文本框已由系统自动勾选，用户点击"进入头条"按钮便可完成注册。在笔者看来，首先，"我同意并阅读"语义不明（应当为"我阅读了并同意"），对法律后果的告知不清；其次，"进入头条"按钮难以使普通用户产生点击按钮将订立合同的预见。笔者认为，这一用户注册页面中并不存在有效的要约，用户的点击行为不构成承诺，该点击行为（浏览合同包括会员注册的内容与超链接条款）应被整体认定为不成立。另一常用应用程序使用了"注册"按钮，虽未设置文本框，但较完整地表述了点击"注册"按钮的法律后果，不过超链接条款通知使用了页面中最小的字体、最浅的颜色，显著性明显不足。笔者认为，该款应用程序的超链接条款通知不够显著，用户的承诺不包括超链接条款，超链接条款不是合同内容。无论是合同不成立，还是超链接条款不是合同内容，经营者基于超链接条款而收集用户数据的行为均构成侵权，用户数据不属于经营者。

电子商务竞争愈加激烈，为了吸引消费者，经营者需要提高消费者的用户体验，因此会想方设法简化网络购物流程，包括简化合同的缔结流程。然而，合同缔结虽被简化，合同条款却愈加烦琐。这种反差导致的结果是，合同缔结越是简便，消费者越是难以注意到合同条款。《电子商务法》第 33 条的规定在一定程度上涉及点击合同、浏览合同、点击浏览合同的订立，但是，首先，这一规定仅针对平台经营者，而不针对如华为、小米等自建网站经营者以及其他电子商务经营者；其次，这一规定在内容上涉及要约的显著性与可获取性，而未涉及承诺。而如上文分析，我国业界普遍使用的电子格式合同在对承诺行为的设计上是存在问题的，《电子商务法》的规定在此方面仍然存在不足。现今，互联网企业、电子商务经营者之间的案件往往获得较高的关注与研究，消费者与经营者之间的案件所获关注却是比较少，法院也很少针对电子格式合同特殊的缔结流程来分析合同的成立与生效。司法裁判应当发挥指引功能，矫正电子格式合同缔结中的利益失衡，而不是武断地对一应合同均予认可，这不仅不利于消费者权益保护，也不利于我国电子商务、大数据、人工智能产业的良性规范发展。另外，即便在一般意义上认可点击合同、浏览合同、点击浏览合同的效力，也不意味着我国业界所具体使用的合同便是有效的，这取决于其所采取的缔结机制是否妥当。即便在个案中认可合同有效，也不意味着合同中的条款也是有效的。电子商务经营者简化缔约流程方便了消费者，却也损害了消费者权益，经营者需要在二者间进行平衡，使消费者权益不至于在简化的缔约流程中受到损害。

第八章　消费者安全权的保护

安全权，是指消费者在购买、使用商品或接受服务时所享有的人身和财产安全不被侵犯的权利。安全权包括两方面的内容：第一，人身安全权，这主要表现为消费者的生命、身体、健康不受损害；第二，财产安全权，这主要表现为消费者的财产不受损害。《消费者权益保护法》第 7 条规定："消费者在购买、使用商品和接受服务时享有人身、财产安全不受损害的权利。消费者有权要求经营者提供的商品和服务，符合保障人身、财产安全的要求。"消费者的安全权除在《消费者权益保护法》中得以规定外，在《产品质量法》《食品安全法》等法律中也有所体现，只是不同法律规定的角度有所差异。在线上环境，对消费者安全权的保护主要涉及两个方面：第一，对网络化的传统安全利益的保护；第二，对因交易的网络化而产生的安全利益的保护，这主要包括对线上安全环境的保护与对电子化商品、服务安全的保护。

一、安全权从线下环境向线上环境的延伸

安全权属于消费者基本权利，"人是有需求的，人的需求在一般情况下首先体现为人为了生存，维持生命的基本生存需求；体现为生理、安全的需求；体现为对作为基本生活需要的商品和服务的需求。那么，消费者通过交换，以商品和服务来满足这种需求，就意味着生存的实现，生命的持续就有了保障。否则，生存就是乌托邦，就没有生命，就没有人，就没有历史。这是一条基本规律，尽管它时常有意、无意地被人忽视和掩盖。也许正基于此，消费者权利是以确保消费者的生命健康和安全为中心的，即使其中的了解权，亦可从生存权

中求得根据……”[①] 日本学者奥岛孝康指出，“经济上弱者的权利，具有以生存为起点的权利性质，即使消费者的选择自由，也显著地向生存权倾斜，至于竞争政策的问题，公权力的介入问题，其结果也无非是在现代经济社会中确保消费者的生存权。”[②]

保障消费者的人身和财产安全是消费者安全权的核心，无论是在线下消费环境，还是在线上消费环境，人身与财产安全利益均是消费者的核心利益。消费者安全权受到侵害的主要表现是经营者提供的商品、服务存在缺陷，导致消费者在使用商品、接受服务的过程中人身、财产受到损害。《消费者权益保护法》《产品质量法》《食品安全法》等对消费者的一般性安全利益与特别性安全利益施加了一般法与特别法的保护。在线上消费环境，消费者的人身、财产安全利益并未产生区别于线下消费环境的质的区别，消费者在线上消费环境购买商品、接受服务，所产生的变化仅仅只是消费者的购买方式从线下转移到线上。在通常意义上，经营者侵害消费者安全权主要表现为提供了不合格的或者有缺陷的商品、服务，不合格的或者有缺陷的商品、服务是侵害安全权的关键因素，商品、服务的流通或提供渠道并不是关键问题。电子商务只是改变了经营者向消费者提供商品、服务的渠道、方式。因此，通过实体性的商品、服务侵害消费者安全权的行为在线下、线上两种环境中基本没有太大差异，线下消费环境的安全权仍然可以完整地延伸到线上消费环境。简单说来，消费者在线下店铺或线上店铺都有可能买到一台使用后发生爆炸的电视机，《消费者权益保护法》《产品质量法》等法律的适用，并不会因为购买途径的变化而有所不同。并且，O2O 模式在我国已经比较成熟，线上环境与线下环境的区隔在很大程度上已经被打破，一些电子商务模式实现了涵盖线上环境与线下环境的闭环，例如食品外卖、共享单车、网络约车等，保护消费者安全权的关键仍然在于商品、服务本身。

---

① 屈茂辉：《消费者权利探微》，载《消费经济》1995 年第 2 期。

② 梁慧星：《社会主义市场经济管理法律制度研究》，中国政法大学出版社 1993 年版，第 247 页。转引自屈茂辉：《消费者权利探微》，载《消费经济》1995 年第 2 期。

在线上消费中，出现假货的可能性并不低于线下消费，而由于消费者在购物时无法亲自体验，出现假货的可能性甚至更高。线上消费便一直受到假货问题的困扰，多年以来也没有得到完全解决。2015 年 1 月，国家工商总局公布了《2014 年下半年网络交易商品定向监测结果》，结果显示：92 个批次的样品采集，其中 54 个批次样品为正品，正品率为 58.7%；从各购物网站的检测结果看，淘宝网样本数量最多，为 51 个，但正品率最低，仅为 37.25%。[①] 2021 年 11 月 15 日中央电视台“央视新闻”栏目报道，江苏警方捣毁多个制售假冒吹风机的窝点，现场扣押假冒“戴森”吹风机 7000 多件，假冒商标 20 多万个，这些商品在淘宝、闲鱼、微店等平台进行销售。[②] 中国电子商务中假货横行是一个无法否认的问题，如果消费者购买的是涉及生存利益的商品，消费者的安全将受到极大危害。

随着网络外卖的盛行，消费者购买到不合格食品的报道屡见不鲜，甚至有大量的卫生条件极差的小作坊也通过了外卖平台的审核，这会导致消费者安全权受到侵害，并可能产生严重的损害后果。《网络餐饮服务食品安全监督管理办法》第 4 条要求入网餐饮服务提供者应当具有实体经营门店并依法取得食品经营许可证，并按照食品经营许可证载明的主体业态、经营项目从事经营活动，不得超范围经营。第 6 条要求网络餐饮服务平台提供者建立并执行入网餐饮服务提供者审查登记、食品安全违法行为制止及报告、严重违法行为平台服务停止、食品安全事故处置等制度，并在网络平台上公开相关制度。第 8 条要求网络餐饮服务平台提供者应当对入网餐饮服务提供者的食品经营许可证进行审查，登记入网餐饮服务提供者的名称、地址、法定代表人或者负责人及联系方式等信息，保证入网餐饮服务提供者食品经营许可证载明的经营场所等许

① 参见工商总局：《2014 年下半年网络交易商品定向监测结果》，载国家网信办网站，http://www.cac.gov.cn/2015-01/24/c_1114117219.htm。

② 章伟秋主持：《网售假吹风机案调查》，中央电视台“每周质量报告”栏目 2021 年 11 月 14 日播出，https://tv.cctv.com/2021/11/14/VIDESOyOyfOohZS2GpT2Uqoe211114.shtml?spm=C45404.Pag6AlpQ6s31.ETKXLl1Lkqm2.8。

可信息真实。《网络餐饮服务食品安全监督管理办法》对网络餐饮服务的规定极为详尽，不仅对网络餐饮食品的制作、加工、销售进行了规定，还对各类服务提供者的身份、备案、登记、管理、处罚进行了规定。最高人民法院《关于审理网络消费纠纷案件适用法律若干问题的规定（一）》第18、19条根据《食品安全法》的规定，对网络餐饮服务平台经营者、入网餐饮服务提供者侵犯消费者权益的责任作出了规定。

在私法保护机制上，线上、线下消费环境的不同，并不会令消费者安全权的保护方式、保护结果产生太大差异。《消费者权益保护法》第18条第1款规定："经营者应当保证其提供的商品或者服务符合保障人身、财产安全的要求。对可能危及人身、财产安全的商品和服务，应当向消费者作出真实的说明和明确的警示，并说明和标明正确使用商品或者接受服务的方法以及防止危害发生的方法。"无论经营者在何种环境向消费者提供商品、服务，均应遵守此规定，线上线下，无甚不同。经营者提供的商品、服务造成消费者损害的，应当按照《民法典》《产品质量法》《食品安全法》等的规定，向消费者承担赔偿责任，在归责原则、责任要件等方面，线上线下是一致的。然而，在公法保护机制上，线上线下不同交易环境会产生监管、保护方式的极大不同，因为监管者需要同时面对线下环境与线上环境，而这两种环境所采取的技术手段、交易模式存在很大差异，监管者需要考虑网络环境及商业模式的特殊之处，发展出具有针对性的监管手段。例如，市场监管局等行政机关需要持续监测通过网络提供的商品、服务的质量，打击虚假广告、虚假宣传，通过大数据分析等方式提前发现，介入大规模的制假、售假等侵害消费者安全权的行为。

消费者就实体商品、服务的安全利益普遍存在于线下环境与线上环境，线上环境中的安全权保护问题基本同于线下环境。简单说来，无论在线上还是在线下，商品、服务的假冒伪劣问题是侵害消费者安全最主要的问题。

二、对线上环境消费者安全权的保护

无论是传统的店堂交易，还是通过网络进行的电子交易；无论在线下消费，还是在线上消费，安全始终是消费者最基本的需求。在任何环境中、任何类型的交易中，都应当保障消费者的人身、财产安全。在线上环境中，不仅会涉及同于线下环境的安全问题，还会涉及线下环境不会出现的安全问题，这主要表现为线上交易安全问题与电子化商品、服务的安全问题。

（一）线上交易的安全

1. 消费者线上交易安全问题

网络自产生之初，便是不安全的。计算机、智能终端及起连接作用的网络是电子商务的基础，计算机、智能终端、网络均有不安全之处，电子商务天生便处于不安全的环境中，当重要的网络节点崩溃，接受其服务的交易都将处于不安全状态。2006 年 12 月 27 日，我国台湾地区地震震断海底光缆，导致我国大陆对外的通信线路大量中断；[①] 2010 年 11 月 5 日，上海证券交易所的一台负责撮合交易的主机发生故障而宕机，立即引发了市场报单变慢等结果；[②] 2014 年 1 月 21 日，因 DNS[③] 域名解析根服务器受到攻击，导致中国“.com”类 DNS 域名服务异常，大量网站无法访问；[④] 2015 年 5 月 27 日，因杭州市萧山区某地光纤被挖断，导致支付宝服务器机房断电，进而发生支付宝大面积瘫痪，交易无法进行。[⑤] 在世界范围内，因网络安全所引发的问题不胜枚举，其中有一些会导致消费者安全权受损。例如，支付宝中的资金进出均由计算机记录而不会留存纸面记录，2015 年 5 月 27 日的支付宝服务器故障导致

---

① 参见计红梅：《海底光缆断裂：上亿元损失换来的启示》，载科学网 2007 年 2 月 28 日，https://news.sciencenet.cn/sbhtmlnews/20072282353256317371 3.html。

② 参见小兼：《细数历史上交易所系统故障那些事儿》，载财视网 2018 年 12 月 3 日，http://www.caishiv.com/insight/detail? id=899。

③ DNS（Domain Name System，域名系统），因特网上作为域名和 IP 地址相互映射的一个分布式数据库，能够使用户更方便地访问互联网，而不用去记住能够被机器直接读取的 IP 数串。

④ 参见贾中山：《“.com”遭攻击 6 成网站瘫痪　普通网民网购受影响》，载中国经济网，http://finance.ce.cn/rolling/201401/22/t20140122_2183059.shtml? _t=t。

⑤ 参见苏丹：《支付宝携程都崩溃了，个人网络隐私怎么保护?》，载新京报网，http://www.bjnews.com.cn/video/2015/05/29/365100.html。

大量交易无法通过支付宝完成付款，若支付宝发生更为严重的问题，消费者的款项记录发生错误也并非不可能。依托于各种节点所搭建起的网络，天生便是不安全的、脆弱的。

在电子商务中，线上安全问题的表现各式各样。在电子商务中所出现的骚扰诈骗、信息泄露、恶意软件、病毒木马等常见报端，其中一些是由黑客等不怀好意者所实施，而有一些却是由经营者所实施的，或者是因经营者而产生的。我国的电子商务发展水平居于世界前列，早已经过了仿效外国的阶段，经营者不断探索各种电子商务模式，甚至在取得成功之后向国外输出。但是，不成熟的电子商务模式经常会因其自身的欠缺而置消费者于不安全之中，即便在成熟的电子商务模式中，消费者也不一定就是安全的。网络购物模式已经非常成熟，但目前仍无法避免的一种情形是，消费者要接收快递就必须提供真实的电话号码和地址，卖家、快递公司便可以获取这些信息，这也会令消费者处于不安全状态。目前，提供虚拟号码服务的仍然是比较少的。消费者因给经营者“差评”而受到威胁的事例常见诸报端，卖家向消费者打电话、发短信要求取消差评，或者向消费者寄送不当物品以泄私愤，甚至有卖家雇人上门殴打消费者……①消费者不安全状态的形成与经营者所采取的商业模式有很大关联，如 2017 年 9 月 7 日的“苏某自杀”事件便暴露出某婚恋网站商业模式的缺漏。据报道，苏某与其前妻翟某均为某婚恋网站的认证会员，但翟某的婚史等信息存在虚假。据调查，尽管婚恋网站大多设置了实名注册门槛，但信息审核存在漏洞，关于年龄、学历、婚姻状况等注册信息都能作假，假身份、假学历也能轻易获得网站认证。②按通常经验，若网站审核注册用户的真实信息，需要将年龄信息接入公安身份查询系统，将婚姻信息接入民政婚姻查询系统，将学历信息接入教育部学历查询系统。虽然我国政府部门在逐渐进行数据公开，但是诸

---

① 参见雨田：《女子因给差评被卖家上门暴打》，载网易网 2015 年 12 月 24 日，https://news. 163. com/photoview/00AP0001/106642. html#p = BBJCFJV500AP0001。

② 参见王飞翔、刘经宇、田为：《婚恋网站虚假信息轻松过审》，载人民政协网，http://www. rmzxb. com. cn/c/2017 - 09 - 13/1789806. shtml。

多信息目前仍然无法方便地查询。即便用户提供相关信息，并以证件辅证，但网站是否审核证件的真假、是否接入行政部门相关系统进行对比，颇有疑问。除电子商务模式本身的缺漏外，网络固有的不安全性也是造成消费者安全权受损的重要原因。在网络领域，“道高一尺，魔高一丈”系属常态，各种网络攻击层出不穷，网络安全漏洞的存在是必然的。

按照《网络安全法》第76条的定义，网络安全指通过采取必要措施，防范对网络的攻击、侵入、干扰、破坏和非法使用以及意外事故，使网络处于稳定可靠运行的状态，以及保障网络数据的完整性、保密性、可用性的能力。一般而言，网络安全的内容主要包括以下几个方面：第一，硬件安全。经营者应当保障计算机与网络机房的物理安全，使用安全的计算机硬件，配置安全的网络设施，并保障其安全运行。第二，系统安全。经营者应当保障网络系统能够安全运行，防范非法侵入、篡改、病毒侵害等，设置安全的用户账户体系、身份认证手段、权限控制手段等。第三，信息安全。经营者应当保障信息储存安全和信息传输安全，制定内部管理规程并采取加密等技术手段，避免信息被他人截获、窃取、篡改、伪造等。经营者应当进行数据备份，具有容灾恢复的能力，以备不时之需。网络上的安全事件层出不穷，在某种意义上，无法实现彻底的、完全的网络安全，只要消费者进行网络交易，必然会存在安全风险。对此，一方面，经营者应当向消费者提供安全的网络交易模式、环境，尽量提供与技术水平相适应的安全保障，使消费者处于安全的环境之中。另一方面，法律应当详细规定经营者的安全保障义务，并厘清责任分配，以利于对消费者安全权的保护。

2. 对消费者线上交易安全的保护

对消费者线上安全的保护，涉及私法机制、公法机制与软法机制。网络的特点决定了，应主要基于公法机制保护消费者线上交易安全。

我国《消费者权益保护法》未对经营者的安全保障义务作出统一规定，而只是在第16条第3款中一般性地规定经营者应当保护消费者权益，“经营者向消费者提供商品或者服务，应当恪守社会公德，诚信经营，保障消费者的合法权益；不得设定不公平、不合理的交易条件，不得强制交易。”《消费者权益保护法》第 18 条第 2 款规定：“宾馆、商场、餐馆、银行、机场、车站、港口、影剧院等经营场所的经营者，应当对消费者尽到安全保障义务。”此规定沿袭了《侵权责任法》第 37 条（现为《民法典》第 1198 条）的规定，细化了实体环境中特定场所对消费者承担的安全保障义务，但未规定线上虚拟环境中的网络交易平台提供者以及具体的销售者、服务者也应承担安全保障义务。[①]《消费者权益保护法》第 44 条所规定的网络交易平台提供者对消费者的损害赔偿责任，主要是因为网络交易平台提供者无法向消费者提供侵犯消费者权益的销售者、服务者的真实名称、地址等信息，该条规定也未规定网络交易平台对消费者应当承担安全保障义务。《消费者权益保护法》对经营者安全保障义务的规定基本上照搬了原《侵权责任法》的规定，对于线上环境安全，《消费者权益保护法》涉及不多。相比之下，《网络安全法》的规定更为细致。《网络安全法》围绕网络运行安全与网络信息安全，全面规定了经营者的安全义务。按照《网络安全法》第 21 条总括性的规定，网络运营者应当按照网络安全等级保护制度的要求，履行安全保护义务，保障网络免受干扰、破坏或者未经授权的访问，防止网络数据泄露或者被窃取、篡改；制定内部安全管理制度和操作规程，确定网络安全负责人，落实网络安全保护责任；采取防范计算机病毒和网络攻击、网络侵入等危害网络安全行为的技术措施；采取监测、记录网络运行状态、网络安全事件的技术措施，并按照规定留存相关的网络日志不少于 6 个月；采取数据分类、重要数据备份和加密等措施。《数据安全法》规定了相关主体应当建立健全数据安全管理制度，组织

---

① 在实体环境中，商场会通过出租柜台等方式使销售者、服务者入驻商场，销售者、服务者通常不需要为交易环境的安全性承担保障义务（当然其也往往无力保障交易环境的安全性），而由商场承担义务。但在线上交易环境中，不仅网络交易平台提供者需要保障交易平台的安全性，在平台上的销售者、服务者也应当保障具体交易的安全性，不使之暴露于外而受到攻击。

开展数据安全教育培训，采取相应的技术措施和其他必要措施，保障数据安全。利用互联网等信息网络开展数据处理活动，应当在网络安全等级保护制度的基础上，履行上述数据安全保护义务。《数据安全法》还对风险监测、数据安全、数据出境等事项作出了规定。《个人信息保护法》对个人信息处理者义务的规定中也包括保护个人信息安全的内容。《网络安全法》《数据安全法》《个人信息保护法》的规定着眼于一般意义上的网络、数据、个人信息的安全，并未在“消费者—经营者”的构造中对安全问题作出专门规定，《电子商务法》则专门涉及电子商务中经营者对消费者的安全保障义务。《电子商务法》第 5 条一般性地规定了电子商务经营者承担保护网络安全与个人信息安全的义务，第 30 条要求平台经营者应当采取技术措施和其他必要措施保证其网络安全、稳定运行，防范网络违法犯罪活动，有效应对网络安全事件，保障电子商务交易安全。平台经营者应当制定网络安全事件应急预案，发生网络安全事件时，应当立即启动应急预案，采取相应的补救措施，并向有关主管部门报告。经营者违反相应的网络安全保障义务的，将受行政处罚。《电子商务法》还对电子支付中的安全问题以及相关的损害赔偿问题作出了规定。按照《电子商务法》第 54 条的规定，电子支付服务提供者提供电子支付服务不符合国家有关支付安全管理要求，造成用户损失的，应当承担赔偿责任。《电子商务法》第 57 条要求用户应当妥善保管交易密码、电子签名数据等安全工具。用户发现安全工具遗失、被盗用或者未经授权的支付的，应当及时通知电子支付服务提供者。未经授权的支付造成的损失，由电子支付服务提供者承担，但电子支付服务提供者能够证明未经授权的支付是因用户的过错造成的，不承担责任。电子支付的安全保障关系重大，在《电子商务法》的规定之下，只要用户尽到了保密义务，错误的或者说未经授权的支付，均由支付服务提供者承担责任。电子商务经营者对安全保障义务的违反将产生私法责任与公法责任。不过，《电子商务法》只在第 83 条规定了平台经营者对消费者未尽到安全保障义务（包括网络安全保障义务）的行政责任，而未规定其他电子商务经营的行政责任。

在复杂的网络架构中，不同类型的经营者或多或少地都承担网络安全保障义务，但具体的网络安全保障义务有所不同，这主要取决于经营者的类型以及在网络结构中的层级、地位、作用。在网络中，越是接近网络底层的经营者，承担的义务就越重，而网络上层的经营者承担的义务相对较轻。具体而言：第一，在以平台经济为主的购物类（包括服务）电子商务中，负有网络安全保障义务或者为维护线上环境安全义务的经营者主要是平台经营者，而非平台内经营者。在网络购物中，入驻网络平台的经营者所使用的交易平台、技术均由底层的经营者或平台经营者提供，其义务主要是消极的，例如不得不当收集用户数据、不得泄露用户数据、不得令消费者失去安全保护，而这些问题经常会与个人信息权相关，与网络安全问题并不必然相关。在个人信息保护义务之外，平台内经营者所承担的网络安全保障义务与传统的线下环境中的安全保障义务其实并无本质区别。第二，在网络社交中，社交网站、应用程序的经营者是网络安全保障义务的承担主体。社交网站或应用程序（如微博、微信、QQ、脉脉、钉钉等）本身也被称为平台（社交平台），但此平台与网络购物中的平台并不相同，其通常属于《电子商务法》中的“自建网站”，承担网络安全保障义务。第三，在网络购物、社交之外的数据存储、云计算等非平台网络服务中，经营者往往是唯一的，无平台经营者、平台内经营者之分，承担网络安全保障义务，如百度云、阿里云。第四，提供网络接入服务（如宽带服务）、公共通信服务（如手机通信）的经营者等所承担的网络安全保障义务较重，其需提供安全信道、提供安全访问、保障信息安全。在《网络安全法》中，此类经营者被称为“网络运营者”。不过，网络运营者与《电子商务法》中的电子商务经营者并不是一一对应的概念，并不是所有的电子商务经营者均属于《网络安全法》中的网络运营者。第五，关键信息基础设施的运营有时也会涉及消费者安全权保护问题。按照《网络安全法》的规定，关键信息基础设施运营者承担的义务较为繁重，例如，设置专门安全管理机构和安全管理负责人，对该负责人和关键岗位的人员进行安全背景审查，定期对从业人员进行网络安全教育、技术培训和技能考核，对重要系统和数据库进行容灾备份，制定网络安全事件应急预案，并定期进行演练，等等。在此方面，除前述规定外，《计算机信息系统安全保护条例》《计算机信息网络国际联网安全保护管理办法》《互联网上网服务营业场所管理条例》《关于维护互联网安全的决定》《商用密码管理条例》也作出了大量规定。

在网络交易中，消费者应当足够谨慎、小心，提高自身的安全意识，安装杀毒软件，使用安全的浏览器、应用程序，访问安全的网站，在交易中不随意点击来历不明的链接，等等。不过，保护消费者在线安全利益的重点是强化经营者义务。消费者安全权的保护主要有赖于各类经营者善尽注意义务，以保护消费者的人身、财产利益不受威胁。例如，前例中的婚恋网站应当负有审核义务与如实告知义务，一方面严格审核注册用户所提供信息的真实性，另一方面应当向其他相关用户如实告知某用户的信息，并确保信息的真实性。网络消费领域众多，电子商务经营者类型的不同、网络交易类型的不同会导致网络安全保障义务的内容也不相同，经营者的网络安全保障义务需要在具体情境中予以具体化。例如，网络购物的经营者与婚恋网站的经营者虽然均承担网络安全保障义务，但义务的内容其实并不相同，在法律规定之外，还需要根据经营者类型、交易类型、交易性质、交易需求等解释网络安全保障义务的内容。《电子商务法》除在电子支付中明确规定了电子支付服务提供者的过错推定责任之外，并未对电子商务经营者侵犯消费者安全权的归责原则作出规定。从侵权法的角度来看，电子商务经营者侵犯消费者安全权的行为属于一般侵权行为，实行过错归责，电子商务经营者有过错的，才承担侵权责任。对于电子商务经营者过错的判断，关键在于对其之注意义务的判断，私法意义上的电子商务经营者的注意义务需要基于《网络安全法》《电子商务法》等规定的电子商务经营者的网络安全保障义务进行判断。在不同场合中，消费者线上安全利益的表现多种多样，但简单来说，消费者在线上环境的安全权对应着经营者的网络安全保障义务，义务的根本内容在于为消费者提供安全的网络环境。

（二）电子化商品、服务的安全

从商业的角度来看，在我国当前的电子商务中，适于通过网络交易的商品、服务，少有未“触网”的。从法律的角度来看，所有的合同都可以通过电子手段缔结，除非法律另有规定或当事人另有约定。通过网络交易的商品、服务，可以简单地分成两大类：不可以通过网络进行交付或提供的商品、服务[①]与可以通过网络进行交付或提供的商品、服务（电子化商品、服务）[②]，二者的差异主要在于是否涉及实物。对于涉及实物的商品、服务来说，通过线下或线上进行交易，变化的仅是销售手段，准确地说，变化的只是签订合同的手段，即从缔结传统形式的合同转变为缔结电子合同，不变的是交付方式，无论合同如何缔结，都必须在实体环境中进行实物交付。在消费者安全权上，较诸传统有所改变的也只是与合同签订流程中的安全（前述因线上环境因素而产生的安全问题），因商品、服务引发的安全权问题与传统并无二致，线上线下不同环境并无差异，经营者需要按照《产品质量法》《食品安全法》等的规定提供安全的商品、服务，否则需要承担责任。不过，在涉及电子化商品、服务时，简单地延伸安全权无法妥当解决问题，需要在延伸安全权的同时扩展安全权方能解决问题。

1. 消费者在电子化商品、服务中的安全利益

电子化的商品并非实物，其品类繁多，如虚拟币、网络游戏、网络游戏装备、软件、信息产品等。随着电子商务的发展，电子化服务也得到了快速发展，如在线视频服务（如爱奇艺等网站提供的视频播放服务）、短视频服务（如抖音短视频）、信息服务（如短信、微信、QQ 所提供的各类信息服务）、支付服务（如支付宝、微信支付及各类电子银行服务）、网络存储服务（如各类云盘服务）、网络交易平台服务、证券交易服务、网络访问服务、网络约车服务等。电子化商品的本质是数

---

① 实物必须通过线下配送等方式交付，无法通过网络交付或提供。

② 电子化商品，指的是软件、网络游戏等数据类的商品。电子化服务指的是通过网络数据传输完成的服务，如在线观看视频等。

据，必须借助存储介质存储（本地存储或云存储），其之交付或提供实际上是数据的传输。电子化服务的本质是数据服务，相关主体将数据进行转移、提供数据存储空间、提供数据的使用权限等。各种类型的电子化商品、服务在数据编码、存储、传输、显现、使用等方面虽有不同，但均是机读数字代码逻辑序列，通过不同的序列、格式来表达不同的信息，这是电子化商品、服务与实物商品、服务最本质的区别。消费者在电子化商品、服务中的安全利益有其特别之处。

在交易中，电子化商品、服务主要有两种交付或提供方式：一是借助于存储介质（或者说有形载体）的承载进行实物交付、提供，如经营者通过寄送光盘来交付消费者所购买的软件、游戏、知识产品；二是通过网络以传输数据的方式交付、提供，如消费者在指定网址下载所购买的软件、游戏、知识产品。按照《民法典》第 512 条的规定，通过互联网等信息网络订立的电子合同的标的为交付商品并采用快递物流方式交付的，收货人的签收时间为交付时间。电子合同的标的为提供服务的，生成的电子凭证或者实物凭证中载明的时间为提供服务时间；前述凭证没有载明时间或者载明时间与实际提供服务时间不一致的，以实际提供服务的时间为准。电子合同的标的物为采用在线传输方式交付的，合同标的物进入对方当事人指定的特定系统且能够检索识别的时间为交付时间。该规定便涉及这两种网络化的交付、提供方式。不过在网络时代，电子化商品、服务一般采取第二种方式来交付、提供，如通过网络传输来交付软件、通过访问视频服务提供者的服务器来观看视频节目、发送与接收手机短信、使用相应的权限访问网站，再如消费者使用支付宝扫描付款码，支付宝完成支付后，向消费者及经营者返回付款信息。电子化的商品、服务不论呈现为何种表象，均以信息为核心，本质为数据，属于经营者向消费者提供的某种信息产品或信息服务。例如，经营者向消费者提供 QQ 个性装饰挂件、游戏装备，这些电子化商品其实是可以加载到特定软件进行数据交换的插件；在证券在线服务中，证券公司向投资人提供股票的即时价格、买卖盘、统计数据等证券交易数据，并提供在线证券交易服务，将投资人的交易数据发送至证券交易所。证券公司还会提供离线服务，其将大量统计数据以光盘方式交付。经营者所提供的电子化的商品、服务，表现形式多样化，交付或提供方式多样化，使用规则多样化，但本质其实就是各式各样的机读数字代码逻辑序列，在此之上，电子化的商品与服务其实并无区别。因此，消费者于电子化商品、服务中的安全利益除了表现为标的数据本身安全无害外，还表现为消费者固有利益的安全。例如，某些杀毒软件在运行时产生误杀的情形，将用户计算机中未染毒的文件予以删除，消费者固有利益的安全受到侵害。

2. 电子化商品、服务中的经营者安全保障义务

消费者于电子化商品、服务中的安全利益主要表现为标的数据的安全性与固有利益的安全性。标的数据的安全性在不同品类的电子化商品、服务中有不同的表现。经营者交付的软件、游戏装备、插件等电子化商品应当是安全的、无毒的，不留存后门程序，其之运行不应当使消费者的设备染毒、失密，不至于令消费者处于失当的风险之中。在证券信息服务、云存储服务、在线视频等网络服务中，经营者应当提供安全的信道，保障数据传输的安全性、用户财产的安全性，经营者还应当向消费者提供技术保护，避免消费者的信息被非法窃取、监听、篡改等。经营者向消费者提供的电子化商品、服务不应当取得不必要的权限，不应当收集不必要的计算机、手机等设备信息，不得危害消费者设备、数据的安全。

2012 年发生的“3Q”大战便涉嫌侵犯消费者安全权。在 2010 年 9 月 27 日，奇虎 360 发布了其新开发的“隐私保护器”，专门搜集 QQ 软件是否侵犯用户隐私。随后，QQ 指出 360 浏览器涉嫌借此推广黄色网站。2012 年 11 月 3 日，腾讯宣布在装有 360 软件的计算机上停止运行 QQ 软件，用户必须卸载 360 软件才可登录 QQ，强迫用户“二选一”。从竞争的角度来看，此中存在电子商务不正当竞争行为。从消费者的角度来看，一方面，经营者的行为构成违约行为；另一方面，强迫用户“二选一”有损计算机安全，侵害了消费者的安全权，令消费者的计算机设备处于不安全的境地。

此外，国内外经常发生因网站漏洞而导致网站所存储的用户数据泄

露的事件。例如，2018 年 3 月，美国的脸书公司将 8700 万用户的信息泄露给了剑桥分析公司（Cambridge Analytica），而后者将这些信息用于不当用途。尽管脸书公司曾表示这一切都是在其不知情的情况下发生的，但调查显示真实的情况是其“明知”或者至少是“应知”。[①] 经营者的这种允许第三人在未经用户许可的情况下收集用户数据的行为既侵犯了消费者的安全权，也侵犯了消费者的个人信息权。2018 年 3 月，谷歌（Google）公司的社交网络产品“Google +”的一项 API 漏洞暴露了 50 万个账户的个人资料，涉及 438 个应用程序，此项漏洞导致这些应用程序可以访问用户共享但未标记为公共资料的个人资料字段，包括姓名、电子邮件地址、职业、性别和年龄。[②] 经营者所提供的网络服务本身存在安全漏洞，致使用户数据泄露，侵犯了消费者的安全权与个人信息权。

从私法保护机制的角度来看，经营者的安全保障义务是法定义务，也可基于合同约定而成为约定义务。经营者安全保障义务的法定性，一方面来自《网络安全法》《电子商务法》等公法的强行性规定，另一方面来自私法上诚实信用、公平等原则的要求。经营者未尽到安全保障义务，构成违约，也可能构成侵权。在诉讼中，需要结合数据自身特性、应用场景、交易目的及商业合理性等因素综合判断标的数据安全性的内容，以此为基础，判断是否侵犯了消费者安全权。

电子商务流程涉及当事方较多，合同架构相对复杂，网约车为其中典型。在网约车起步阶段，网约车平台通过复杂的涉及多方主体的合同机制来规避法律关于营运汽车的管理规定，最后形成的结果是：网约车司机如出租车司机一样向乘客提供服务、收取报酬，但其个人却与乘客不存在合同关系，这种合同机制无疑会严重限制消费者的权利。从互联网创新的角度来看，这种方式应当得到支持，因为这可以避免传统的、

---

① 参见刘淄川：《Facebook 数据泄露反思：社会如何驾驭科技》，载新浪网，http://tech.sina.com.cn/i/2018-04-15/doc-ifzcyxmu7325385.shtml。

② 梁辰：《谷歌关闭个人版 Google +：因 50 万用户数据遭到曝露》，载《新京报》2018 年 10 月 9 日，第 9 版。

相对僵化的管理机制对互联网新业态的限制。但从消费者与经营者关系的角度来看，无论平台经营者设计了何种合同机制，若有违消费者保护，均应得到否定性评价。《电子商务法》将“平台内经营者”定义为通过电子商务平台销售商品或者提供服务的电子商务经营者，按照这一定义仍然无法准确地界定网约车司机是否为经营者。[①] 笔者认为，应当认定网约车司机属于经营者，其应当独立向消费者承担责任。按照《电子商务法》第 38 条第 1 款的规定，电子商务平台经营者知道或者应当知道平台内经营者销售的商品或者提供的服务不符合保障人身、财产安全的要求，或者有其他侵害消费者合法权益行为，未采取必要措施的，依法与该平台内经营者承担连带责任。

消费者安全权受到侵害，消费者可以行使违约责任请求权，也可以行使侵权责任请求权。但是，消费者通过私法机制获得保护过于缓慢，效率极低，并且消费者往往很难证明其所受损害。对网络环境的安全、消费者的网络安全主要应通过公法机制来营造。例如，2016 年，百度外卖因涉嫌未对入网食品经营者进行许可证审查而被北京食药监局处罚；[②] 2017 年，宁波市场监管局对美团、百度外卖、饿了么三家订餐平台的宁波地区分公司或代理机构分别作出 12 万元的行政处罚，原因是未依法对部分入网食品经营者进行实名登记和审查许可证。[③] 行政部门对电子商务经营者的行政处罚能够促使经营者迅速履行法定义务，令消

---

① 按照《电子商务法》所奉行的“线上线下一视同仁”的思想，即便是小型电子商务经营者也需要办理市场主体登记、缴纳税款，则网约车司机理应办理市场主体登记，尤其是大量的专职网约车司机。网约车平台与网约车司机究竟属于何种法律关系，一直存在争议，相关裁判也不尽一致，2016 年的《网络预约出租汽车经营服务管理暂行办法》也没有确定二者的法律关系。“劳动关系说”“雇佣关系说”“居间关系说”等观点在相当程度上受到了网约车平台采取的合同机制的影响，并且出发点之一便是为了支持网约车合法。而现今形势下，网约车已经合法，网约车平台不可能与如此之多的司机建立劳动关系或雇佣关系，各种观点都存在无法解释之处。

② 参见北京市食品药品监督管理局：《市食品药品监管局通报 60 家网络订餐平台资质不全商户》，载北京市人民政府网，http://www.beijing.gov.cn/gongkai/hygq/201608/t20160810_1837387.html。

③ 参见陈捷：《重磅！饿了么、美团、百度再遭宁波市场监管部门立案查处》，载中国宁波网，http://www.cnnb.com.cn/xinwen/system/2018/06/03/008757379.shtml。

费者整体受益。按照《网络安全法》第 22 条第 1 款的规定，“网络产品、服务应当符合相关国家标准的强制性要求。网络产品、服务的提供者不得设置恶意程序；发现其网络产品、服务存在安全缺陷、漏洞等风险时，应当立即采取补救措施，按照规定及时告知用户并向有关主管部门报告”。按照《网络安全法》第 42 条第 2 款的规定，“网络运营者应当采取技术措施和其他必要措施，确保其收集的个人信息安全，防止信息泄露、毁损、丢失。在发生或者可能发生个人信息泄露、毁损、丢失的情况时，应当立即采取补救措施，按照规定及时告知用户并向有关主管部门报告。”按照《电子商务法》第 13 条的规定，“电子商务经营者销售的商品或者提供的服务应当符合保障人身、财产安全的要求和环境保护要求，不得销售或者提供法律、行政法规禁止交易的商品或者服务。”按照《电子商务法》第 38 条第 1 款的规定，“电子商务平台经营者知道或者应当知道平台内经营者销售的商品或者提供的服务不符合保障人身、财产安全的要求，或者有其他侵害消费者合法权益行为，未采取必要措施的，依法与该平台内经营者承担连带责任”。按照《电子商务法》第 83 条的规定，电子商务平台经营者违反《电子商务法》第 38 条的规定，对平台内经营者未尽到资质资格审核义务，或者对消费者未尽到安全保障义务的，由市场监督管理部门责令限期改正，可以处 5 万元以上 50 万元以下的罚款；情节严重的，责令停业整顿，并处 50 万元以上 200 万元以下的罚款。在消费者安全权的保护上，相对于私法机制，公法机制强制力强，并且可以针对整个网络环境、整体性的消费者，是主要的消费者安全权保护手段。

经营者在合同或网规中排除自己的安全保障义务是十分常见的。例如，按照某商城的《用户注册协议》约定，除非另有明确的书面说明，其不对本网站的运营及其包含在本网站上的信息、内容、材料、产品（包括软件）或服务作任何形式的、明示或默示的声明或担保（根据中华人民共和国法律另有规定的以外）。某网站的《用户协议》第 8 条第 3 款约定，其不对非本网站所发出或刊登的任何信息的真实性、适用性、合法性承担责任，也不对因第三方侵权行为给消费者造成的损害负责。上述合同条款的部分内容因违反《网络安全法》等法律的强行性规定或排除消费者的主要权利而为无效，但经营者制定此种无效条款，本便不当。上述排除消费者安全权、豁免自己责任的条款无疑应受行政处罚。按照《合同违法行为监督处理办法》第 12 条的规定，市场监督管理部门视情节轻重，分别给予警告，处以违法所得额 3 倍以下，但最高不超过 3 万元的罚款，没有违法所得的，处以 1 万元以下的罚款。如前文所述，在软法机制中，行政部门应当加大执法力度，提高执法效能，监管、干预经营者所拟定的合同、制定的规则，使经营者不得不当排除其之法定义务。

第九章　消费者知情权的保护

一、消费者的知情权与经营者的信息披露义务

消费者在经营者以及具体的商品与服务中进行选择的基础，是拥有足以使其作出合理消费决定的信息。如果消费者对经营者以及其所经营的商品、服务掌握充分、准确的信息，消费者权利受到侵害的可能性将极大降低。安全权是保障消费者的人身和财产安全的核心权利，而消费者人身、财产安全受到侵害的前提一般是消费者自经营者处购买了商品或接受了服务。如果消费者拥有了完整的信息，则很可能不会作出导致其将来受害的消费决定。因此，如果消费者知情权能够得以实现，消费者能够拥有充分、准确的信息，将有助于保护消费者的安全权、选择权、公平交易权等各项权利。对于经营者来说，这将迫使其只能通过提供更优的商品、服务来获取赢利，坑蒙拐骗、制售假冒伪劣商品将使其难以为继。从消费者保护制度的角度来看，以保护消费者知情权作为保护消费者权利的起点，有利于降低制度的运行成本，提高制度运行收益。

制度经济学研究认为，有效、公平的交易的实现并不是无条件的，它必须具备相当严格的前提条件，如没有交易成本障碍、市场结构合理、交易双方讨价还价的能力相当等，但零成本、市场结构合理的完全竞争市场只是一种理想状态。① 在一般意义上，排除道德等因素，交易对手信息对称，是公平交易的前提。在消费场合，包括定价信息、质量信息在内的与商品、服务相关的信息大多产生于生产环节、销售环节，

① 参见应飞虎：《信息、权利与交易安全》，北京大学出版社2008年版，第5页。

由生产者、销售者等经营者掌握，[①] 消费者处于信息不对称的地位，并且在绝大多数的交易中，弱势的消费者难以与经营者抗衡，缺乏议价能力，消费者在收集信息、分析信息方面的能力也天然弱于经营者。这种信息失衡会对消费者知情权的行使造成巨大障碍，进而令消费者的其他权利也受到侵害。联合国 1985 年《消费者保护准则》提出："使消费者获得充分信息，使其能够按照个人愿望和需要作出掌握情况的选择。"因此，在保护消费者知情权方面，问题并不在于是否需要保护，而是如何保护。"消费者的知情权是克服消费者与经营者之间信息不完全、不对称、错误现象的有效途径。"[②] 我国涉及消费者知情权的法律除《消费者权益保护法》外，还有《产品质量法》《广告法》《价格法》等。

各国普遍重视对消费者知情权的保护，此中的重点可能并不在于对消费者知情权的表达，而在于对经营者信息披露义务的限定。按照经济合作与发展组织《关于电子商务中消费者保护指南的建议》第 3 条（在线披露）对经营者披露信息的最低标准的规定，经营者应当披露三类信息：经营者自身的信息、商品信息、交易信息。经营者自身的信息包括经营者的身份信息、真实有效的登记信息、地址、简捷联系方式、争议解决方式、法律程序、相关负责人员。[③] 商品信息包括经营者对所提供的商品的描述信息应当是准确的、易于获得的，足以使消费者作出是否完成交易的决定，并使消费者能保留相应的信息记录。交易信息包括经营者应当向消费者提供交易条款、价格、费用的充足信息，这类信息应当清晰、正确、易于获得，能够使消费者作出是否交易的决定以及

① 当然，在生产者与多个层级的销售者之间往往也会存在信息不对称的情形，如屠宰厂屠宰病猪，但销售者并不清楚，或者位于销售链条前端的销售者清楚，但后端的销售者并不清楚。不过，这一问题并非发生于消费场合，与消费者权益保护问题的关联较弱。

② 钱玉文：《消费者权利变迁的实证研究》，法律出版社 2011 年版，第 41 页。

③ 按照经济合作与发展组织《关于电子商务中消费者保护指南的建议》第 3 条的规定，电子商务企业提供足够多的关于自身准确的、清晰的、易于接收的信息，最低限度包括以下信息：a. 企业的身份；b. 电子信箱地址及其他电子联系的方法或电话号码、有效的注册地址及任何相关的政府注册号或许可证号；c. 与企业进行迅速、简便和有效的交流方式；d. 能恰当和有效解决争议的方式；e. 法律程序的服务；f. 经营者场所和法律实施的负责人及执行规章的官员。

交易前拥有审查机会。① 我国《消费者权益保护法》《产品质量法》《食品安全法》《广告法》《价格法》等法律及相关法规、规章对各领域的经营者信息披露义务进行了规定。

二、线上环境消费者知情权的保护机制

（一）私法机制

私法机制是公法机制、软法机制的运行基础，私法机制赋予消费者以知情权，界定权利内容，并设定经营者的信息披露义务或者说告知义务。经营者信息披露义务的类型与内容还会随着技术、社会、经济以及情势的变化而动态变化，并且趋势是加强，而不是削弱。

我国《消费者权益保护法》第 8 条规定了消费者的知情权，“消费者享有知悉其购买、使用的商品或者接受的服务的真实情况的权利。消费者有权根据商品或者服务的不同情况，要求经营者提供商品的价格、产地、生产者、用途、性能、规格、等级、主要成分、生产日期、有效期限、检验合格证明、使用方法说明书、售后服务，或者服务的内容、规格、费用等有关情况”。《消费者权益保护法》第 20 条、第 21 条对经营者的信息披露义务作出总括性的规定。第 20 条规定了对商品、服务的信息披露义务，“经营者向消费者提供有关商品或者服务的质量、性能、用途、有效期限等信息，应当真实、全面，不得作虚假或者引人误解的宣传。经营者对消费者就其提供的商品或者服务的质量和使用方法等问题提出的询问，应当作出真实、明确的答复。经营者提供商品或者服务应当明码标价”。第 21 条规定了经营者的身份披露义务，“经营者应当标明其真实名称和标记。租赁他人柜台或者场地的经营者，应当标明其真实名称和标记”。此外，《消费者权益保护法》第 18 条还特别规定了经营者对商品、服务的危险向消费

① 具体包括：（1）商家所收取全部费用的详细列明；（2）商家不收取但消费者惯常发生的费用；（3）交付或履行条款；（4）与支付相关的条款、条件与方式；（5）购买限制；（6）正确使用方法的说明，包括安全、人身健康的警示；（7）售后服务信息；（8）撤回、撤销、归还、调换、取消、退款方面的规定；（9）担保与保证。

者进行说明、警示的义务。《消费者权益保护法》的这种规定所存在的问题是：第 8 条对消费者知情权内容的规定较为宽泛，相对完整，但需要消费者向经营者主动行使知情权。第 20 条并未强制经营者必须先向消费者披露第 8 条所规定的信息内容，而只是要求经营者提供的信息应当真实、全面，对消费者向其行使知情权而做的披露应当真实、明确。这种规定对于线下交易本已存在欠缺，对于线上交易更是力不从心。在线上交易中根本不可能一般性地要求在消费者主动行使知情权后，再由经营者做进一步的信息披露。《电子商务法》也未在线上交易中改变《消费者权益保护法》的这一规定，而只是要求电子商务经营者应当全面、真实、准确、及时地披露商品或者服务信息，保障消费者的知情权和选择权。

在线上交易过程中，经营者的信息披露义务主要存在于先合同阶段，属于法定的先合同义务。经营者所承担的这种先合同义务有别于普通合同中的先合同义务。在普通合同中，虽然当事人基于诚实信用原则等也承担法定的先合同义务，但《民法典》对先合同义务的类型与内容的规定较少，先合同义务的类型与内容往往是基于具体的合同情势而动态产生。在消费者合同中，《消费者权益保护法》《广告法》《价格法》《食品安全法》等法律事前确定了经营者先合同义务的类型与内容及先合同义务的履行方式。为妥当保护消费者知情权，法律不要求消费者主动向经营者行使知情权，而是要求经营者主动履行信息披露义务，并规定了信息披露的内容与披露程度。经营者在订立合同前便需将各项信息予以公示，披露影响消费者决定是否订立合同的相关信息，以便于消费者作出是否消费的决定，否则经营者便违反了信息披露义务。合同履行阶段较少涉及信息披露问题，因为合同已经成立，经营者的信息披露基本已经完成，经营者的主要义务是履行合同。但是，如果有必要，经营者仍然需要对消费者进行信息披露，如有在先合同阶段应披露而未披露的信息、发现商品存在缺陷等。不过，《产品质量法》等法律未对经营者发现产品存在缺陷后的信息披露义务作出规定，导致经营者基于各种考虑而不向消费者披露信息，这是立法的欠缺。[①] 在合同后阶段，由于合同已经履行完毕，在合同的意义上，经营者基本不负信息披露义务。但在消费者保护的意义上，尤其是与产品缺陷相关的信息，经营者仍然应当予以披露。例如，汽车制造商、进口商、销售商对缺陷汽车的信息负有告知义务及相应的召回义务。需要注意的是，经营者属于最高人民法院《关于适用〈中华人民共和国民法典〉总则编若干问题的解释》第21条所规定的“负有告知义务的人”，若经营者违反信息披露义务，如披露虚假信息或隐瞒真实情况，[②] 这通常会构成《民法典》上的欺诈，消费者可以撤销合同，并请求赔偿。《民法典》与《消费者权益保护法》在此之上的规定构成竞合，消费者可以依特别法优于一般法之法律适用原则，按照《消费者权益保护法》第55条的规定请求经营者作出3倍赔偿。[③] 无论在线下环境还是在线上环境，在知情权保护之上，消费者行使违约责任请求权较侵权责任请求权为佳。

在网络交易中，线上经营者的信息披露义务较线下经营者为重，因为线上交易涉及的主体更多，对商品、服务的展示方式迥异于线下环境，且涉及更多的信息类型、内容。在消费者通过网络交易平台进行交易时，涉及平台经营者与平台内经营者的信息披露；在交易标的展示页面中，经营者除需要展示与线下交易的商品、服务相同的信息之外，还需要展示相关承诺、评价、问答等信息。与消费者在线下环境中可以看到实物商品并可询问商品的进一步信息不同，消费者在线上环境中，主要是基于经营者对商品信息的展示、告知而知悉商品信息。《电子商务法》根据网络交易的特点及我国电子商务中已经发生的问题，对经营者的信息披露义务作出了进一步的规定。按照《电子商务法》第15、17、

① 参见应飞虎：《信息、权利与交易安全》，北京大学出版社2008年版，第104页。

② 《消费者权益保护法》第48条所列举的相关行为包括三种：不具备商品应当具备的使用性能而出售时未作说明的，不符合在商品或者其包装上注明采用的商品标准的，不符合商品说明、实物样品等方式表明的质量状况的。这些行为其实均发生于先合同阶段，经营者未适当履行信息披露义务，致消费者意思表示不真实，合同为可撤销合同。

③ 当然，这并不意味着所有违反信息披露义务的行为均构成欺诈，消费者均可请求3倍赔偿。

18、37、39、40 条的规定，电子商务经营者应当全面、真实、准确、及时地披露商品或者服务信息，保障消费者的知情权和选择权。电子商务经营者应当在其首页显著位置，持续公示营业执照信息、与其经营业务有关的行政许可信息。电子商务经营者不得以虚构交易、编造用户评价等方式进行虚假或者引人误解的商业宣传，欺骗、误导消费者。电子商务经营者根据消费者的兴趣爱好、消费习惯等特征向其提供商品或者服务的搜索结果的，应当同时向该消费者提供不针对其个人特征的选项。电子商务平台经营者在其平台上开展自营业务的，应当以显著方式区分标记自营业务和平台内经营者开展的业务，不得误导消费者。电子商务平台经营者应当建立健全信用评价制度，公示信用评价规则，为消费者提供对平台内销售的商品或者提供的服务进行评价的途径。电子商务平台经营者不得删除消费者对其平台内销售的商品或者提供的服务的评价。电子商务平台经营者应当根据商品或者服务的价格、销量、信用等以多种方式向消费者显示商品或者服务的搜索结果；对于竞价排名的商品或者服务，应当显著标明“广告”。

网络及网络交易的特点决定了对消费者在线知情权的保护，关键在于促使经营者能够切实履行信息披露义务，而不在于事后的救济。但是，消费者个体的力量根本就不足以令经营者加强对信息的披露。另外，较小的交易额、过高的维权成本决定了，虽然私法机制是软法机制、公法机制的运行基础，但私法机制在消费者获取商品、服务信息方面的作用偏重于赋权，而非救济，导致在知情权保护等方面作用较小。在智能技术广泛用于电子商务之后，虽然消费者更容易获得信息，甚至更容易被精准推送其所喜好的信息，但由此带来了信息过载的问题。大量冗余信息将稀释关键信息，与此同时，知识壁垒与技术鸿沟也会造成信息理解上的障碍与信息转化上的困难。[①] 在私法上向消费者赋予各种权利，事实上并不能解决这些问题。在电子商务中，软法机制与公法机

---

① 参见徐骏：《智能时代消费者知情权的困境与变革》，载《中南大学学报（社会科学版）》2021 年第 3 期。

制在督促经营者积极、主动履行信息披露义务方面所发挥的作用更为直接、高效。

（二）软法机制

在平台经济中，平台经营者对平台内经营者有着较高的约束力，[①]前者制定了各种网规并订入合同之中，要求后者遵守。网规中存在大量的消费者权益保护规则，其中便包括要求披露商品信息、商品信息描述需要准确等内容。平台经营者基于法律的规定，根据各类营销活动及不同行业的特点，将法律中的经营者信息披露义务予以进一步细化，在网规中将信息披露义务的内容进行详细规定。例如，《淘宝网商品发布规范》（2021 年）第 4 条要求卖家如实描述商品信息，并及时维护更新，保证商品信息真实、正确、有效，不得夸大、过度、虚假承诺商品效果及程度等。《淘宝平台直播交易争议处理规则》第 7 条规定，若因主播夸大宣传使用效果引发争议的，交易支持退货退款，不考虑是否影响完好；如商品不适宜退货或无退货价值，交易支持退款。《淘宝网医疗器械行业管理规范》（2019 年）第 6 条要求平台内经营者须正确、完整填写商品属性，如医疗器械生产经营许可证件或备案凭证、医疗器械注册证或备案凭证编号等；商品信息页面应展示商品资质（医疗器械注册证或备案凭证），须与注册或者备案的内容一致，并及时更新；医疗器械注册证或备案凭证中有禁忌内容、注意事项的，应当标明"禁忌内容或注意事项详见说明书"，同时在详情页如实、清晰展示使用的对象、安全使用的特别说明、禁忌症、注意事项、警示及提示等信息。消费者与平台内经营者发生纠纷的，在使用平台经营者提供的 ODR 服务解决纠纷时，平台经营者所制定的网规会成为纠纷解决的依据，网规具有较强的规范效力，这会促使平台内经营者遵守网规对信息披露的要求，保障

---

① 此两类经营者虽属平等主体，通过合同来约定双方的权利义务，但是二者力量对比失衡。在电子商务中，流量居于重要地位，若无流量入口，电子商务内经营者很难实施经营行为。例如在网购中，淘宝与京东两大平台是 B2C 中最重要的流量入口。在现今情况下，从无到有的创建新的流量入口，是非常困难的。因此，平台经营者对入驻平台的经营者在事实上会拥有相当大的约束力与管理权限。

消费者的知情权。

然而，如前文对软法机制的分析，作为网规制定者的平台经营者自身本便有着侵害消费者权益的冲动，在外界干预、监督不足的情况下，无法完全期待通过网规来保护消费者在线权益，甚至网规本身便是平台经营者侵害消费者在线权益的工具。例如，中央电视台2016年“3·15”晚会曝光饿了么外卖平台所入驻的外卖经营者卫生状况极差，与宣传不符；通过“滴滴”所约车辆与应用程序所显示的车辆型号不一致；入驻淘宝平台的经营者先提价再打折，形成商品降低的假象，吸引消费者购买。类似情形屡屡发生，且存在共通性，问题的形成主要是因为平台经营者对平台内经营者的主体身份、资质、经营方式、经营环境等信息审查不严，网规存在漏洞，信息披露义务履行不适当，甚至向消费者披露了虚假信息，从而侵害了消费者的知情权。就整体上而言，软法机制对保护消费者知情权具有积极作用，但软法机制发挥作用主要还是立基于私法机制对消费者的赋权、公法机制对经营者的强制与处罚。

（三）公法机制

在公法机制方面，法律针对电子商务经营者强行设定信息披露义务，并对信息披露义务的内容作出规定，经营者违反的，将受行政处罚。按照《消费者权益保护法》第56条的规定，经营者存在伪造或冒用商品的产地、生产日期、认证标志等信息以及对商品或者服务作虚假或者引人误解的宣传等情形的，由市场监督管理部门或者其他有关行政部门责令改正，可以根据情节单处或者并处警告、没收违法所得、处以违法所得1倍以上10倍以下的罚款，没有违法所得的，处以50万元以下的罚款；情节严重的，责令停业整顿、吊销营业执照。

经营者违反信息披露义务、侵害消费者知情权的情形较为严重，甚至连作为网规制定者的大型电子商务平台经营者都屡屡侵害消费者知情权，遑论其他的中小型电子商务经营者。2018年4月，中国人民银行杭州中心支行以金融消费者知情权保障不充分等理由，对支付宝（中国）网络技术有限公司作出行政处罚。[①] 从2012 年年末至2015 年年末，京东商城因虚假宣传、价格欺诈、不正当竞争等原因，被北京市工商行政管理局处以 277 次处罚。[②] 2016 年，京东因存在利用虚假的或者使人误解的价格手段、诱骗消费者或者其他经营者与其进行交易的价格违法行为而被国家发展改革委处罚 50 万元。[③] 笔者使用“天眼查”系统查询北京百度网讯科技有限公司的行政处罚情况，该公司曾因“食品广告出现与药品相混淆的用语，直接或者间接地宣传治疗作用，借助宣传某些成分的作用明示或者暗示该食品的治疗作用”“第三方交易平台经营者未对申请进入平台销售商品或者提供服务的法人、其他经济组织或者个体工商户的经营主体身份进行审查和登记，建立登记档案并定期核实更新，在其从事经营活动的主页面醒目位置公开营业执照登载的信息或者其营业执照的电子链接标识”“经营者擅自使用知名商品特有的名称、包装、装潢，或者使用与知名商品近似的名称、包装、装潢，造成和他人的知名商品相混淆，使购买者误认为是该知名商品”而被行政部门进行处罚。在 2013 年淘宝“双十二”活动中，浙江淘宝网络有限公司在宣传活动中使用了“用淘宝客户端一次可获500 万元”的表述，但实际上为用户使用淘宝的客户端扫描二维码即可获赠 1 注可能获奖的彩票，杭州市工商行政管理局在“（杭）工商复决字〔2014〕18 号”行政复议决定书认定构成不正当有奖销售行为。[④] 上述京东、淘宝、百度等公司受到行政处罚均与侵害消费者知情权有关。行政处罚等手段可以降低经营者的市场声誉，甚至可以将经营者驱逐出市场，从而可以促使

---

① 参见中国人民银行：《中国人民银行杭州中心支行行政处罚信息公示表》，载中国人民银行杭州中心支行网站 2018 年 3 月 22 日，http://hangzhou. pbc. gov. cn/hangzhou/125268/125286/125293/3514567/index. html。

② 参见周小白：《京东涉嫌价格欺诈被罚 50 万元　三年累计被罚 277 次》，载凤凰网，http://hb. ifeng. com/3c/detail _ 2015 _ 06/24/4037493 _ 0. shtml? _ share = sina&tp = 1435075200000。

③ 参见周小白：《京东涉嫌价格欺诈被罚 50 万元　三年累计被罚 277 次》，载凤凰网，http://hb. ifeng. com/3c/detail _ 2015 _ 06/24/4037493 _ 0. shtml? _ share = sina&tp = 1435075200000。

④ 参见黄璞琳：《有奖销售奖励对象如何界定?》，载个人图书馆网，http://www. 360doc. com/content/20/1212/20/72069151_ 951144087. shtml。

经营者改善经营行为，保护消费者权益。不过，我国法律所规定的行政处罚力度较弱，经营者的违法成本过低，这也是经营者屡屡实施违法行为的原因之一。

法律对消费者知情权、经营者信息披露义务的一般性规定并不足以令经营者真实、准确、完整地披露商品与服务的信息，在信息披露上，法律的规定应当尽可能地详尽，而这也是消费者保护的应有之义。我国《消费者权益保护法》《电子商务法》等法律对经营者信息披露义务的规定较多，但仍然不够详尽、具体。我们可以将之与《欧盟消费者权利指令》进行对比。《欧盟消费者权利指令》将之前数项相关指令予以整合，在第 6 条第 1 款中对经营者的信息披露义务作出了详细规定，具体包括：(1) 在对于通信手段以及商品或服务来说适当的范围内，告知商品或服务的重要特性。(2) 经营者的身份。(3) 经营者的通讯地址，(如果有的话，还应告知其电话号码、传真号码、电子邮件地址) 以及委托该经营者从事业务的经营者的地址和身份，以便消费者能够快速与经营者建立联系并进行有效沟通。(4) 供消费者发起投诉的经营者的营业地址或其所代理的经营者的营业地址，如果这一地址与第 3 项不一致的话。(5) 包括所有税收与费用在内的商品与服务的总价。如果商品或服务的价格因其特性而无法事先计算，应告知价格计算的方式以及可能发生的所有其他的运输、发货或邮寄费用以及所有其他费用；如果这些费用无法事先计算，则告知可能产生这些费用的事实。在无期限合同或长期预订合同中，总价包括每一个时间段内发生的总费用；如果合同中明确了固定费用的话，则总价同样包括每月的全部费用；如果总价无法事先预估，则告知价格计算的方式。(6) 使用为签订合同而运用的远程通信技术的费用，如果这一费用不是根据基本电信费率计算的话。(7) 支付、发货或给付条件，经营者最迟发送商品或提供服务的期限，以及可能存在的经营者受理投诉的程序。(8) 当存在撤回权时，告知权利行使的条件、期限和程序。(9) 提示消费者，其在撤回时需要承担将商品寄回的费用；在远程销售合同中，告知消费者，如果商品根据其特征无法通过普通邮寄途径寄回，由消费者承担寄回商品的费用。(10) 如果消费者在根据第 7 条第 3 款或第 8 条第 8 款提出了提供服务的请求后，又行使了其撤回权，应提示消费者，其有义务根据第 14 条第 3 款，向经营者支付适当的价款。(11) 在根据第 16 条不存在撤回权的情形，告知消费者其不拥有撤回权，或是告知消费者其丧失撤回权的情形。(12) 关于商品存在法定担保权的信息。(13) 关于是否存在客户服务以及商业担保及其条件的信息。(14) 关于目前是否存在根据欧盟 2005/29/EG 指令第 2 条第 6 项制定的相关的行为规则的存在，以及如何可以获得这些文件的信息。(15) 合同期限，以及无期限合同或自动延期合同的终止条件。(16) 消费者订立合同后要受到合同约束的最短期限。(17) 提示关于经营者可能可以向消费者收取一定数额的押金或是其他资金担保及其条件的信息。(18) 数码内容的使用方法，包括对这些内容可适用的技术保护措施的信息。(19) 经营者明知或应知的、数码内容与硬件和软件之间重要的兼容关系。(20) 采取对经营者有约束力的庭外投诉程序和法律救济程序的可能性，以及采取这些途径的前提条件。可以看出，《欧盟消费者权利指令》关于消费者知情权、经营者信息披露义务的规定极为详尽，这在一定程度上可以避免消费者在解决与经营者的纠纷时需要先对抽象的法律规定进行解释。明确信息披露规则可以使经营者难以规避，可以更加周延地保护消费者知情权。

如前所述，对消费者知情权的保护，关键并不在于消费者主张知情权，而在于明确规定经营者的信息披露义务范围并督促经营者切实履行信息披露义务。在此方面，私法机制、公法机制与软法机制应当相互配合，以私法机制为中心，对知情权与信息披露义务作出规定；以公法机制为补充，对知情权与信息披露义务作出进一步详细规定，使经营者的信息披露义务成为一种公法义务，违反的，将受行政处罚；软法机制发挥灵活的协调作用，通过平台经营者制定更加详尽、具体的、适应不同行业特点的网规，促使直接面向消费者的经营者能够切实承担、履行信息披露义务。笔者认为，此中尤其需要重视公法机制的作用。现今，大型的电子商务经营者一般都使用自动交易系统，消费者通过自动交易系统完成交易。在一些自动交易的先合同阶段，消费者有时与经营者无法联系，更谈不上主张知情权了，这就更需要经营者提前真切履行信息披露义务。但是，寄望于通过经营者诚信经营、如实披露来保护消费者知情权，那只是一种理想。笔者在购买网络电视服务的过程中，在比较某两大视频服务提供者的服务价格时却发现，两家服务提供者一直在提供所谓的“活动价”，并且限定时间，给人以“过期则无”的感觉，但此时间过后，又重新限定时间，价格却没有太大的波动。此外，在该二者的电视端应用程序中，找到经营者身份信息是十分困难的。此类大型经营者所面向的是整体消费者，个体消费者很难与之抗衡。从责任承担的角度来看，一旦经营者所披露信息与事实不符，经营者便应承担责任。无论是要求经营者承担侵权责任，还是承担缔约过失责任，经营者的过错都是十分明显的，因为其明显未尽到相应的注意义务。然而，少有个体消费者会耗费时间、精力、成本要求经营者承担责任。此时，应当重视公法机制的作用，以约谈、处罚等方式督促经营者履行信息披露义务，以整体性地保护消费者的知情权。

三、线上环境消费者知情权保护中的问题与解决进路

在网络交易中，消费者知情权受到侵害的事例比比皆是。不仅我国，其他国家也存在同样的问题。对消费者知情权的线上保护与线下保护的核心均是消费者获知经营者的身份信息与商品、服务的真实情况，保护消费者知情权的关键在于经营者履行相应的信息披露义务，消费者知情权受损的主要原因便是经营者未适当履行信息披露义务。

（一）经营者身份信息的披露

在我国电子商务发展初期及之后的相当长时间内，大量作为卖家的经营者（尤其是自然人）并不需要进行工商登记，其真实信息也常常不予公布。商务部、国家市场监管总局在多部规章中均提出工商登记、公布身份信息的要求，在2013年《消费者权益保护法》修订后，各电子商务平台也加强了对入驻经营者的身份审核，并在相应页面予以公示。在相当长时间里，经营者真实的身份信息难以查知的情形屡见不

鲜，有的是经营者故意通过伪造、涂改等手段蒙混通过平台的审查，有的则是平台自身的问题。

关于经营者身份信息，以一例说明。北京市朝阳区人民法院公布的一起案件①引起公众关注，在该案中，2016 年 5 月 13 日，范先生分三笔订单在京东商城购买了四款京东自营的真力时手表，总价款 14.7 万余元。在范先生购买时，网页商品说明显示表镜材质为蓝宝石水晶，但是范先生在收到商品后，发现商品说明书保修卡上写明手表材质为蓝宝石水晶玻璃。范先生将手表送至中工商联珠宝玉石检测中心进行检测，检测结果为人工合成蓝宝石。范先生认为，京东商城网站宣传构成欺诈，故将京东电子商务公司诉至法院，要求退还货款、赔偿检测费并索三倍赔偿。京东电子商务公司提交了三张电子发票，发票显示销售方为京东海荣公司。法院审理认为，范先生购买的京东自营商品，销售主体为京东海荣公司，京东电子商务公司仅为网络交易平台的所有者，其已通过电子发票形式对销售者真实名称、地址和有效联系方式进行了公示，范先生购买产品的发票均显示已开具，可以认定其已知悉商品销售者。并且，没有证据证明京东电子商务公司明知或应知销售者利用其平台侵害消费者合法权益，故范先生应向京东海荣公司索赔，京东电子商务公司并非适格被告。2016 年 10 月底，朝阳法院一审裁定驳回了范先生的起诉。

在线下消费场合，经营者通过店铺名称、招牌及悬挂营业执照等方式披露身份信息，消费者可以通过店铺、招牌、标识等识别经营者。消费者对自营性质的经营者的身份识别一般不会存在太大问题，但在如柜台出租等场合中，经营者往往很难识别出商场内某个柜台的经营者实非商场开办者。在线上消费场合，消费者对经营者身份的识别主要是通过网站域名（多为二级域名）、网站名称等进行，例如通过“www. jd. com”“www. taobao. com”“京东商城”“淘宝网”来识别所访问的经

① 参见马奶：《京东自营却买到假货，网购该如何用法律维权?》，载网易新闻网 2017 年 2 月 27 日，https://3g. 163. com/dy/article/CE9KRAB70523C2O7. html。

营者网站。较为规范的网站一般会在首页明确公示网站的经营者，不过，所公示的往往是公司简称，当某个集团下辖公司都使用同一简称时，便引发了问题。《消费者权益保护法》第21条、《电子商务法》第15条要求电子商务经营者应当在其首页显著位置，持续公示营业执照信息，公示公司简称很难认为达到了法律的要求。这一问题同时存在于线下环境与线上环境。在线下环境，许多经营者并不张贴其营业执照，若涉及诉讼的，消费者很难查知经营者的真实身份，消费者只得依据消费的场地、人员等线索查明经营者身份。在线上环境，消费者经常通过网站域名进行识别，但网站域名的拥有者有时却不一定是网站经营者。[①] 并且，网站经营者是网站的运营人（在网络购物网站，此运营人通常为公司），却不一定是网站域名拥有者，网站域名拥有者与网站经营者有时是重合的，有时是分离的。在网站经营者身份不明时，消费者欲提起诉讼，会因无法确定被告而无法提起诉讼。并且，我国目前的民事诉讼法也未设置诉前确定被告身份的程序，这将导致问题进入死循环，即消费者要起诉就必须确定被告身份，而在涉及网络的民事诉讼中，只有法院才能确定被告的身份，在未诉讼系属的情况下，法院也无权查明被告身份。

从通常的文义解释的角度来看，“自营”应当为平台经营者自己运营的商品。

笔者于2022年4月26日浏览京东商城的用户注册流程，在《京东用户注册协议》第一段中表述称：“京东网站（指jd.com及其移动客户端软件、应用程序，以下称‘本网站’）各项电子服务的所有权和运作权归属于‘京东’所有，本网站提供的服务将完全按照其发布的服务条款和操作规则严格执行。您确认所有服务条款并完成注册程序时，本协议在您与本网站间成立并发生法律效力，同时您成为本网站正式用户。”“京东网站”成为合同一方当事人，问题却是网站并非法律主体，

---

① 若域名拥有者将域名授权许可给其他人使用，则消费者无法通过域名查询系统获知网站的经营者身份。

其不可能成为合同当事人。

可以看出，京东商城对“自营”的界定，并非京东商城自营（由京东商城的经营者北京京东叁佰陆拾度电子商务有限公司经营），而是京东集团所辖公司经营。从“天眼查”公司查询系统可以发现，京东集团各种关联公司达到数百家，是不是这些关联公司在京东商城网站销售的商品都可标为“自营”呢？那么所谓的“自”，究竟应当指的是什么法律主体呢？从一般理性人的通常理解来看，在京东商城网站上标明为自营的商品，应当是京东商城销售的商品，即京东商城平台经营者自己销售的商品。即便是同属京东集团的关联公司，在法律上也是独立的主体，在易引起消费者误解时，应当公示“自营”的界定标准；在由京东集团各关联公司作为所谓的“自营”商品销售者时，应当向消费者进行提示。关键是，京东商城应当披露自营商品经营者的真实身份。如上所述情形，消费者在京东商城购买商品，若不要求开发票，消费者甚至连销售者是谁都无法确定，这是不合理的。更为不合理的是，在用户注册协议中居然都无法确定京东商城的经营者的真实身份。

《电子商务法》第 37 条规定：“电子商务平台经营者在其平台上开展自营业务的，应当以显著方式区分标记自营业务和平台内经营者开展的业务，不得误导消费者。电子商务平台经营者对其标记为自营的业务依法承担商品销售者或者服务提供者的民事责任。”最高人民法院《关于审理网络消费纠纷案件适用法律若干问题的规定（一）》第 4 条规定：“电子商务平台经营者以标记自营业务方式或者虽未标记自营但实际开展自营业务所销售的商品或者提供的服务损害消费者合法权益，消费者主张电子商务平台经营者承担商品销售者或者服务提供者责任的，人民法院应予支持。电子商务平台经营者虽非实际开展自营业务，但其所作标识等足以误导消费者使消费者相信系电子商务平台经营者自营，消费者主张电子商务平台经营者承担商品销售者或者服务提供者责任的，人民法院应予支持。”按照前述规定，京东商城平台经营者无法如以往般以当事人不适格为由拒绝承担责任。

在经营者身份信息披露方面，《消费者权益保护法》的规定已经是十分清晰确定的，并且此为题中应有之义，在实施方面也不存在任何难度。《网络交易监督管理办法》第 12 条第 1 款规定：“网络交易经营者应当在其网站首页或者从事经营活动的主页面显著位置，持续公示经营者主体信息或者该信息的链接标识。鼓励网络交易经营者链接到国家市场监督管理总局电子营业执照亮照系统，公示其营业执照信息。”该条第 2、3 款又详细规定了已办理市场主体登记的经营者的公示内容与不需要进行登记的经营者的公示内容。但是，在我国电子商务实践中，经营者的身份信息披露不尽如人意。例如，在招商银行等手机客户端中，很难获知各种商品的经营者究竟是谁，我国国内大量的手机客户端都存在类似情形。此种情况，甚至可以说是比比皆是。我国之所以形成这种现状，似乎不是用电子商务惯性便可以解释的。如前述京东商城的做法，会令消费者陷入混淆，对商品的销售渠道产生误解，在客观上会增加商品销售量，使京东商城平台经营者及其关联者获益。按照《电子商务法》第 76 条的规定，经营者违反身份信息公示义务的，由市场监督管理部门责令限期改正，可以处 1 万元以下的罚款；对其中的电子商务平台经营者，可以处 2 万元以上 10 万元以下的罚款，情节严重的，处 10 万元以上 50 万元以下的罚款。

（二）商品、服务信息的披露

在网络交易中，消费者可以从经营者之外多方面获取商品、服务的信息，如广告宣传、论坛讨论、商品评测报告、已购用户的评价、商品问答等。但在具体的交易中，消费者主要是基于经营者对商品、服务的信息披露。《消费者权益保护法》第 20 条至第 28 条对经营者对商品、服务的信息披露义务作出了规定。例如，按照第 20 条的规定，经营者向消费者提供有关商品或者服务的质量、性能、用途、有效期限等信息，应当真实、全面，不得作虚假或者引人误解的宣传。按照第 28 条的规定，用网络、电视、电话、邮购等方式提供商品或者服务的经营者，以及提供证券、保险、银行等金融服务的经营者，应当向消费者提供经营地址、联系方式、商品或者服务的数量和质量、价款或者费用、履行期限和方式、安全注意事项和风险警示、售后服务、民事责任等信息。商务部《电子商务模式规范》第 4.7 条也要求商品（服务）描述需真实详细。这些规定虽不免挂一漏万，但通常而言，这些规定已是相对详细。但毋庸讳言，在相当长的时间内，在我国电子商务的消费者争议中，关于商品质量、信息披露方面的争议占据了相当大的比重，其间所存在的问题主要源于经营者不切实履行信息披露义务。

以商品价格为例。经多年形成的习惯，我国的网络交易市场在 11 月 11 日（国内称为“双 11”）大量商品降价，消费者纷纷购买。2017 年 11 月 11 日，天猫平台（www. tmall. com）的交易额为 1682 亿元，但紧随其后的是媒体披露“双 11”大量商品其实并不便宜。中国消费者协会于 2017 年 11 月 29 日公布了《2017 年“双 11”网络购物商品价格跟踪调查体验报告》，[①] 称“本次价格跟踪调查体验活动涉及 16 家网络购物平台，共选取了 668 款商品，涉及服装鞋帽、手机数码、食品特产、化妆洗护、家居家纺、母婴用品、箱包配饰、家用电器以及其他日用品等 9 大品类”。“从 10 月 21 日到 11 月 21 日，体验人员通过截屏等取证方式对每款商品详细记录了价格变化情况。从本次价格记录统计结果来看，今年宣称参加‘双 11’促销活动的 539 款非预售商品中，在整个体验周期内，不在 11 月 11 日也能以‘双 11’价格或更低价格（不考虑联动活动情况）购买到促销商品的比例达到 78. 1%，先涨价后降价、虚构原价、随意标注价格的情况较为突出。”[②]

2021 年 11 月 18 日，中国消费者协会发布了《2021“双 11”消费维权舆情分析报告》，[③] “‘双 11’促销活动期间消费负面信息主要集中在价格争议、虚假发货、平台问题等方面”。“有消费者投诉称，原以为双十一提前付定金能抢到便宜，尾款加预付款一双匡威 569. 17 元，但不用预付仅需 558. 50 元。”“淘宝平台喵糖活动引起舆情吐槽，10 月 27 日舆情信息量达到峰值，舆情反馈两方面信息，均与‘喵糖’有关。一是热议

① 参见中国消费者协会：《2017 年“双 11”网络购物商品价格跟踪调查体验报告》，载中国消费者协会网 2017 年 11 月 29 日，http://www. cca. org. cn/zxsd/detail/27758. html。

② 以上关于 2017 年 11 月 11 日的电子商务问题的资料均引自中国消费者协会的《2017 年“双 11”网络购物商品价格跟踪调查体验报告》。

③ 参见中国消费者协会：《2017 年“双 11”网络购物商品价格跟踪调查体验报告》，载中国消费者协会网 2021 年 11 月 18 日，https://www. cca. org. cn/zxsd/detail/30293. html。

喵糖崩了，二是吐槽喵糖活动套路深，玩家内卷，平台收获广告价值。”[①]

在目前的技术条件下，消费者获得欲购商品信息的主要途径是浏览商品经营者所设页面，通过页面上的图片、文字、视频等商品描述获得有关商品的各种信息。经营者也通过这些内容来披露所销售商品的各种信息。就经营者信息披露义务而言，目前存在的问题包括：

第一，披露内容不真实或不准确。经营者为吸引消费者购买，聘请专业的摄影人员拍摄商品图片，并经常进行图片修饰，[②] 以提高商品销售量，但页面显示的商品情况与真实的商品情况经常相差甚远。以淘宝销量巨大的“水凝手机膜”商品为例，笔者浏览过大量的此类店铺，所有店铺均对所销售的“水凝手机膜”图片进行修饰，看起来美轮美奂，并且，“水凝手机膜”所标明的参数有些明显是夸大其词。电子商务自建网站以及各大电子商务平台上的商品，无论是平台自营商品，还是第三方销售的商品，都很少见到未修饰过的商品图片。

第二，披露内容不完整。例如，经营者有时会有意识地回避商品本身的缺陷或不足，不将此信息向消费者告知，而仅告知商品的优点。遍览各种电子商务网站中的商品，很少见到经营者陈述商品的不足。再如在网络借贷中，经营者对借贷利率说明不清楚、不完整，甚至进行误导性说明。

第三，披露方式不恰当。经营者在告知商品信息时，往往不是按照主要、次要的顺序，将可能对消费者消费决定形成重要影响的信息先行告知（如某类商品不适用七天无理由退换货的规定），经营者有时还会将重要信息以不显著的方式向消费者告知，混杂于网页之中，令消费者很难发现。《消费者权益保护法》第 18 条特别规定了经营者对商品、服务的危险向消费者进行说明、警示的义务，许多经营者没有适当履行此项告知义务。例如，儿童玩具经营者往往只是简单地告知消费者 6 岁

① 以上关于 2021 年 11 月 11 日的电子商务问题的资料均引自中国消费者协会：《2021 “双 11” 消费维权舆情分析报告》，载中国消费者协会网 2021 年 11 月 18 日，https://www.cca.org.cn/zxsd/detail/30293.html。

② 笔者接触过大量的在淘宝销售商品的公司，其团队中多有专业的摄影人员、图片处理人员等美工人员，专门负责美化店铺、制作海报、修饰商品图片。

以下儿童需要由成人陪同使用玩具，却没有告知玩具的危险究竟在何处，应当如何避免。在淘宝网规中，也很少对此作出规定。

在私法机制中，经营者违反信息披露义务，在一般法层面产生的是缔约过失责任、违约责任、侵权责任等，《消费者权益保护法》《食品安全法》《广告法》等特别法有规定的，按照其规定确定责任，此种责任往往是惩罚性赔偿责任，如假一赔三、假一赔十等。在软法机制中，网规会对相应行业、营销活动中的经营者信息披露的内容、方式作出详细规定，并要求经营者“如实描述”，并借助 ODR 机制解决相应的纠纷，制定网规的平台经营者还经常巡查，从而使经营者不得不遵从网规的要求。如前述，在保护消费者在线知情权方面，私法机制与软法机制存有不足，督促经营者履行信息披露义务的关键在于公法机制之上。《消费者权益保护法》与《电子商务法》未针对经营者违反商品、服务信息的披露义务的行政处罚作出一般性规定，而只是针对特定类型的行为的行政处罚进行了规定。按照《电子商务法》第 85 条的规定，电子商务经营者实施虚假或者引人误解的商业宣传等不正当竞争行为、侵害消费者权益行为的，依照有关法律的规定处罚。例如，构成广告的，则按照《广告法》的规定进行处罚。按照《食品安全法》第 140 条第 5 款的规定，对食品作虚假宣传且情节严重的，由省级以上人民政府食品药品监督管理部门决定暂停销售该食品，并向社会公布；仍然销售该食品的，由县级以上人民政府食品药品监督管理部门没收违法所得和违法销售的食品，并处 2 万元以上 5 万元以下罚款。由于不同商品、服务的具体情形千差万别，需要告知消费者的信息也存在巨大区别，因此无论是私法、软法，还是公法，在要求经营者向消费者披露相关信息时，规则应当是一般规定与具体规定相结合。我国《消费者权益保护法》《电子商务法》已经对经营者的信息披露义务的内容、履行等作出了一般性规定，更为具体的情形应当由其他法律、法规、规章针对相应的交易标的、所处情境等进行进一步具体规定，并且为周到保护消费者，规则应当尽可能地详尽。

（三）合同条款的披露

所有的网络交易均依托合同进行，当事人间的合同成为架构网络交易的主要支撑。在消费者与经营者产生纠纷时，合同条款是纠纷解决的主要依据。以 B2C 购物类电子商务为例，在目前我国 B2C 购物类的电子商务交易流程中主要存在以下两份合同：第一，消费者与电子商务平台经营者间的用户注册协议；第二，消费者购买商品、接受服务时针对具体商品、服务的合同。在其他类型的电子商务交易中，还会出现其他合同，如网络司法拍卖、保险、理财等电子商务交易都会针对交易的特殊性而存在相应的合同。

无论在何种类型的电子商务交易中，经营者都应当将全部合同条款向消费者进行披露。由于网络交易中基本上都会使用格式合同，因此经营者应当履行格式合同规则所确定的合同拟定者的义务，将免责条款、异常条款等以合理方式向消费者进行提示。在 2015 年的一例判决中，北京市海淀区人民法院便认定天猫商城的《淘宝服务协议》中的约定管辖条款无效，[①] 理由是，按照最高人民法院《关于适用〈中华人民共和国民事诉讼法〉的解释》的规定，“经营者使用格式条款与消费者订立管辖协议，未采取合理方式提请消费者注意，消费者主张管辖协议无效的，人民法院应予支持”。《关于适用〈中华人民共和国民事诉讼法〉的解释》的这一规定与《民法典》第 496、497 条的规定是一致的，经营者拟定的格式条款有效的前提首先在于将免责条款等条款采取合理方式提请相对人注意。提供格式条款的一方对格式条款中免除或者限制其责任的条款以及与消费者有重大利害关系的条款，在合同订立时应当采用足以引起对方注意的文字、符号、字体等特别标识，并按照消费者的要求对该格式条款予以说明。《关于网上交易的指导意见（暂行）》第 3 条要求经营者应以合理方式向用户公示各项协议、规章制度和其他重要信息，提醒用户注意与其自身合法权益有密切关系的内容，从技术上保证用户能够便利、完整地阅读和保存与自身合法权益密切相关的信息。

---

① 参见文海宣：《天猫管辖协议被认定无效》，载《人民法院报》2015 年 3 月 19 日，第 3 版。

目前，我国许多电子商务企业对于电子合同的缔结缺少足够的重视，这与电子商务从业者、消费者的法律意识、法律知识水平也有关系。例如，即便用户免费使用网站，网站向用户提供免费服务，在网站经营者与用户之间也是存在合同关系的，但是在国内门户网站、搜索引擎的页面上很难快速找到明确的规范双方权利义务关系的合同。如前文所述，在京东商城向消费者提供的注册协议中，合同主体“京东”究竟是谁，居然是模糊不清的。即便是法律类专业网站，在合同方面同样也存在问题，如在北大法律信息网（www. chinalawinfo. com）的首页上很难找到服务合同的链接地址。[①] 并非所有的经营者都需要特别关注合同问题，平台经营者在此方面的注意程度要高于入驻平台的平台内经营者的注意程度。前者需要科学合理地制定合同、拟定合同提示与签订流程，并且需要根据法律、法规的修订而对合同进行修正，而后者主要使用所入驻交易平台的合同自动缔结机制，很少与消费者订立其他合同，其对合同条款的提示多表现为在商品介绍页面详细披露商品信息或予以特别声明。在合同条款提示方面，目前的问题主要表现在交易平台经营者所拟定的合同条款、采取的合同订立机制之上，问题包括所拟定条款不合理、合同签订流程不合理、披露内容有欠缺、合同修订机制不完善以及不便利消费者等。

保护消费者知情权，不仅是令消费者获知与商品、服务相关的信息，还应当令消费者能够方便地获知与交易相关的条款。我国在相当长的时间内并未建立起完善的电子合同法律机制。《电子商务法》涉及电子合同的订立问题，该法第 33 条要求平台经营者应当在其首页显著位置持续公示平台服务协议和交易规则信息或者上述信息的链接标识，并保证经营者和消费者能够便利、完整地阅览和下载。第 50 条第 1 款要求电子商务经营者应当清晰、全面、明确地告知用户订立合同的步骤、注意事项、下载方法等事项，并保证用户能够便利、完整地阅览和下

---

① 笔者是在 2022 年 2 月 6 日访问北大法律信息网，可以在页面底端找到隐私政策的链接，但是很难找到服务合同的链接。

载。但是,《电子商务法》对电子合同的规定仍然不够具体,《民法典》也是如此。我国也少有从合同缔结流程的角度分析平台经营者电子合同效力的案例,法院多数是直接认定合同有效。反观目前电子商务企业简单粗略的合同缔结流程,大量的合同会因为缔结程序而效力存疑,很少有法官认定合同不成立或无效,这说明我国法律的不足,以及法官并未深入研究、分析电子合同的缔结问题。

(四) 评价与问答信息的有用性、真实性、完整性

在线下交易中,消费者可以通过对欲购商品(以及服务)的观察获得商品信息,而在线上交易中,消费者只能通过网络页面的介绍来获得商品信息,这种信息往往具有片面性,以至于已购消费者对商品的评价(包括文字、图片、短视频等评价)对于其他消费者具有重要的参考价值。目前电子商务评价机制①主要包括对商品的评价以及问答,我国的商品评价主要包括消费者对商品的评级与使用体会,商品问答主要是由欲购商品的消费者对已购商品的消费者提出问题,获得回答。电子商务评价机制对于解决因网络因素而形成的信息不对称具有重要意义,也是线上交易优于线下交易的特点之一。评价机制可以令消费者在经营者所提供的信息之外获得更多信息,并且这些信息更贴合事实,从而降低消费者信息获取成本与交易决策成本,促进电子商务的发展。因此,经营者也会想方设法地影响评价机制,《反不正当竞争法》第 8 条第 1 款便要求经营者不得对商品的用户评价作虚假或引人误解的宣传,欺骗、误导消费者。

商品评价内容会直接影响消费者的决定,这也使"好评率"成为制约电子商务经营者经营状况的重要因素。因此,经营者一方面鼓励消费者对已购商品等予以评价,希望通过美誉式评价吸引其他消费者购买;另一方面则极力追求无"差评"。国内已发生诸多因"差评"而引

① 我国各电商平台基本上都有评价机制。以淘宝网为例,淘宝网的评价机制包括售后即评、追加评价、退款评价、默认好评、双向评价、定向提问等。淘宝还设置了评价积分反馈,以增加商品评价。

发的纠纷，消费者因给予“差评”而遭受经营者的骚扰。除商品评价外，各大电商平台还存在商品问答，即消费者针对欲购商品向已购者、经营者提出问题，已购者、经营者作出回答。据笔者个人经验，目前的商品评价以及回答中存在大量不实之处，经营者进行“刷单”以增加商品销售量与好评率已是公开的事实。通过“刷单”来编造用户评价，经营者可以获得大量虚假好评，从而误导消费者。经营者甚至在商品介绍页面直接增加“好评有礼”的内容，一旦消费者予以好评，经营者将以现金等方式回馈消费者。有的“好评有礼”直接表现为现金返还，而这也是某些商品的评价页面中好评如潮的原因之一。《电子商务法》已经对刷单作出禁止性规定。按照《电子商务法》第 17 条的规定，电子商务经营者不得以虚构交易、编造用户评价等方式进行虚假或者引人误解的商业宣传，欺骗、误导消费者。其中的“虚构交易、编造用户评价”指向的便是电子商务中的“刷单”痼疾。

某商品销售量巨大时，往往也会获得巨大的评价数量，而消费者的评价内容五花八门，有大量评价并不针对所购商品本身，不能使其他消费者获得有用信息，属无用评价，并且，巨大的评价数量也使消费者无法完整阅读。即便电商平台采取了标签抓取技术，但仍然无法去除无用评价。在评价的真实性与完整性方面，电商平台仍然需要提升技术。经营者在收到“差评”后，还会通过各种操作，将“差评”掩盖，对此，需要电商平台严格网规，严加治理，突出评价机制对消费者知情权的保护作用。

鉴于评价机制对电子商务的重要性，《电子商务法》第 39 条对电子商务中的评价机制作出了规定，“电子商务平台经营者应当建立健全信用评价制度，公示信用评价规则，为消费者提供对平台内销售的商品或者提供的服务进行评价的途径。电子商务平台经营者不得删除消费者对其平台内销售的商品或者提供的服务的评价”。按照《电子商务法》第 81 条的规定，平台经营者未为消费者提供对平台内销售的商品或者提供的服务进行评价的途径，或者擅自删除消费者的评价的，由市场监督管理部门责令限期改正，可以处 2 万元以上 10 万元以下的罚款；情节严重的，处10万元以上50万元以下的罚款。《电子商务法》第70条规定："国家支持依法设立的信用评价机构开展电子商务信用评价，向社会提供电子商务信用评价服务。"对电子商务评价制度应当采取软硬结合的治理机制，通过硬法来规范相关网规的内容与执行，我国立法已经开始在宏观上明确电子商务评价制度，更为具体的问题需要由电子商务平台经营者解决。

第十章　消费者选择权的保护

选择权是消费者四大基本权利之一，是消费者拥有的自主选择商品、服务的权利。[①] 消费者有权自主选择提供商品或者服务的经营者，自主选择商品品种或者服务方式，自主决定购买或者不购买任何一种商品，自主接受或者不接受任何一项服务，消费者在自主选择商品、服务时，有权进行比较、鉴别和挑选。若消费者选择权得以保障，则消费者的意思自由可得以实现，消费者可以自由选择商品、服务，以公平价格进行消费。在网络交易中，消费者选择权受到侵害的表现形式有所不同，并且消费者选择权受到的侵害往往与网络环境、技术以及商业模式相关。

一、线上环境经营者侵害消费者选择权的表现

在线下环境中，侵害消费者选择权的行为往往是对消费者的合同自由进行不当限制，例如经营者设定“最低消费”、“谢绝自带食品酒水”、收取“开瓶费”、强行销售、诱骗消费、强制搭售、虚假有奖销售，等等。在线上环境中，类似于线下环境中的诱骗消费、强制搭售等侵害消费者选择权的行为也是存在的，表现情形也没有什么不同。例如，电子商务经营者向消费者以有偿或无偿方式提供购物券（消费满一定金额便可获得优惠），但对购物券的使用条件、日期的说明却晦涩难懂或引人误解，甚至在消费者提交订单时因难以寻找到购物券的位置而无法使用。对于这些问题的处理，线上环境与线下环境无甚不同。但在线上环境中，其他类型的侵害消费者选择权的行为较线下环境更多，表

---

① 参见杨紫烜主编：《经济法》，北京大学出版社、高等教育出版社 2008 年版，第 250 页。

现形态也呈现多样化。这是因为，在线上环境，消费者往往成为信息的被动接收者，甚至难以如在线下环境一样表示拒绝。

（一）强迫消费者选择

“3Q 大战”在中国互联网发展历程中有着重要意义。2010 年 9 月 27 日，奇虎 360 发布了其新开发的“隐私保护器”，专门搜集 QQ 软件是否侵犯用户隐私。随后，QQ 立即指出 360 浏览器涉嫌借黄色网站推广。2010 年 11 月 3 日，腾讯宣布在装有 360 软件的电脑上停止运行 QQ 软件，用户必须卸载 360 软件才可登录 QQ，强迫用户“二选一”。双方为了各自的利益，从 2010 年到 2014 年，两家公司上演了一系列互联网之战，并走上了诉讼之路。[①] 在“3Q 大战”中，在互联网中的隐私、竞争、垄断等问题受到了社会普遍关注。双方均无法掩饰的是，虽然双方均称为了保护用户的利益，但是用户只是这些强势互联网公司手中的“棋子”。腾讯在强制用户“二选一”时，已经侵犯了消费者的选择权。简单来说，行使选择权的主体应当是消费者，而不是经营者。“3Q 大战”中腾讯公司的行为使得用户无法选择同时安装 360 浏览器与 QQ 软件，侵害了消费者的选择权。

2017 年 8 月，腾讯公司与华为公司因华为 Magic 手机读取用户的微信（微信由腾讯公司推出）内容而产生争议。Magic 手机可以读取用户的手机短信、微信而主动向用户进行智能化的推送、提醒、推荐，腾讯公司认为华为公司的 Magic 手机窃取用户隐私，华为公司则认为，手机用户的数据属于用户，微信数据也属于用户，Magic 手机的操作已经得到用户许可同意。[②] 在笔者看来，手机中的微信等应用的原始用户数据属于用户，虽然这些数据产生自微信，但却是由用户创造的。用户有权

---

① 有关于“3Q 大战”的详细信息，请参见百度百科的“腾讯 360 之争”词条，https://baike.baidu.com/item/%E8%85%BE%E8%AE%AF360%E4%B9%8B%E4%BA%89/7181338?fromtitle=3Q%E5%A4%A7%E6%88%98&fromid=11214415&fr=aladdin，最后访问时间：2022 年 9 月 22 日。

② Magic 手机系统可以读取手机淘宝、微信等应用中的用户数据，并据此进行信息推送。许多其他型号的华为手机也拥有这一功能。这一功能的实现，需要用户同意相关协议。

同意第三方使用这些数据，且不需要经过其他方的许可，即用户对自己产生的数据的使用拥有选择权。在现今，各方均注意到数据的重要性，但试图将数据垄断或限制数据的流转是不可能的，也是不合时宜的。

（二）代替消费者选择

2018 年 1 月 3 日，用户可以在支付宝查阅 2017 年度的账单。在消费者查阅账单时，手机应用程序页面下方有不显著的字体标有“我同意《芝麻服务协议》”的字样，“我同意《芝麻服务协议》”前方的按钮已被默认勾选，不过用户可以将之取消。

消费者可自由选择是否接受经营者提供的服务，在未予提示、说明的情况下，经营者自行勾选同意按钮的行为既侵犯了消费者的知情权，也侵犯了消费者的选择权。从合同的角度来看，相对人并不知悉合同的存在，默认勾选“我同意”的行为不具有作出意思表示的目的，并非表意行为，合同不能成立。这种侵犯消费者选择权的方式在相当长的时间内，在我国是极为常见、普遍的。

在笔者卸载“金山毒霸”的过程中，“金山毒霸”总是试图“劝阻”用户，采取了不利于用户实现卸载软件目的的操作步骤。“金山毒霸”对卸载程序的设置使得在软件卸载过程中，用户需要施加较高的注意才能连续点击正确的按钮，完成软件卸载，否则无法卸载软件，这种行为无疑妨碍了消费者选择权的行使。在用户安装“金山毒霸”的过程中，默认的安装程序会将“猎豹浏览器”也安装入计算机。这是一种十分典型的侵犯消费者选择权的行为，与上述支付宝公司的行为如出一辙。在之前主要借助光盘等存储媒介来安装软件的时代，这种行为是很少存在的。这种代替消费者选择的行为主要出现在网络普及之后，并且至今也是大量软件获取“装机量”的重要手段。有些计算机使用习惯不佳的用户会在疏忽之下安装大量不需要的软件，用户计算机的大量资源被这些软件占用，导致计算机运行越来越慢。危险的是，一些“流氓”软件、黑客软件也是借助这种方式传播的。更有甚者，有的软件会在用户卸载之后安装其他软件，并且看起来是得到了用户的许可。例如，“驱动精灵”是一款用于安装、备份计算机驱动程序的常用软件，笔者将之卸载后，在卸载完成的界面上，出现了默认勾选安装“爱奇艺”软件的选项，如果用户直接点击显著的“卸载完成”按钮以退出卸载程序，那么“爱奇艺”软件便会安装到计算机。按照用户通常的计算机使用习惯，用户认为已经成功卸载软件，点击“卸载完成”按钮退出卸载程序，殊不知被卸载的软件却安装了其他软件。如此种“拖刀计”式的软件卸载至今仍是屡见不鲜，严重侵害了消费者的选择权。

在网络购物中，代替消费者选择的现象也是屡见不鲜。2017 年 10 月，携程网被报道称强制消费者进行捆绑消费，在消费者通过携程应用程序在线订购机票时，被系统自动搭售包括保险、专车券、酒店券、接机服务费等，并且这些搭售的所谓增值服务很难取消，用户很难在应用程序中找到取消的方法。[①] 在引起广泛关注与批评之后，携程更新应用程序，使消费者可以方便地取消搭售的增值服务项目。很明显，携程公司故意设置这种不方便取消增值服务项目的合同缔结方式，看似均由消费者自行选择、决定，但由于其实质上不允许或不方便消费者对项目进行取消，也构成了对消费者选择权的侵犯。对于这种现象，《电子商务法》第 19 条专门作出了规定，“电子商务经营者搭售商品或者服务，应当以显著方式提请消费者注意，不得将搭售商品或者服务作为默认同意的选项。”

（三）妨碍消费者选择

在前例中，支付宝以十分不显著的字体标注“我同意《芝麻服务协议》”按钮，金山毒霸以十分不显著的字体标注与卸载有关的按钮，驱动精灵以十分不显著的字体标注安装爱奇艺软件的按钮。此种情形在当今我国的软件安装、网络购物等流程中十分普遍。以上三例中，界面中包括显著按钮与不显著按钮，形成反差的是，对用户重要的信息却是以不显著按钮的方式呈现的，这无疑妨碍了用户行使选择权。

---

① 参见罗惠：《买机票默认勾选买保险　中消协调查携程强制“搭售”》，载搜狐网 2017 年 5 月 6 日，http://www.sohu.com/a/138625475_362254。

用户不仅有权选择接受服务，也有权选择退出服务，经营者不仅应当方便用户对前者的选择，也应当方便用户对后者的选择。目前，用户在使用滴滴等应用程序时，可以设置通过支付宝、微信关联自动扣款等方式完成支付，但是用户若要取消自动扣款，却十分烦琐，甚至不经过方法检索，许多用户根本就不知道如何取消关联。2018 年 10 月，我国发生大量苹果手机用户因在与支付宝进行关联时开通了“免密支付”而被盗刷资金的事件，但是用户在苹果手机中取消“免密支付”却是非常困难的。[①] 此外，长期以来我国存在用户无法注销账户的问题，微信、微博、网络论坛等社交网站、应用程序以及各类购物网站很少向用户提供退出路径，即便提供了，用户也需要经过烦琐的操作才能完成退出。消费者购买手机时，手机已经预装了各种应用程序，有一些应用程序的存在、运行是手机操作系统所必需的，但大量应用类的应用程序并不是手机操作系统所必需的。手机上的一些应用程序无法卸载，一些应用程序在用户不知情的情况下自动安装。还有大量应用程序在安装时虽然取得了用户的同意，但却取得了诸多其根本就不需要的权限，如读取通讯录、使用麦克风等，这一点在安卓系统中尤为明显，这对于用户的手机使用安全构成威胁。这些均属于妨碍用户行使选择权的情形。

目前在涉及消费者作出选择时，各类软件、应用程序等主要是以勾选对号的方式表明消费者同意。不过，默认的选择往往是已经勾选对号，不需要消费者作出勾选动作，若消费者直接进入下一步，那么同意便已作出。对于这一流程是否能够表明同意的意思表示，消费者意思表示是否真实的问题，在之后关于点击浏览合同的部分进行详细分析。简单来说，依民法基本理论，沉默意味着拒绝，消费者未主动勾选对号的，即便对号已被默认勾选，对号所对应的合同、通知等也不对消费者产生效力。经营者类似的缔约机制因侵犯消费者的知情权、选择权等而

---

① 参见林晓丽：《苹果手机用户出现盗刷事件“免密支付”默认开通遭质疑》，载新华网 2018 年 10 月 17 日，http://www.xinhuanet.com//2018-10/17/c_1123569225.htm。

存在瑕疵。不过，《电子商务法》第19条只是针对搭售经营，要求不得将搭售商品或者服务作为默认同意的选项，在其他非搭售的场合，规则似乎难以适用。

（四）推送垃圾邮件、垃圾短信等信息

垃圾邮件、垃圾短信的问题由来已久，且至今未得到解决。用户电子信箱、手机收到各式各样的垃圾邮件、垃圾短信，并且绝大多数邮件、短信是由发件人群发，也有不少公司提供群发服务。全国人民代表大会常务委员会《关于加强网络信息保护的决定》第7条规定："任何组织和个人未经电子信息接收者同意或者请求，或者电子信息接收者明确表示拒绝的，不得向其固定电话、移动电话或者个人电子邮箱发送商业性电子信息。"但是，垃圾邮件、垃圾短信至今依旧泛滥。垃圾邮件的泛滥与监管不力不无关系，很多知名邮件运营商对垃圾邮件采取默许态度，甚至自己就从事垃圾邮件群发业务，这是造成垃圾邮件泛滥的一个主要原因。中奖诈骗、房产推销、教育培训等垃圾短信令人不胜其烦，大量垃圾短信是由106开头的号段发送，而106号段是由中国移动、中国联通、中国电信使用的专属号段。对于此种情形，软法机制与私法机制难以起到制止作用，而只能借助于公法机制，由行政部门加强监管、提升处罚来解决。

（五）强行推送精准广告

随着电子商务的发展，广告愈加常见，至今已是无时不有、无孔不入。广告虽令人难以忍受，造成用户使用网站的不便，但这也是免费使用网站不得不支付的代价，用户应对此予以适度容忍。然而，在《广告法》修订之前，用户甚至无法关闭广告，一些弹窗广告连关闭按钮都没有，甚至会出现用户鼠标靠近，广告便"飞"跑的情形。按照《广告法》第44条第2款的规定，利用互联网发布、发送广告，不得影响用户正常使用网络。在互联网页面以弹出等形式发布的广告，应当显著标明关闭标志，确保一键关闭。此后，网络广告大都有了一键关闭的按钮，只是广告仍然不时跳出，需要用户时常点击关闭。从经营者的角度来说，投放广告属于正常的商业行为，尤其是赢利途径较少的中小型网站及软件公司，如果不通过广告赢利，其也无从维系。若大量中小型公司倒闭，会导致市场无法满足消费者对软件的需求，最终也不利于消费者对网络的使用。

网络广告类型繁多，垃圾邮件、垃圾短信其实也多属网络广告，此外还包括横幅广告、竖幅广告、旗帜广告、文本链接广告、按钮广告、浮动广告、弹窗广告、富媒体广告等形式。虽然各式网络广告所使用的技术不尽相同，但从消费者的角度来看，消费者接收的网络广告有一般性广告与精准广告之分。前者如网站上常见的横幅广告、弹窗广告等，与线下环境中的电视广告没有什么差别；后者属个性化推荐广告，根据消费者在使用网络时留存的访问信息、搜索记录甚至是消费者的个人身份而推送符合消费者个别需求的广告。经营者向消费者进行个性化广告推荐，多使用基于 Cookie 技术、搜索引擎技术、大数据技术等技术实现的“广告精准营销”。

例如，笔者于 2022 年 5 月 5 日在百度搜索“Ergomax 人体工学椅”，在一屏之内，显示了 4 项搜索结果，均为广告，其中第 1、2 项为京东商城、淘宝网的人体工学椅广告，与笔者要搜索的“Ergomax 人体工学椅”没有任何关系。这属于所谓的搜索引擎关键词广告，并且还包括了搜索引擎营销中的竞价排名机制，百度通过用户输入的关键词向用户投放广告，付出较高的广告费者在搜索引擎反馈的搜索结果中排名居前，从而将搜索引擎所拥有的流量转化为广告收入。这一过程从商业角度来看，无可厚非，但搜索结果的呈现方式并非没有其他替代方案，如可以在右方显示广告，但百度选择的方式是直接在搜索结果中显示广告，并且显示在最显著的位置。在笔者看来，百度的这一行为侵犯了用户的选择权。在《广告法》修订之前，此种搜索引擎关键词广告并未标明广告属性，而是冠以“推广”等称谓，极易引起消费者的混淆。“魏则西事件”便为著例。

广告收入是互联网经营者获取营收的重要途径，也是支撑免费经济模式的支柱之一。目前，已有法院判决认定第三方软件去除网站的广告播放构成不正当竞争，在《反不正当竞争法》第12条的规定中，这种行为也构成不正当竞争行为。[①] 经营者投放广告具有正当性，但前提是广告投放不是以侵害他人权益的方式进行，且须符合《广告法》等的规定。如百度公司一样收集用户数据后进行精准广告推送的，不在少数，甚至是较为普遍的。例如，笔者使用计算机上已经登录账户的某款浏览器搜索某商品，接下来在使用今日头条、京东商城的应用程序时，便会接收到相应商品的精准广告。无论这一技术过程细节如何，必然涉及收集数据、移转数据，这就需要得到经营者与消费者间的合同支撑，[②] 否则将构成对消费者选择权、个人信息权等权利的侵犯。不过，我国业界目前使用的点击浏览合同大多在缔结流程中存在严重瑕疵，甚至应当认定为合同不成立，在这种情况下，经营者的行为便构成侵权行为。

（六）不向消费者提供选择机会

在相当长的时间里，应用程序经营者强行取得手机等手持计算设备的权限，经营者不向消费者提供详细的选择机会，消费者只能选择同意或拒绝。经营者的这种行为有着深刻的经济背景，经营者希望其应用程序能够取得更多的权限，以便获取更多的用户数据，甚至以安装应用程序的用户为跳板，发展更多的用户。因此，经营者便强行取得用户数据，对用户通讯录中的手机号码发送短信，或者建立关联，以求进一步的拓展。

在手机普及之前，在计算机领域早已存在此种恶习，现今依然如此。例如，具有竞争关系的软件在运行时主动修改计算机系统打开某种

---

① 国内著名的“Maxthon”浏览器曾经针对视频网站贴片广告采取技术手段帮助用户快进，从而绕过广告。优酷、搜狐、爱奇艺等视频网站采取应对措施屏蔽“Maxthon”浏览器，用户使用“Maxthon”浏览器将无法访问相应的视频地址。对于此中涉及的不正当竞争问题，可参见北京爱奇艺科技有限公司诉深圳聚网视科技有限公司不正当竞争纠纷案［（2015）沪知民终字第728号］判决书。爱奇艺公司、聚力公司和乐视网公司都曾因视频贴片广告被第三方软件屏蔽或跳过而提起诉讼，并且均获得胜诉。

② 例如，收集数据的经营者在与消费者的合同中约定消费者允许其收集数据，并将所收集的数据移转给第三方。

文件的默认软件，如用户在安装 WPS 软件后，打开“doc”文件的默认软件便会从 Word 直接改变为 WPS。这种软件间的竞争在计算机浏览器中体现得尤为明显。例如，IE 浏览器、搜狗浏览器、猎豹浏览器、傲游浏览器在功能上是可以相互替代的，而鉴于浏览器是最重要的网络入口、流量入口，浏览器软件均试图成为用户计算机上浏览网页的默认软件，以至于尝试进行修改。基于相同的原因，某些门户类网站也采取相同的措施，修改用户浏览器的默认主页，以增加网站的流量，甚至有时还会出现软件捆绑安装、网站主动安装软件的情况。经营者的这种行为均属未向消费者提供选择机会，侵犯消费者选择权。

（七）拒绝向用户提供账户注销选项或制造注销困难

按照 2013 年《电信与互联网用户个人信息保护规定》第 9 条第 4 款的规定，电信业务经营者、互联网信息服务提供者在用户终止使用电信服务或者互联网信息服务后，应当停止对用户个人信息的收集和使用，并为用户提供注销号码或者账号的服务。按照《电子商务法》第 24 条的规定，电子商务经营者应当明示用户注销的方式、程序，不得对用户注销设置不合理条件。用户注销的，电子商务经营者应当立即删除该用户的信息。但是，我国诸多互联网经营者一再简化用户注册账户的程序，却拒绝向用户提供账户注销的选项，或者即便提供了这种功能，注销程序也十分复杂。以新浪微博为例，用户要注销微博账户，需要在微博客户端中按照“我—设置—账号与安全—微博安全中心—其他账户类问题—如何注销账户”的顺序进行操作，才能注销账户，操作十分烦琐。用户注销微信账户的复杂程度也与此类似，并且，在较早前的版本中，微信并未提供注销选项。消费者的选择权不仅包括接受商品、服务的选择自由，也包括退出的选择自由。经营者拒绝向用户提供账户注销选项或制造注销困难，无疑侵犯了消费者的选择权。

二、对线上环境消费者选择权的保护

消费者所拥有的选择权主要是一种保障消费者合同自由的权利，消费者可以自由地决定是否缔约以及自由地选择合同相对人、合同条款等。消费者选择权的内容实质上包含两个方面的特性：一是主观上的自愿性；二是客观上的自由性。[①] 首先，主观上的自愿性是从消费者的主观方面出发，强调消费者的行为是基于主观自愿做出选择的结果。其次，客观上的自由性是消费者不受他人的诱导、强迫、威逼、欺骗等不当干涉，但是，消费者选择权的行使是受到自身判断能力、信息筛选能力和诸多外界因素影响的。[②] 从反面来看，选择权在更大程度上是一种拒绝的权利，即消费者得拒绝接受经营者的行为，而非要求经营者必须接受消费者的行为，权利的行使效果往往是避免“强卖”，而非“强买”。为达到这一效果，有赖于经营者向消费者提供必要信息，以避免消费者失去拒绝的机会。经营者以“犹抱琵琶半遮面”的方式向消费者提示合同或合同条款，不仅损害了消费者的知情权，也损害了消费者的选择权。并且，不仅在结果上，在过程上也应当保障消费者的选择权，而这也是对消费者在线选择权进行保护的特别之处，即线上经营者不仅需要如线下经营者一样进行信息披露，保障消费者行使选择权，还应当在技术上使消费者能够切实行使选择权。然而，如上文所举实例，大量的电子商务经营者在技术层面上强迫、代替、妨碍消费者选择，甚至不向消费者提供选择机会，在过程上与结果上均侵害了消费者的选择权。

虽然选择权是消费者所享有的法定权利，但消费者选择权受到侵害往往是发生在合同场合，消费者也多借助合同法律制度来解决争议。因为，一般而言，如果消费者在结果上并未购买经营者提供的商品、服务，即其并未失去拒绝的机会，则通常很难认定经营者侵害了消费者选择权。例如，某酒店公示收取“开瓶费”，消费者见后便转至其他酒店，在消费者与经营者的关系中，消费者并未产生损失，难以认定选择权受到侵害。但如果该酒店未公示收取“开瓶费”，在消

---

① 参见韩焕玲：《消费者的自主选择权：从 QQ 与 360 大战说开去》，载《经济研究导刊》2011 年第 7 期。

② 参见柴伟伟：《论电信消费者自主选择权的法律保护》，载《河北法学》2015 年第 6 期。

费者结账时发现酒店收取了“开瓶费”，那么消费者的选择权便受到了侵害。从合同的角度来看，酒店收取“开瓶费”的条款因排除了消费者的主要权利而无效，酒店收取“开瓶费”便无合同依据，应向消费者退还所收取的费用。选择权作为法定权利，而非普通的合同债权，在其受到侵害时，也有通过侵权责任予以保护的余地。也就是说，消费者选择权受到侵害时，经常会发生请求权竞合，消费者可自行选择适宜的请求权基础。

不同于线下环境，在线上环境中，消费者不必亲自前往，以至于消费者选择权在这两种环境中受到侵害的表现情形是不同的。在线下环境中，虽然也存在整体性侵害消费者选择权的情形，但更多的是指向单独的、特定的消费者，争议往往发生在对立两造之间。而如上文所分析的在线上环境中消费者选择权受到侵害的表现情形，消费者选择权受到的侵害往往是整体性的。因为电子商务经营者所实施的经营行为基本上针对的是全体消费者，或者是某类消费者，总之针对的是消费者群体，而不是单一消费者。通过网络平台进行交易的，平台经营者所制定的软法规则通常会对平台内经营者保障消费者知情权、选择权等作出规定，消费者权利受到侵害的，可以通过平台的在线争议解决机制要求保护，当然也可以通过诉讼、仲裁等方式要求保护。但自建网站、应用程序的经营者侵犯消费者选择权的，软法机制基本上不会起到作用，消费者只能通过诉讼、仲裁等方式保护选择权。由于对消费者选择权的侵害往往具有整体性，因此，通过行政部门对消费者选择权施加公法保护会更适宜，效果更佳且成本更低。

以下通过北京百度网讯科技公司与朱某隐私权纠纷案[①]来进一步分析电子商务中消费者选择权的保护问题，本案在第七章第三节也被提及。北京百度网讯科技公司与朱某隐私权纠纷案涉及的是通过 Cookie 技术实现精准广告推送，从而涉嫌侵犯消费者知情权、选择权等权利。该案中，原告朱某在家中和单位上网浏览相关网站的过程中，发现在使

① 参见江苏省南京市中级人民法院民事判决书，（2014）宁民终字第 5028 号。

用百度搜索引擎搜索相关关键词后，会在百度广告联盟的特定网站上出现与关键词相关的广告。例如，朱某在通过百度网站搜索“减肥”“人工流产”“隆胸”关键词后，再进入“4816”网站和“500看影视”网站时，就会分别出现关于减肥、流产和隆胸的广告。[①] 原告主张，被告未经其知情和选择，利用网络技术记录和跟踪原告所搜索的关键词，将其兴趣爱好、个人需求等显露在相关网站上，并利用记录的关键词，对原告浏览的网页进行广告投放，侵害了其隐私权，使原告感到恐惧，精神高度紧张，影响了正常的工作和生活。

一审法院南京市鼓楼区人民法院认为，隐私权是自然人享有的私人生活安宁与私人信息依法受到保护，不被他人非法侵扰、知悉、搜集、利用和公开的权利。Cookie技术本身并不涉及侵权问题，但百度公司利用Cookie技术收集朱某信息，并在朱某不知情和不愿意的情形下进行商业利用，侵犯了朱某的隐私权。关于百度公司收集和利用朱某上网信息的行为是否经过朱某同意的问题，一审法院认为，由于百度公司在网站中默认的是网民同意百度公司使用Cookie技术收集并利用网民的上网信息，网民可能根本就不知道自己的私人信息会被搜集和利用，更无从对此表示同意，这就要求百度公司在设定用户默认“选择同意”时承担更多、更严格的说明和提醒义务，以便网民对百度公司的行为有充

---

① 原告朱某将这一过程进行了公证：朱某通过百度网站搜索“减肥”，然后再在地址栏输入“www.4816.com”，进入该网站后，网页顶部有一个“减肥瘦身、左旋咖啡”的广告，网页右面有一个“增高必看”的广告，点击“增高必看”广告左下面的“掌印”标识，会出现网址为“http://wangmeng.baidu.com”的网页，该网址系“百度网盟推广官方网站”。在4816主页的地址栏中输入“www.paolove.com”，点击后进入“泡爱网”，该网站网页的两边会出现“减肥必看”“左旋咖啡轻松甩脂”的广告。然后，点击页面右上方的“工具”标识，在Internet选项中点击“删除浏览历史记录”图标，将浏览的历史记录删除。从泡爱网的地址栏输入“百度”进入百度主页，搜索“人工流产”，再重新进入4816网站后，该网站网页的两侧会出现“上海江城医院”和“南京江宁博爱医院”关于人工流产的广告。点击“南京江宁博爱医院”广告左下角的“掌印”图标，网页会再次显示进入了“百度网盟推广官方网站”。关闭该网页，重新进入泡爱网，并在该网页上的地址栏输入“www.500kan.com”，进入“500看影视”网页，此时网页右侧会出现“人工流产”的广告。再从“500看影视”网页中点击“工具”，删除浏览历史记录。通过地址栏再次进入百度主页，在该主页中输入“隆胸”二字进行搜索，然后重新进入“4816”网站和“500看影视”网站，上述两个网站均出现“丰胸”的广告。

分的了解，进而作出理性的选择。然而，百度公司网页中的“使用百度前必读”的标识，虽有说明和提醒的内容，但该标识却置于网页最下方，不仅字体较小，而且还夹放在“© 2014Baidu”与“京 ICP 证 030173 号”中间，[①] 实在难以识别并加以注意，无法起到规范的说明和提醒作用，不足以让朱某明了存在“选择同意”的权利。一审法院对百度公司关于已经保障了用户的知情权和选择权的观点，不予采纳。

二审法院南京市中级人民法院在认定事实方面与一审法院基本一致，但二审法院推翻了一审判决。在选择权问题上，二审法院认为：百度公司利用网络技术对朱某提供个性化推荐服务并未侵犯网络用户的选择权和知情权。百度公司在“使用百度前必读”中已经明确告知网络用户可以使用包括禁用 Cookie、清除 Cookie 或者使用禁用按钮等方式阻止个性化推荐内容的展现，尊重了网络用户的选择权。Cookie 技术是当前互联网领域普遍采用的一种信息技术，基于此而产生的个性化推荐服务仅涉及匿名信息的收集、利用，且使用方式仅为将该匿名信息作为触发相关个性化推荐信息的算法之一，网络服务提供者对个性化推荐服

---

① 百度公司在百度网站（www. baidu. com）首页设置了“使用百度前必读”的链接，该链接位于页面的最下方，并用下划线的方式进行了标注，但字体较小且呈灰色，夹在了“© 2014Baidu”与“京 ICP 证 030173 号”中间。点击进入“使用百度前必读”，页面的右侧放置了“隐私权保护声明”的链接。点击进入，显示的声明共 6 条，其中第 2 条第 3 款告知用户百度公司使用了 Cookie 技术，功能是便于用户使用网站产品和/或服务，以及帮助网站统计独立访客数量等。运用 Cookie 技术，百度能够为用户提供更加周到的个性化服务，并允许用户设定特定的服务选项。当用户使用服务时，会向用户的设备发送 Cookie。当用户与百度公司提供给合作伙伴的服务（如广告和/或推广服务，以及可能显示在其他网站上的由百度提供的服务功能）进行交互时，百度公司允许位于百度域的 Cookie 或者其他匿名标识符发送给百度公司的 web 服务器。用户可以选择拒绝 Cookie，用户可以通过修改浏览器设置的方式拒绝 Cookie。如果用户选择拒绝 Cookie，则用户可能无法登录或使用依赖于 Cookie 的百度服务或功能。如果用户不希望在访问百度联盟网站时，百度公司基于 Cookie 向用户推送个性化的信息，可以通过个性化配置限制百度对 Cookie 的使用。在百度公司的“个性化配置工具设置”页面中，百度公司称：“为了在您访问百度联盟网站时，向您推送与您更相关或您更感兴趣的推广信息，百度联盟网站通过 Cookie 记录您的偏好信息（不涉及任何指向您个人的信息）；如果您不希望百度联盟网站利用记录到的偏好信息向您推送推广信息，可以通过下方按钮选择停用，停用后百度的联盟网站将不会再根据您的偏好信息向您推广信息。网盟隐私保护设置只适用于您当前使用的计算机上的当前浏览器，当您删除当前浏览器的 Cookie 后，系统会自动重置您浏览器的隐私保护设置。”在上述文字下方，百度网讯公司提供了“选择停用”按钮。

务依法明示告知即可，网络用户亦应当努力掌握互联网知识和使用技能，提高自我适应能力。经查，百度公司将“使用百度前必读”的链接设置于首页下方与互联网行业通行的设计位置相符，链接字体虽小于处于首页中心位置的搜索栏字体，但该首页的整体设计风格为简约型，并无过多图片和文字，网络用户施以普通注意义务足以发现该链接。在“使用百度前必读”中，百度公司已经明确说明 Cookie 技术及使用 Cookie 技术的可能后果，并通过提供禁用按钮向用户提供选择退出机制。朱某在百度公司已经明确告知上述事项后，仍然使用百度搜索引擎服务，应视为对百度公司采用默认“选择同意”方式的认可。《信息安全技术公共及商用服务信息系统个人信息保护指南》（GB/Z 28828—2012）第 5.2.3 条规定：“处理个人信息前要征得个人信息主体的同意，包括默许同意或明示同意。收集个人一般信息时，可认为个人信息主体默许同意，如果个人信息主体明确反对，要停止收集或删除个人信息；收集个人敏感信息时，要得到个人信息主体的明示同意。”参考该国家标准化指导性技术文件精神，将个人信息区分为个人敏感信息和非个人敏感信息而允许采用不同的知情同意模式，旨在保护个人人格尊严与促进技术创新之间寻求最大公约数。举重以明轻，百度公司在对匿名信息进行收集、利用时采取明示告知和默示同意相结合的方式亦不违反国家对信息行业个人信息保护的公共政策导向，未侵犯网络用户的选择权和知情权。

北京百度网讯科技公司与朱某隐私权纠纷案影响较大，受到互联网业界与学术界的广泛关注。本案呈现了在网络中的自然人隐私、个人信息的定性问题与消费者的知情权、选择权问题，两级法院在第一个问题上的说理并不充分，并且将隐私与个人信息在一定程度上进行了错误的混同，最终二审法院认定搜索记录非属个人信息。就此问题，笔者认为，二审法院所认为的匿名化数据不符合个人信息的可识别性要求，因此便不属于受到保护的隐私或个人信息，理由十分不充分。即便在一般意义上，网络搜索也属于十分常见的自然人活动，将各种信息与搜索记录（包括匿名的信息与记录）结合起来是能够识别或反映特定自然人活动情况的。搜索记录也应当属于受到权利保护的客体。[①] 不过，这并非本处要分析的重点问题。本处所涉及的是，虽然原告基于隐私权侵权而提起诉讼，但原告的主张涉及消费者的知情与选择权利，那么百度公司的行为是否侵犯了消费者的知情权、选择权呢？

在涉消费者诉讼中，鲜见原告单纯地行使侵权责任请求权，原因之一在于，如果原告行使侵权责任请求权，损害较难认定，侵权行为人的过错也较难认定，并不利于对消费者权利的保护。相形之下，消费者基于《民法典》合同编、《消费者权益保护法》的规定请求救济，效果会更好。该案中，原告作为消费者，能够行使选择权的前提是知情权得到了满足，即百度公司已尽到其信息披露义务或者说合同条款提示义务。该案一审法院与二审法院对于百度是否尽到合同条款提示义务作出了相反的认定。一审法院认为百度公司在页面下端设置的“使用百度前必读”标识虽有说明和提醒的内容，但却放在了网页的最下方，不仅字体明显较小，而且还夹放在“© 2014Baidu”与“京 ICP 证 030173 号”中间，实在难以识别并加以注意，无法起到规范的说明和提醒作用，不足以让朱某明了存在“选择同意”的权利。二审法院则认为百度公司将“使用百度前必读”的链接设置于首页下方与互联网行业通行的设计位置相符，链接字体虽小于处于首页中心位置的搜索栏字体，但该首页的整体设计风格为简约型，并无过多图片和文字，网络用户施以普通注意义务足以发现该链接。二审法院还引用了《信息安全技术公共及商用服务信息系统个人信息保护指南》，认为默示同意也是一种正常的取得消费者同意的方式。笔者曾经特意寻找百度公司的使用说明、合同条款等链接，但极难寻找，虽然百度将“使用百度前必读”的链接置于第一屏，但位于第一屏最下端，且其之第一屏无法一键下拉至页面底部，需要不断下拉，在下拉过程中还会反复出现新的内容。我国互联网行业的这种所谓的通行设计本来便不足够显著，难以引起用户注意，这种习惯

① 《个人信息保护法》第 4 条对个人信息的定义同时从主体角度与功能角度出发，搜索记录可能属于无法识别特定自然人的信息，但仍属该条所规定的与已识别或可识别的自然人有关的各种信息。

难以称得上符合法律价值取向的习惯，并且也称不上是消费者的习惯，法院不能以采用通行设计为由来认定达到了以合理方式提醒相对人注意的缔约义务。因此，从格式条款规则来看，二审法院的这种观点是错误的。我国的互联网行业仍未形成足够的尊重消费者的观念，京东、天猫、亚马逊、百度、新浪等大型网络公司都存在类似问题。采取十分不显著的链接、使用十分不显著的字体，是我国互联网业界经常采用的方式，不能不让人理解为经营者担心消费者施以注意便可以注意到，因此采取了十分不方便、不显著的方式来告知消费者，履行其信息披露义务。我国互联网业界的这种荒唐习惯绝对不应当得到法院的肯定与支持，相反应当被驳斥。

就 Cookie 而言，笔者认为，百度公司在用户终端设置 Cookie 必须取得用户许可，而此种许可便源于百度公司与用户之间的访问合同（所谓浏览合同）。百度公司所设计的缔约机制存在重大瑕疵，未尽到以合理方式提醒相对人注意的义务，不能以用户继续访问网站为由而认定合同成立。在合同订立上，应当认定百度公司未通知相对人合同的存在，合同不成立。百度公司的这种行为侵犯了消费者的知情权，消费者因不知情而无法选择禁止百度公司收集个人信息，选择权也受到侵犯。那么，百度公司收集消费者个人信息便构成侵权。百度公司的浏览合同既然不成立，其中的条款对消费者便不能发生效力。在无有效约定的情况下，百度公司将以侵权方式获得的消费者个人信息提供给其他经营者的行为，构成侵权。

消费者选择权的保护并不是一个复杂的问题，因为保护选择权的关键在于消费者的知情权得到保护，即经营者适当履行信息披露义务，不论是针对具体的商品、服务，还是针对电子合同的缔结流程。因此，在线上环境与线下环境中，除争端解决机制外，对消费者选择权的保护差异并不大，并且差异主要还是由电子合同的缔结流程而引发。因为在线下环境保护消费者选择权的前提多是消费者已经与经营者缔结了合同，接受了商品、服务，但因经营者对商品、服务的信息披露存在问题而致消费者选择权受损。消费者的选择权通常不会因合同缔结程序而受损。

但在线上环境中，主体采用了迥异于线下环境的合同缔结流程，消费者选择商品、服务所需要的信息在通过网络获取时，便会因为电子合同缔结流程问题而致信息获取不完全，从而损害消费者的选择权。在前文所列举的强迫、代替、妨碍消费者选择以及不向消费者提供选择机会等现象中，消费者选择权受损基本上都是与电子合同的缔结相关，导致消费者无法选择订立符合通常目的的合同。因此，在线上环境保护消费者选择权的特别之处主要体现在立法对电子合同制度的完善之上，尤其是点击合同、浏览合同、点击浏览合同。

第十一章　消费者个人信息权的保护

第一节　我国个人信息保护的发展

一、个人信息的保护必要

现今，网络中的个人信息或数据发生泄露屡见不鲜。2009 年，美国的 Heartland 支付系统发生数据泄露，致使 1.3 亿用户的信用卡信息泄露；2014 年，eBay 数据泄露事件造成 1.45 亿用户的个人信息泄露；2016 年，雅虎网站数据泄露事件致使 5 亿用户的个人信息泄露。[①] 美国艾可飞（Equifax）、照片墙（Instagram）、脸书（Facebook）、谷歌（Google）等知名网站也发生过用户信息泄露的事件。在网络时代，网站、智能设备客户端等基于技术上的需要或其他目的而收集用户各种信息是非常常见的，而信息泄露也不在少数。2011 年 12 月，我国最大的程序员网站 CSDN[②] 网站的 600 万用户数据被黑客公开。由于用户在不同网站上经常使用同一账户名称、密码的注册与使用习惯，这一事件导致网络上出现了大量的撞库攻击，进一步加剧了个人信息泄露。[③] 2014 年，我国 12306 网站发生用户信息泄露事件，所泄露的信息包括用户账号、明文密码、身份证号码、电子邮箱等。2014 年 6 月，QQ 用户数据泄露，泄露信息量巨大。[④] 2016 年 8 月 21 日，山东临沂高考考生徐玉玉被电信诈骗者以发

---

① 参见周学峰、李平：《网络平台治理与法律责任》，中国法制出版社 2018 年版，第 84 页。

② CSDN 是全球知名中文信息技术交流平台。

③ 参见贺涛、李湘宁：《CSDN600 万用户数据遭泄露　网络裸奔现隐忧》，载新浪财经网，http://finance.sina.com.cn/chanjing/sdbd/20120116/095511210854.shtml。

④ 参见李殿鹏、佟亮：《QQ 群数据泄露　大量用户隐私流出》，载中国青年网，http://news.youth.cn/gn/201406/t20140609_5336059.htm。

放助学金为名而被诈骗学费 9900 元，徐玉玉因心脏骤停而离世。在这一事件中，诈骗者是购买了山东省 2016 年高考考生信息而获得了徐玉玉的电话号码等个人信息。[①] 2017 年 12 月，有报道称 360 “小水滴”摄像头会将使用场所的监控内容实时上传到“水滴直播”的直播平台上，大部分被摄录者对此毫不知情，摄录的对象包括公共场合与家庭场合。[②] 各式直播在中国的发展极为迅速，甚至已经没有了技术门槛，直播者可以随时随地进行直播，从而使诸多个人信息在各种平台上向公众直播，造成信息泄露。2021 年 1 月 29 日，江苏镇江丹阳警方破获一起侵犯公民个人信息案，犯罪嫌疑人使用境外聊天工具和虚拟货币等手段，贩卖 6 亿条个人信息。[③]

个人信息保护问题并不是网络社会产生的新问题，但的确是在网络社会被“放大”的问题。采用任何技术（无论是传统技术，抑或电子技术、数字技术），对个人信息的处理都有可能导致个人信息的泄露、扭曲和错误使用。[④] 在网络兴盛之前，虽然也有个人信息泄露的情形，但一般不具有普遍性，并且通常不会发生所泄露信息被大规模传播的结果。在网络兴盛之后，泄露的个人信息可能会被大规模传播。其中的原因主要在于：第一，个人信息收集自动化、简单化、普遍化。用户在访问网站时，因技术原因会使访问记录、偏好等 Cookie 信息被网站自动收集，若用户在网站上进行注册，则用户需要提供姓名、地址、电话等多种信息，这些信息也会被网站收集。随着中国“前台匿名、后台实名”的实名制度的实施以及网站（包括各类应用程序等智能设备客户端软件）随之采取的验证措施，经营者可以十分简单地收集用户的各种真实信息。并且，有时经营者要求用户提供的信息已经超出了便于用户

---

① 参见曹音：《徐玉玉被电信诈骗案今日开庭　7 名被告人当庭认罪悔罪》，载中国日报网，http://cn.chinadaily.com.cn/2017-06/27/content_29907615.htm。

② 参见谢非君：《周鸿祎，你的 360 “小水滴” 直播违法了》，载人民网，http://media.people.com.cn/n1/2017/1219/c40606-29714611.html。

③ 参见李国亮：《江苏丹阳警方破获新型侵犯公民个人信息案》，载环球网 2021 年 1 月 26 日，https://3w.huanqiu.com/a/3458fa/41fngH6gxE6?p_a7a61064c153b8c86c5e19b236e9b249b。

④ 参见齐爱民：《论个人信息的法律保护》，载《苏州大学学报》2005 年第 2 期。

使用网站、应用程序的目的，如网站要求用户提供家庭住址、家庭人口、教育经历、供职单位等，此类信息一旦泄露，存在发生严重后果的可能。第二，个人信息收集者未采取足够安全的保密措施。上文提及的CSDN用户信息泄露的主要原因便是信息收集者对所收集的信息保密措施不够严格、安全，甚至有时是网站离职员工以拷贝的方式导出、出售用户数据。第三，网络的技术特性决定了信息泄露的可能性。各种网络防御措施存在先天的失灵可能，只要信息数据存储于网络中便存在失密、泄露的可能。第四，不当的数据交易扩大了信息泄露的范围。在徐玉玉案中，犯罪嫌疑人便是自他人处购买了2016年山东高考考生的个人信息数据，值得反思的是这些政府数据是如何被泄露出去的。在该案中，犯罪嫌疑人被抓获、审判，但信息是如何泄露的，却未见报端。在2017年9月，浙江省松阳县人民法院对一起特大侵犯公民个人信息案作出了判决，在该案中，高达7亿条个人信息遭泄露，其中8000余万条个人信息被贩卖。[①] 此外，我国鼓励大数据技术的发展，经营者不断深入挖掘数据本身的价值，采取大数据技术对数据进行加工，在这一过程中，也极易因数据清洗不完整、脱敏程度不足等原因而发生数据泄露。

技术是一把“双刃剑”，网络、大数据等技术促进了中国经济的发展，国民的生活与工作也从中获益匪浅，但在一定程度上，国民的这种利益获取是以让渡其个人信息作为代价的。如果用户坚持不交出其个人信息，那么其便无法使用各类网络工具。例如，用户进行网络购物，必然需要使用网络支付工具，若不交出个人信息、完成注册，往往无法使用网络支付工具。在用户以微信、支付宝、财富通等第三方支付工具进行网络支付时，其财务数据便被他人收集。用户用于收取快递物品的地址必然是真实的，而这些数据也会被他人收集。我国在促进电子商务发展的同时，也大力推动电子政务的进行，如在徐玉玉案中，高考考生的

---

① 参见王春、木易：《浙江松阳判决一起特大侵犯公民信息案——逾7亿条个人信息遭泄露》，载《法制日报》2017年9月3日，第8版。

学籍信息、报考信息均以电子化方式呈报，而这也加大了信息泄露的风险。

二、我国个人信息权的立法历程

消费者个人信息保护问题从属于自然人个人信息保护问题，是自然人个人信息保护问题在消费领域的体现。我国《刑法修正案（七）》(2009 年）将非法获取和提供个人信息确定为犯罪，《刑法修正案（九）》（2015 年）将“出售、非法提供公民个人信息罪”和“非法获取个人信息罪”统一为“侵犯公民个人信息罪”。2012 年，全国人民代表大会常务委员会颁布了《关于加强网络信息保护的决定》，保护公民的个人电子信息。《电信和互联网用户个人信息保护规定》（2013 年）规定所有的电信服务提供者和互联网信息服务提供者都应当保护用户个人信息。《消费者权益保护法》（2013 年）增加了消费者“享有个人信息依法得到保护的权利”的规定，要求经营者收集、使用消费者个人信息，应当遵循合法、正当、必要的原则，明示收集、使用信息的目的、方式和范围，并经消费者同意。经营者收集、使用消费者个人信息，应当公开其收集、使用规则，不得违反法律、法规的规定和双方的约定收集、使用信息。经营者及其工作人员对收集的消费者个人信息必须严格保密，不得泄露、出售或者非法向他人提供。经营者应当采取技术措施和其他必要措施，确保信息安全，防止消费者个人信息泄露、丢失。在发生或者可能发生信息泄露、丢失的情况时，经营者应当立即采取补救措施。《网络安全法》（2016 年）规定了网络运营者收集、利用个人信息的合法、必要、正当、同意原则，并设定了具体规则。《民法总则》(2017 年，已失效）宣告了自然人个人信息受到法律保护。《电子商务法》（2018 年）要求经营者遵守个人信息保护义务，并规定在电子商务中，用户有权查询、更正、删除个人信息。《民法典》（2020 年）将个人信息规定为人格权客体，界定了个人信息概念的内涵与外延，确立告知同意原则，赋予个人决定权、查阅权、复制权、异议权、更正权、删除权。《个人信息保护法》（2021 年）针对个人信息保护进行了全面细化规定，使我国的个人信息保护进入了一个新阶段。然而，学界对于个人信息究竟是一种权利客体，还是一种法益，始终存在争议。[①] 在笔者看来，简单来说，虽然如果承认个人信息权的存在会导致个人信息产业的发展受到影响，在某种意义上，也不利于个人信息保护体系的开放性，但在《民法典》与《个人信息保护法》规定了个人对个人信息的决定权等诸多权利的基础上，还是应当认为个人对其个人信息拥有的权利，而非法益。并且，无论是否承认个人信息权的存在，在当前的法律框架下，对消费者等主体的个人信息保护逻辑并不会受到太大影响。

对于个人信息保护立法，美国采取"补充立法＋行业自律"的模式，欧盟则采取"国家统一立法"的模式。美国模式以分散式立法为特点，即在各个行业分别补充有关个人信息保护的法律规则，但不制定统一的个人信息保护法律。从立法层面来看，美国通过扩展隐私来保护个人信息，将个人信息保护作为风险管理来对待，借助行业自律和市场调节机制来实现保护目的。这种设置有利于信息的流通和利用，将个人信息的搜集、利用交于企业，由其与权利主体通过合同进行协商解决。但是，由于个人与企业所处地位、掌握信息的不对等，企业相继出现了不当收集、使用和移转个人信息的情况，从而使个人的权利难以获得全面充分的保护。[②] 欧盟模式以制定统一法为特征，采取个人信息人格权保护模式，对数据处理者和控制者进行严格规范。1995 年，欧盟颁布了《个人数据保护指令》，确立了个人在信息保护方面拥有查阅权、更正和删除权、免受完全自动化决定权、反对权等权利。2016 年，欧盟颁布了《一般数据保护条例》，细化并扩展了《个人数据保护指令》的查阅权、更正与删除权、反对权以及免受完全自动化决定权的内容，增

① 关于学界对个人信息法律性质的争议，可参见叶名怡：《论个人信息权的基本范畴》，载《清华法学》2018 年第 5 期；杨立新：《个人信息：法益抑或民事权利——对〈民法总则〉第 111 条规定的"个人信息"之解读》，载《法学论坛》2018 年第 1 期；丁晓东：《个人信息权利的反思与重塑——论个人信息保护的适用前提与法益基础》，载《中外法学》2020 年第 2 期。

② 参见李美燕：《个人信息保护的利益衡量与制度构建》，载《电信科学》2018 年第 8 期。

设限制处理权、可携带权、遗忘权。[①]

三、个人信息的界定模式

从各国关于信息保护的立法来看，各国所使用的概念包括“资料”“信息”“数据”“隐私”等，如《美国隐私权法》、《欧盟一般数据保护条例》、《英国数据保护法》、《瑞典资料法》、《奥地利信息保护法》、《日本有关行政机关电子计算机自动化处理个人资料保护法》及我国《个人信息保护法》等。对于应当选用的概念，学界有不同观点。目前来看，我国立法已经选用了“信息”的概念，所存在的问题主要是需要厘清“信息”“数据”“数据电文”的关系。笔者认为，在立法技术上，信息属总括性概念，包含数据、数据电文。但在某些场合，信息与数据是等同的，例如在涉及信息或数据跨境传输时，这两个概念具有相同的含义。从计算机科学的角度来看，“数据”是一种采取某种数字进位制的代码逻辑序列，[②] 其承载“信息”，即“信息”是数据所承载的内容。并且，数据主要是计算机技术意义上的概念，若要拥有法律意义，必然是通过数据所承载的内容来产生法律意义，单独的数据并无法律价值。因此，使用“信息”的概念足以涵盖“数据”的概念。数据电文是大量数据的有意义的集合，多用于意思表示领域，为意思表示的载体，承载表意人的意思。虽然数据电文也是以所承载的内容来表达某种信息，但在信息保护的意义上，这两种信息的内容完全是不同的。例如，从个人信息保护的角度来看，受到保护的是姓名等单一的数据内容、信息，但这种独立的数据对于意思表示而言是离散的，没有意义的。在涉及个人信息保护时，一般不会涉及数据电文问题。

个人信息的内涵决定了个人信息的外延。重要的是，在法律明确列举的个人信息类型之外，还需要根据个人信息的内涵来确定法律未予规

---

① 参见李美燕：《个人信息保护的利益衡量与制度构建》，载《电信科学》2018 年第 8 期。

② 计算机科学中的数据主要指向的字节，为采取二进制、八进制、十六进制等数字进位制的数字序列，这种序列是没有法律价值的。只有在将字节式的数据通过人机转换，转换为人可识别或利用（有时是借助于机器进行利用）的信息时，数据才会产生法律价值。

定的某类个人信息是否也受到权利保护，个人信息的内涵成为法律解释的依据。最高人民法院、最高人民检察院《关于办理侵犯公民个人信息刑事案件适用法律若干问题的解释》将公民个人信息的内涵界定为“以电子或者其他方式记录的能够单独或者与其他信息结合识别特定自然人身份或者反映特定自然人活动情况的各种信息”。《网络安全法》将个人信息的内涵界定为“以电子或者其他方式记录的能够单独或者与其他信息结合识别自然人个人身份的各种信息”。《欧盟一般数据保护条例》第 4 条将个人数据定义为“一个被识别或可识别的自然人的任何信息”。可以看出，我国与欧盟采用了两种不同的界定方式。前者是从功能的角度出发，后者则是从主体的角度出发。按照第二种方式，除包括法律明确列举的受到法律保护的信息类型之外，（被识别的或可识别的）自然人的任何信息都有可能会受到个人信息权的保护，除非法律作出例外规定。按照第一种方式，只有具有识别自然人身份作用的信息才会受到法律保护，其他的不受保护。第二种方式的优点在于可以扩大自然人信息保护的范围，即便是不被认为属于可以单独或与其他信息结合识别自然人身份的信息，也可能受法律保护。按照《民法典》第 1034 条第 2 款的规定，个人信息是以电子或者其他方式记录的能够单独或者与其他信息结合识别特定自然人的各种信息，包括自然人的姓名、出生日期、身份证件号码、生物识别信息、住址、电话号码、电子邮箱、健康信息、行踪信息等。《民法典》明显是从功能角度出发，以“识别”为核心。按照《个人信息保护法》第 4 条第 1 款的规定，个人信息是以电子或者其他方式记录的与已识别或者可识别的自然人有关的各种信息，不包括匿名化处理后的信息。可以看出，《个人信息保护法》同时从功能角度与主体角度出发，范围更为宽泛，兼具两种定义模式的优点，无论是已经识别的个人信息，还是可以识别的个人信息，只要与个人相关，均可受到保护，这有利于加强对个人信息的保护。[①]

---

① 参见王利明：《〈个人信息保护法〉的亮点与创新》，载《重庆邮电大学学报（社会科学版）》2021 年第 6 期。

功能角度与主体角度的定义模式看起来差异不大，但却可能会在实践中引发混淆，以下以用户的网络搜索记录信息为例来分析这两种定义模式的区别。在北京百度网讯科技公司与朱某隐私权纠纷案①中，二审法院认为，网络用户通过使用搜索引擎形成的检索关键词记录，虽然反映了网络用户的网络活动轨迹及上网偏好，但这种网络活动轨迹及上网偏好一旦与网络用户身份相分离，便无法确定具体的信息归属主体，不再属于个人信息范畴。百度公司个性化推荐服务中收集和推送信息的终端是浏览器，没有定向识别使用该浏览器的网络用户身份。虽然朱某因长期固定使用同一浏览器，感觉自己的网络活动轨迹和上网偏好被百度公司收集利用，但事实上百度公司在提供个性化推荐服务中没有且无必要将搜索关键词记录和朱某的个人身份信息联系起来。百度公司个性化推荐服务所收集的用户信息以及推送信息的对象均指向终端浏览器，没有定向识别使用该浏览器的网络用户身份。可以看出，二审法院将浏览器与浏览器使用者予以切割区分，认为未经用户许可而收集用户浏览器中的信息是可以的（假设不存在有效的合同予以赋权），只要所收集的信息不足以识别实体世界中的主体身份。对此，笔者不敢苟同。首先，信息虽然包括实体世界中的信息与虚拟世界中的信息，我国个人信息保护问题主要产生于网络昌达之后，也正是因虚拟世界中的信息的大量产生和存在而促生出了个人信息权。因此，对主体的纯粹网络信息也应当加以保护。若采取从功能角度出发的定义方式，用户的网络搜索记录可能不足以达到直接或间接识别用户身份的功能。关键的是，在个案中，用户极难证明其网络搜索记录可以达到这种功能，在前案中，仅凭朱某的网络搜索记录并不能识别朱某的身份，朱某也无法证明能够识别其身份。仅从功能角度定义个人信息的话，网络搜索记录可能很难得到保护，甚至经营者不需要在合同中对收集网络搜索记录作出约定。而从主体角度定义个人信息，用户所产生的网络搜索记录无疑也可以得到保

① 详见南京市中级人民法院民事判决书，（2014）宁民终字第5028号，具体内容可见本书在消费者选择权部分的论述。

护。即便从平衡促进数据产业发展与保护个人信息的角度来看，由于大量的网络搜索记录具有个性化，网络搜索记录也应当列为个人信息受到保护，经营者欲收集的，必须在合同中作出约定。

功能角度定义方式最大的问题是可能导致以信息样态所呈现的自然人在网络中的存在方式不能受到个人信息权的保护，因为其指向的是自然人的身份，而这种身份主要指的是自然人在实体世界中的身份。该种方式区隔出自然人在实体世界中的存在方式与在网络世界中的存在方式，而按照其对个人信息的界定，后者是难以得到保护的。笔者认为，受到保护的个人信息不仅包括那些能够单独识别主体身份的直接性信息，也包括与其他信息结合识别主体身份的间接性信息；不仅包括主体在实体世界中的信息，也包括主体在网络世界中的信息。网络搜索记录等信息只能通过网络生成，存在于网络世界中，不会存在于实体世界中，但也应受到保护，即便其识别的是主体的网络身份，而非实体身份。同理，自然人在实体世界中的行踪轨迹受到保护，自然人在网络世界中的行踪轨迹也应受到保护。因此，从立法技术上看，第一种方式与第二种方式的根本区别在于，第二种方式的保护范围要远远广于第一种。某些信息是否具有直接或间接识别自然人身份的作用并不是确定无疑的，[①]（如宗教信仰、心理及文化等信息）但某些较为敏感的却不能识别主体身份的信息无疑也应当得到保护。法律上的模糊将导致实践中此类信息是否受到法律保护是不确定的，这不利于对自然人个人信息的保护，尤其是在当前的大数据背景之下，自然人的各种信息均被收集。采取从主体角度出发的定义方式更有利于个人信息保护，而通过对例外情形的排除，便可以起到明确规定经营者收集信息范围的作用。因此，《个人信息保护法》对个人信息的定义虽然受到了《民法典》的影响，引入了识别性，但其同时针对已识别或者可识别的个人信息，即针对所有的个人信息。事实上只要与个人相关，便属于《个人信息保护法》意义上

---

① 按照第二种方式，在缺省状态下，自然人拥有的但不具有识别自然人身份功能的信息受到法律保护，而按照第一种方式，由于这些信息不具有识别功能而不受到法律保护。

的个人信息。不过，识别性功能虽被削减，却并非没有意义。匿名化处理后的信息，因其经过处理无法识别特定自然人且不能复原，已无法起到识别功能，因此便不属于《个人信息保护法》意义上的个人信息。此外，《个人信息保护法》第73条所规定的去标识化的信息，因可以借助其他信息而进行主体识别，因此仍然属于受到保护的个人信息。

消费者的个人信息保护从属于自然人的个人信息保护，虽然目前对于消费者身份的确定仍然有争议，但消费者应当为自然人，自然人在消费场合，便拥有了消费者身份。因此，在保护消费者个人信息上，是通过自然人个人信息权还是通过消费者个人信息权，并无太大差异。如果说存在差异的话，那也是在受到保护的信息类型上有所区分，即权利客体有所不同。这种不同主要表现为消费者个人信息权的权利客体主要存在于消费领域，在范围上要小于自然人个人信息权，这其实是个人信息权在消费领域的具体体现。个人信息权属于典型的民事私权利，针对所有自然人，针对自然人的《个人信息保护法》，足以涵盖消费者的个人保护需求，《消费者权益保护法》便没有必要再独立规定个人信息保护规则，或者说，简单地针对消费领域重述、细化即可。例如《App违法违规收集使用个人信息行为认定方法》《常见类型移动互联网应用程序必要个人信息范围规定》两项规定所涉及的个人，基本上均可认定为消费者。这两项规定事实上也是个人信息保护法律规则的具体细化。就消费者个人信息保护而言，消费者个人信息包括消费者姓名、性别、职业、出生日期、身份证件号码、个人生物识别信息、住所、联系方式、收入和财产状况、健康状况、访问记录、商品与服务的喜好情况、购买记录、投诉记录、评价内容、问答内容、位置数据、账号与密码、消费能力、消费情况等信息。

第二节　个人信息处理同意的性质

《个人信息保护法》赋予个人以知情权、决定权、撤回权、查阅复制权、转移权、更正补充权、删除权等多项权利。这些权利以决定权为中心，个人有权限制或拒绝他人对其个人信息进行处理。《个人信息保护法》第13条规定了个人信息处理的合法情形，“取得个人的同意”属主要情形。《个人信息保护法》第14条对个人的知情同意作出了规定，第17条规定了个人信息处理者告知的条件。按照《民法典》《个人信息保护法》的规定，个人主要通过同意并作出对个人信息处理的许可，因此，个人的同意在个人信息处理或者说相应的消费者权益保护中具有重要地位。

同意对私法秩序的建构具有重要意义，法律向来注重同意的真实性。但在个人信息处理领域，长期以来，个人信息处理者（以下简称处理者）所设计推行的格式化告知同意机制，重表示轻意思，对同意真实性的保障严重不足，导致同意非真实却有效的反差大规模存在。司法实践主要采取行为导向，关注同意的表面存在却忽视了同意的取得过程，缺少对同意效力的深度审查，导致真实的同意与司法中的同意存在巨大差距。个人信息处理同意[①]有名无实的问题受到学界关注，有观点强调意思自治在告知同意中的基础地位，[②] 也有观点认为应对告知同意进行合理限制，[③] 还有观点提出应依托传统理论解决同意瑕疵问题，[④] 但相关研究与传统理论融合不足，未能厘清传统理论在个人信息处理领域的具体运用。事实上，在个人信息处理领域，对于同意的认识长期混乱，意思自治以及外观主义、权利睡眠者等传统理论未经细致辨析便被简单沿用，俨然已成为同意真实性与有效性相背离的支撑。《民法典》第1035条仅对个人信息处理同意作出简单规定，根本不足以解决问题。在这种背景下，《个人信息保护法》采取意图导向，在第14条中将个

① 为便于行文，本书将“个人对处理其个人信息的同意”简称为“个人信息处理同意”。本书还使用了“用户”“同意人”的概念，指的是作出个人信息处理同意的个人。

② 参见叶名怡：《论个人信息权的基本范畴》，载《清华法学》2018年第5期。

③ 参见张新宝：《个人信息收集：告知同意原则适用的限制》，载《比较法研究》2019年第6期。

④ 参见王进：《论个人信息保护中知情同意原则之完善》，载《广西政法管理干部学院学报》2018年第1期。

人信息处理同意的一般有效条件规定为充分知情、自愿、明确,[①] 这有助于矫正实践中同意真实性与有效性的大规模背离。而且,《个人信息保护法》还对同意的类型、同意的撤回、同意能力以及处理者的告知等作出规定,从而建立起较为完整的告知同意机制。

从《个人信息保护法》对个人信息处理同意有效条件的规定来看,其追求的是实质同意,而非形式同意,强调同意的真实性。然而,《个人信息保护法》既未明确个人信息处理同意的性质,也未界定何谓充分知情、自愿、明确,甚至连告知与同意之间的关系也未规定,那么在落实告知同意机制时,应当如何对同意的有效条件进行解释、认定,以实现对同意真实性的保障?一般而言,应当依托意思表示理论、规则弥补《个人信息保护法》的不足,解决同意有效条件的解释与认定等问题。但《个人信息保护法》对同意的规定明显异于《民法典》对意思表示的规定,并且《个人信息保护法》还删除了草案中同意属意思表示的规定,以至于学界对意思表示理论、规则能否适用于个人信息处理同意产生争议。鉴于此,需要从法教义学的角度对个人信息处理同意进行分析,界定其性质,确定其法律适用,进而对其有效条件进行解释、认定,并借此解决长期以来因用户自由受制而造成的意思自治形式化问题。事实上,从不同性质出发,个人信息处理同意的规则适用将产生差异,有效条件也将得到不同解释。在法教义学意义上,对个人信息处理同意的性质界定应以其传统的性质界定为基础,否则将导致同意在民法体系内的过度割裂。

一、个人信息处理同意性质界定中的争议、核心问题与解决进路

学界对个人信息处理同意的性质争议较大,主要存在法律行为说、意思表示说、处分说、委托说、法律上的行为说、双重属性说等不同观

---

① 《个人信息保护法》第 14 条第 1 款规定:"基于个人同意处理个人信息的,该同意应当由个人在充分知情的前提下自愿、明确作出。法律、行政法规规定处理个人信息应当取得个人单独同意或者书面同意的,从其规定。"

点。法律行为说与意思表示说虽分别认为个人信息处理同意属于法律行为[①]、意思表示[②]，但差异不大，因为法律行为的核心就是意思表示。处分说、委托说在意思表示的基础上进一步分析，或者认为同意构成对个人信息权益的处分，[③] 或者认为同意成立了委托关系或信义关系。[④] 这些观点可称为意思表示肯定说。法律上的行为说认为个人信息处理同意欠缺效果意思，其法律效果取决于法律规定，应界定为法律上的行为，属于法定免责事由，不能界定为意思表示，否则将导致意思表示规则的错误适用。[⑤] 还有类似观点指出，个人信息处理同意不会产生法律效果，不会导致法律关系的变动，且可随时任意撤销而不产生任何责任，与意思表示撤销规则不符，不应界定为意思表示。[⑥] 这些观点可称为意思表示反对说。双重属性说则基于传统同意在不同场景中的性质差异，以及意思表示规则的不完全适用，认为个人信息处理同意在合同场景中属意思表示，在侵权场景中属受害人同意，分别适用相应的规则。[⑦]

从学界争议可以看出，个人信息处理同意性质界定中的核心问题在于确定个人信息处理同意与意思表示之间的关系，以及二者在规则适用上的关系。个人信息属人格权益，[⑧] 受传统法上的人格权法定原则约

---

① 参见王泽鉴：《人格权法》，北京大学出版社 2013 年版，第 214 页；刘召成：《人格商业化利用权的教义学构造》，载《清华法学》2014 年第 3 期；李伟、蒋文杰：《隐私协议用户知情同意的认定》，载《中国检察官》2021 年第 2 期。

② 参见郑佳宁：《知情同意原则在信息采集中的适用与规则构建》，载《东方法学》2020 年第 2 期；马新彦、张传才：《知情同意规则的现实困境与对策检视》，载《上海政法学院学报》2021 年第 5 期；张勇：《APP 个人信息的刑法保护：以知情同意为视角》，载《法学》2020 年第 8 期。

③ 参见万方：《个人信息处理中的“同意”与“同意撤回”》，载《中国法学》2021 年第 1 期。

④ 参见丁晓东：《个人信息保护原理与实践》，法律出版社 2021 年版，第 89 ~ 101 页。

⑤ 参见程啸：《论个人信息处理中的个人同意》，载《环球法律评论》2021 年第 6 期。

⑥ 参见张新宝：《个人信息保护法的基础理论与制度安排》，载中国民商法律网 2022 年 1 月 7 日，https://www.civillaw.com.cn/gg/t/?id=38270#。

⑦ 参见陆青：《个人信息保护中“同意”规则的规范构造》，载《武汉大学学报》2019 年第 5 期。

⑧ 参见王利明：《和而不同——隐私权与个人信息的规则界分和适用》，载《法学评论》2021 年第 2 期。

束，而意思表示肯定说却多是从意思自治出发，认为个人信息处理同意构成意思表示，既缺少详细的理由分析，也未合理解释二者在规则上的龃龉。[①]《个人信息保护法（草案一审稿）》第14条曾将同意规定为意思表示，但正式颁布时却予以删除。意思表示反对说与《个人信息保护法》的立法走向看似一致，也符合人格权法定原则，其基于对法律效果发生根据的分析，依托《个人信息保护法》上的同意规则迥异于意思表示规则，对意思表示肯定说提出了较为有力的质疑。不过，法律上的行为包括法律行为、事实行为、准法律行为，若宽泛地将个人信息处理同意界定为法律上的行为，其实仅是承认其具有法律意义，却未界定其性质。双重属性说大致是肯定说与否定说的折中，基于不同场景对个人信息处理同意的性质进行分别界定，而未作出统一界定。

同意的应用场景历来广泛且纷乱，传统法上对其定性向有争议，存在法律行为说、事实行为说、准法律行为说等观点，争议始终围绕同意与意思表示（或法律行为）之间的关系展开。当前对个人信息处理同意性质的争议其实是传统法上的同意性质之争在个人信息处理领域的延续与发展，问题与观点均有重叠。笔者认为，对个人信息处理同意性质的讨论应当在个人信息保护实践的基础上，结合传统法相关研究进行，一来可起事半功倍之效，二来可保障民法同意理论的体系性。

二、意思是个人信息处理同意法律效果的产生根据

法律效果是按照主体意思还是按照法律规定产生，是判断行为属于意思表示（或法律行为）还是事实行为、准法律行为的关键。[②] 个人信息处理同意是一种基于自决而表达意思的声明，[③] 不能认为相关法律效

---

① 例如，王泽鉴教授仅是简单地认为个人信息处理同意旨在发生一定的法律效果，因此应界定为法律行为，原则上应适用意思表示及法律行为的规定，但如何顾及当事人的利益而进行必要的调整或解释，需要进一步研究。参见王泽鉴：《人格权法》，北京大学出版社2013年版，第142、214页。

② 参见杨代雄：《法律行为论》，北京大学出版社2021年版，第39~40页。

③ Vgl. Von Zimmermann G., Die Einwilligung im Internet, epubli GmbH, 2014, S. 17-20.

果的产生完全取决于法律规定，与意思无关。

个人信息处理同意主要属于人格权领域中的同意。人格权法基于对人格尊严、自由的保护，预先设定了人格权秩序，主体无法在法律规定范围以外通过意思取得或处分人格权。但考虑到对人格利益的经济利用，人格权法允许法定范围内的人格权益（如姓名、名称、肖像、个人信息）成为许可使用的对象，① 基于主体意思而通过同意、合同等方式允许他人使用，但不允许脱离人格权法定秩序。按照《个人信息保护法》第 13 条第 1 款的规定，在六种法定情形中，处理个人信息无须取得个人同意，相关法律效果无疑取决于法律规定，与个人意思无关；而在其他情形，处理个人信息需经个人同意，便不能认为法律效果与个人意思无关。个人同意的基础在于《个人信息保护法》第 44 条所规定的决定权，其属《民法典》第 126 条规定的“其他民事权利”，使个人可通过同意或拒绝同意等方式决定其个人信息是否被处理以及以何种方式处理，② 个人的意思对于个人信息处理具有决定意义，体现了个人的自主、自治。

作为决定权的行使方式，同意有单方同意与合同同意之分，前者表现为个人单方的同意声明，后者表现为个人对处理者所提出的《个人信息处理协议》等合同文本的承诺。③ 在笔者看来，无论是单方同意还是合同同意，法律效果的产生根据均在于意思。其一，个人信息处理同意在表现为合同同意时，产生合同关系，法律效果的产生根据必然是意思，而不是法律规定，否则将违反合同法基本理论。因此不能在一般意义上认为个人信息处理同意欠缺产生法律效果的内心意思，或者认为法律效果的产生根据系法律规定。其二，单方同意与合同同意均是同意人

---

① 参见王利明：《人格尊严：民法典人格权编的首要价值》，载《当代法学》2021 年第 1 期。

② 参见江必新、李占国主编：《个人信息保护法条文解读与法律适用》，中国法制出版社 2021 年版，第 145 页。

③ 在我国，通过合同取得个人信息处理同意并不受限。而且，在告知同意的网络格式化流程中，同意的作出基本上均以告知为前提，二者通常具有要约、承诺的对应关系，借助合同理论来解释告知同意可行且简捷。

的意思表达，所引发的法律效果亦无本质不同，对二者法律效果的产生根据不应作不同理解。这正如代理权的授予无论通过单方还是双方民事法律行为完成，法律效果的产生根据并无二致。其三，个人信息还具有财产属性，[①] 蕴含经济价值，在事实上具有一定的市场性，虽然受到人格权法定秩序的制约，但主体的正当意思仍应得到尊重并产生相应的法律效果。其四，个人信息处理同意既可以是简单的同意，也可以包含更多内容，处理者在《个人信息保护法》规定之外提供更多保障（如支付费用）而个人同意接受的，或同意附加期限、条件、条款的，[②] 由于法律并无相关规定，只能按照意思内容确定相应的法律效果。

笔者认为，法律对个人信息处理同意的规定，是在个人信息具有双重属性的前提下，允许个人通过同意的方式处分其权益，并通过有效条件、同意能力、撤回等规则对同意作出必要规范，使个人在法定范围内进行自治。在同意的意思内容与法律规定完全相同时（只是简单的同意），所引发的自治效果与法定效果一致，既可以认为法律效果取决于意思，也可以认为取决于法律规定，甚至可以认为同时取决于二者。但在同意包含超出法律规定的正当内容时，所引发的自治效果为法律所承认，其内容却未由法律所规定，法律效果无疑取决于意思。从整体上看，应当认为个人信息处理同意法律效果的产生根据是法定范围内的意思。一般而言，个人信息处理同意所产生的法律效果并不是转移同意人的权利或为同意人设定义务，而主要是为处理者设定许可使用权，从而引起个人信息处理法律关系的设立以及相应的免责。若同意包含其他内容，只要不违反强行性规则与基本原则，便根据其内容产生相应的法律效果。个人信息处理法律关系在设立后，还会因个人行使转移权、删除权、撤回权等而变更、终止。

---

① 参见彭诚信：《论个人信息的双重法律属性》，载《清华法学》2021 年第 6 期。

② 在告知同意中，虽然同意人只是简单地表示同意，但告知的内容成为同意的条款，只要不违反强行性规定，均为有效。个人信息处理同意并非身份行为（不得附条件），虽然《民法典》与《个人信息保护法》并未规定其可否附加条件、期限，但按理应当可以。可参见张平华：《认真对待人格权法律行为》，载《政法论坛》2019 年第 5 期。

三、个人信息处理同意属于非典型意思表示

我国《个人信息保护法》关于个人信息处理同意的规定并不完备，对同意有效条件的解释依据不足，同意的生效时间、生效地点、代理、归属等也无从确定，这些问题只能借助其他法上相关理论、规则的适用得以解决。对个人信息处理同意进行定性，目的不仅在于在法教义学上对应有的法律秩序进行准确的描述，[①] 还在于在定性的基础上合理确定其他法的适用，以弥补《个人信息保护法》的不足，解决实际问题。笔者认为，双重属性说与法律上的行为说缺陷明显，无助于问题的解决。按照双重属性说，个人信息处理同意在不同场景中分属意思表示与受害人同意。但是，首先，《个人信息保护法》第13条第1款第1项将同意统一规定为个人信息处理的基础，第14条统一规定了同意的有效条件，这意味着个人信息处理同意的法律性质应当是统一的，不应当因场景的不同而不同。其次，受害人同意在《民法典》中并无明文规定，且其性质与规则适用本就存在较大争议，无法成为个人信息处理同意问题的解决依据。按照法律上的行为说，个人信息处理同意既然非为意思表示（或者说法律行为），便应为事实行为或准法律行为。然而，事实行为虽可解释同意的免责效果，但不考虑主体意思，且不存在撤回可能，不合理之处甚多。此外，将个人信息处理同意界定为准法律行为具有一定合理之处，且类推适用法律行为规则能够解决诸多问题。但准法律行为尽管存在意思，核心要素却是表示，法律效果取决于法律规定，而非意思。[②] 仅凭个人信息处理同意可通过合同作出，便不可能将其界定为准法律行为，更何况准法律行为欠缺完备的理论、制度，无法为相关问题的解决提供充足依据。相比之下，个人信息处理同意无疑与意思表示最为契合，尽管并非完全契合。

基于上文的分析，个人信息处理同意应被界定为意思表示，意思表

---

① 参见［德］尼尔斯·扬森：《民法教义学》，朱晓喆、沈小军译，载《苏州大学学报（法学版）》2016年第1期。

② 参见常鹏翱：《对准法律行为的体系化解读》，载《环球法律评论》2014年第2期。

示规则应适用于个人信息处理同意，但无法否认的是，意思表示规则无法全部适用。在法教义学上应当如何解决这种矛盾？笔者认为，德国学界的解决方式可资借鉴。在德国法上，齐特尔曼在1906年提出的法律行为说长期占据主流地位，其首先将同意界定为法律行为，然后通过对法律行为概念的推导、法律行为规则的适用解决具体问题。但法律行为规则难以适用于同意能力、同意的任意撤销等问题，以至于法律行为说被批评背离了在法教义学上应有的一致性。[①] 1958年，德国联邦最高法院在一起重要案件的裁判中放弃了法律行为说。[②] 之后学界与实务界主要根据具体场景确定同意的性质与规则适用，事实行为说、准法律行为说均有运用，但法律行为说在20世纪60年代末开始回归、修正。[③] 科特（Kohte）认为，正当同意与法律行为具有相同的目的，并且二者功能等同，都旨在实现自决，都是私法自治的工具。因此，法律行为规则适用于同意具有正当性，但在高度个人化的领域应该对规则的运用作部分修正。[④] 奥利（Ohly）在对各种学说进行综合分析后，认为法律行为说难以妥当解释为何并非所有法律行为规则均可适用于同意，反对法律行为说的学说也难以妥当解释为何同意会适用部分法律行为规则。[⑤] 奥利将法律行为说修正为非典型法律行为说，认为广义的同意是一种非典型的法律行为，在将法律行为规则适用于各式同意时，应当根据同意的场景进行目的论还原，审查法律行为具体规则的可适用性，而非

---

① Vgl. Michael Funke, Dogmatik und Voraussetzungen der datenschutzrechtlichen Einwilligung im Zivilrecht, Nomos Verlagsgesellschaft, 2017, S. 39 – 40.

② 在该案中，临近成年的原告从苏联占领区逃出，而其父母仍然留在苏联占领区。原告要求医院在不取得其父母同意的情况下对自己实施手术，后手术引起并发症。该案涉及通过同意对身体完整性进行干预，德国联邦最高法院放弃了法律行为理论，认为干预身体完整性的同意不属于意思表示，因此不适用《德国民法典》第107、182条，原告具有同意能力，可自行作出有效同意。

③ Vgl. Ansgar Ohly, "Volenti non fit iniuria" -Die Einwilligung im Privatrecht, Mohr Siebeck, 2002, S. 4.

④ Vgl. Wolfhard Kohte, Die rechtfertigende Einwilligung, Archiv für die civilistische Praxis 185 (1985), 105, 149 – 160.

⑤ Vgl. Ansgar Ohly, "Volenti non fit iniuria" -Die Einwilligung im Privatrecht, Mohr Siebeck, 2002, S. 203.

一概适用。[①] 非典型法律行为说能够合理解释同意能否以及如何适用法律行为规则，并在法教义学上实现同意的体系性统一，已成为德国法上包括个人数据处理同意在内的同意问题研究的基础之一。[②]《德国联邦数据保护法》在 2019 年根据《欧盟一般数据保护条例》（General Data Protection Regulation，GDPR）的要求进行了修订，将同意定义为“Willensbekundung”（意愿声明），此与“Willenserklärung”（意思表示）的含义极为相近。

从传统法的角度来看，同意向来为私法自治的工具，与意思表示、法律行为有着较高的契合度，而在欠缺统一的同意法律制度的背景下，[③]“只有求助于法律行为理论，才能避免诉诸虚构，否则将导致个人权利的淡化”。[④] 非典型法律行为说符合同意与法律行为“和而有异”的关系，合理解释了法律行为规则对同意为何应予适用以及为何不应完全适用，既可在宏观上实现同意的理论统一，又可在微观上顾及各式同意的差异，较为合理。不过，基于概念使用习惯的不同以及法律行为与意思表示的区分，并考虑到合同同意的情形，在我国法上应使用“非典型意思表示”的表述。从《个人信息保护法》的角度来看，虽然《个人信息保护法》删除了草案中同意属意思表示的规定，但这并不能说明《个人信息保护法》认为同意非为意思表示，而只能说明其规避了同意的定性问题。事实上，《个人信息保护法》对同意规定的不足唯有意思

---

① Vgl. Angsar Ohly，“Volenti non fit iniuria”-Die Einwilligung im Privatrecht，Mohr Siebeck，2002，S. 205.

② Vgl. Benedikt Buchner，Informationelle selbstbestimmung im privatrecht，Mohr Siebeck，2006，S. 231；Klose/Straub，Willensmängel bei der Einwilligung in eine ärztliche Behandlung，Medizinrecht 37（2019），714，716.

③ 同意的条件在不同场景中有异，解释途径多样，我国法并未对同意作统一规定。《德国民法典》在第三章“法律行为”第 182 条以下规定了同意（Zustimmung），包括事前的同意（Einwilligung）与事后的同意（Genehmigung）。但这并不是一种统一的同意法律制度，因为其所针对的是对他人所为之法律行为的同意（参见《德国民法典》，台湾大学法律学院、台大法学基金会编译，北京大学出版社 2017 年版，第 181 页），是一种辅助行为（参见［德］维尔纳·弗卢梅：《法律行为论》，迟颖译，法律出版社 2013 年版，第 1065 页），而非通常意义上的对他人干涉自己事务的同意，后者是一种独立行为。

④ Vgl. Wolfhard Kohte，Die rechtfertigende Einwilligung，Archiv für die civilistische Praxis 185（1985），105，152.

表示理论、规则能够弥补。在笔者看来，个人信息处理同意具备意思表示的构成要素（后文详述），法律效果的产生根据在于意思，通常具有典型意思表示的特点，但基于《个人信息保护法》的规定而在同意能力、有效条件、任意撤回等方面具有非典型性或者说特殊性。顺应同意的传统法定性，通过非典型意思表示涵摄个人信息处理同意，既符合其特点，也保持了法教义学上应有的一致性。而且，借助于丰富完备的意思表示理论、规则，可以保障个人信息处理同意的真实性，生效时间、生效地点、代理、归属等问题也将迎刃而解。

个人信息处理同意作为一种非典型意思表示，除非《个人信息保护法》有特别规定，否则便应适用《民法典》上的意思表示、法律行为以及合同等规则。不过，这些规则主要针对经典交易而设计，在适用时应进行目的论限缩，结合立法意旨与具体场景，进行选择性适用或者说选择性排除。《消费者权益保护法》《电子商务法》等法律的适用，亦同此理。在意思表示的意义上，充分知情、自愿、明确属于同意意思表示在个人信息处理场合的特别法要件，应被理解为《民法典》第143条所规定的“意思表示真实”在个人信息处理领域的具化。在主流的意思表示三要素学说下，[①] 充分知情与自愿属意思范畴，与效果意思、表示意思相关，而明确属表示范畴，与表示行为相关。通过《民法典》的规定以及意思表示理论对充分知情、自愿、明确进行解释，属题中应有之义。需要注意的是，《个人信息保护法》第14条应被解释为效力性强制性规范，欠缺充分知情、自愿、明确任一条件，同意应归为无效，而非可撤销。

---

① 对于意思表示的构成要素，争议历来激烈。意思表示三要素学说在我国为主流学说，认为意思表示的构成要素包括效果意思、表示意思、表示行为。本文基于意思表示三要素学说对同意问题展开分析。

第三节　个人信息处理同意的有效条件

《个人信息保护法》第 14 条规定："基于个人同意处理个人信息的，该同意应当由个人在充分知情的前提下自愿、明确作出。法律、行政法规规定处理个人信息应当取得个人单独同意或者书面同意的，从其规定。"如前文所述，《个人信息保护法》并未界定何谓充分知情、自愿、明确，需要对其加以解释。

一、对充分知情的认定

（一）告知、充分知情与同意间的因果递进关系

现代法上的知情同意确立于"二战"后关于人体实验的《纽伦堡法典》，确立的原因是人类被试者应充分了解和理解所涉事项，以便能够作出明智决定。[①] 此后，知情同意被引入隐私、个人信息保护领域。在此方面，美欧均奉行知情同意，但均有不足，欧盟虽更为严格，却也未能充分保障同意的真实性，以至于同意成为一种"虚幻的同意"。[②] 这一困境的成因复杂，如知情同意的结构问题、主体的认知问题等。[③] 但在笔者看来，私益保护与产业发展间的矛盾是知情同意遭遇困境最根本的原因，因对二者的不同取舍而产生了意思进路与利益进路。意思进路强调意思自由与同意真实，侧重私益保护，[④] 遵循的是意图导向。利

---

① See Josephine Shaw, *Informed Consent: A German Lesson*, 35 International & Comparative Law Quarterly 871 (1986).

② See Yoan Hermstruwer, *Contracting around Privacy: The (Behavioral) Law and Economics of Consent and Big Data*, 8 *Journal of Intellectual Property*, Information Technology and Electronic Commerce Law 11 (2017).

③ 参见吕炳斌：《个人信息保护的"同意"困境及其出路》，载《法商研究》2021 年第 2 期。

④ 参见陆青：《个人信息保护中"同意"规则的规范构造》，载《武汉大学学报》2019 年第 5 期。

益进路强调个人信息的社会控制与公益面向，侧重产业发展，[①] 遵循的是行为导向。《个人信息保护法》之前的立法偏向于利益进路、行为导向，全国人民代表大会常务委员会《关于加强网络信息保护的决定》（2012 年）与《网络安全法》规定的是告知与同意，《民法典》规定的是同意，均不要求同意人知情，这在实践中引发了不良后果。在商业领域，处理者对告知同意机制的设计注重告知合规，很少顾及告知的阅读率与同意人是否知情。在司法领域，法院对同意人是否知情也未予足够关注，通常只要存在告知与同意的行为，便简单地按照权利睡眠者与外观主义理论，认为告知已经保障了同意人的审查机会，同意有效。《个人信息保护法》则偏向于意思进路、意图导向，[②] 同时规定了告知、知情、同意，并将充分知情规定为同意的有效条件，有利于扭转这一局面。但《个人信息保护法》未明确告知与充分知情以及同意之间的因果关系，若不进行妥当解释，无助于问题的解决。

按照《个人信息保护法》第 14 条的规定，同意应当在个人充分知情的前提下作出。虽然《个人信息保护法》并未规定同意人的知情由何而来，但按照传统同意理论，同意人的知情源于被告知。[③] 事实上，在一般意义上的格式化告知同意流程中，同意人的知情或充分知情只能由处理者的告知而来。从同意意思表示的形成过程来看，同意人只有在基于被告知而充分知情时，才能产生允许处理个人信息的效果意思，进而产生表示意思，作出同意。若处理者不告知或不当告知，即便同意人作出同意行为，由于其不充分知情，便不存在效果意思、表示意思，同意意思表示徒具表示外观，非为有效。因此，应当

---

① 参见高富平：《个人信息保护：从个人控制到社会控制》，载《法学研究》2018 年第 3 期。

② 《个人信息保护法》第 1 条将立法目的表述为："保护个人信息权益，规范个人信息处理活动，促进个人信息合理利用。"其第 44 条赋予个人知情权、决定权，第 14 条对同意有效条件的规定强调同意的真实性，所体现的便是意思进路、意图导向。不过，《个人信息保护法》也注意对私益保护与产业发展进行平衡。应当说，《个人信息保护法》以意思进路为主，以利益进路为辅。

③ See Article 29 Working Party, Opinion 15/2011 on the definition of consent, WP 187, 2011, p. 23.

认为《个人信息保护法》所确立的是“告知—充分知情—同意”逐层递进的因果结构，任一环节得到否定性评价，均将导致处理行为非法。如此，则知情同意与告知同意在内涵上便相一致，均指向告知、充分知情、同意间的因果递进关系。如果割裂这种因果递进关系，仅凭告知行为与同意结果，便认为处理者有权处理个人信息，将无法保障同意的真实性。充分知情作为有效条件介入同意的形成过程，无疑会使权利睡眠者与外观主义理论在适用于同意效力认定时受到限制，或者说增加新的意蕴。

（二）充分知情基于有效告知而推定产生

处理者对同意人充分知情承担证明责任，[①] 但充分知情属主观心理事实，无法直接证明，只能通过客观事实间接证明。在格式化告知同意流程中，客观事实唯有告知与同意，充分知情前承告知，后引同意，只能基于在先的告知产生并得以证明，这种证明实际上是证据意义上的推定。因此，若处理者的告知有效，便应推定同意人充分知情。但问题是，告知与知情长期存在冲突，告知越真实、准确、完整，就越冗长、烦琐，用户就越不会阅读，就越不知情。[②] 如何解决这种矛盾？笔者认为，关键在于区分告知的公法有效条件与私法有效条件。

首先，在《个人信息保护法》所采取的公私法结合模式下，告知兼具公法属性与私法属性，与同意并非一一对应的关系，其目的并非均为取得私法上的同意，也可能只是为了满足公法要求。[③] 如果告知的公法规制与私法规制目的并不相同，那么告知的公法有效条件与私法有效条件也不应相同。

---

① 究竟是由同意人来证明同意是无效的，还是由处理者证明同意是有效的？笔者认为，我国《个人信息保护法》第 14 条虽未如 GDPR 第 7 条一样规定由处理者证明其获得了有效同意，但此系规则应有之义。处理者要排除处理行为的非法性，需要主张同意有效，具备充分知情、自愿、明确三项要件事实，并承担相应的证明责任。

② 参见丁晓东：《个人信息私法保护的困境与出路》，载《法学研究》2018 年第 6 期。

③ 按照《个人信息保护法》第 7、17、22 条等的规定，处理者在不需要取得同意的场合，仍需进行告知，此种告知主要为公法属性的告知，与同意不具有对应关系。而在需要取得同意的场合，告知与同意具有对应关系。

其次，《个人信息保护法》虽以第 17 条为核心对告知的内容、方式作出多处规定，但并未要求告知能够令同意人充分知情。以往的告知同意实践表明，用户面对冗长的告知普遍“用脚投票”，抛弃所谓的审查机会。毋庸讳言，符合《个人信息保护法》第 17 条等规定的告知很难令用户充分知情，充分知情也绝不可能基于此种告知而推定产生。因此，《个人信息保护法》第 17 条等规定对告知的要求应被理解为对告知的法定最低要求，属于告知的过程性条件与公法有效条件，而在私法上，告知应具备更为严格的有效条件。

最后，在“告知—充分知情—同意”逐层递进的私法结构中，告知的作用就在于引致同意人充分知情，进而获取真实有效的同意，若不能起到这种作用，告知便失去价值，在私法上应为无效。应当认为，告知只有能够引致一般理性人充分知情的，方为有效，才能在个案中推定具体同意人充分知情。引致充分知情应被理解为对告知的私法要求，属于告知的效果性条件与私法有效条件。因此在私法意义上，有效告知应当满足法定最低要求且能够进一步引致一般理性人充分知情。将充分知情解释为告知的效果性条件，符合传统同意理论与意思表示理论，也符合实践需求，能够产生倒逼处理者改善告知同意机制的效果。

（三）对告知的有效性认定

从私法角度来看，作为一种意思表示，[①] 有效的告知应当具备过程性条件与效果性条件，并且不得具有会产生不当影响的消极性因素（后文详述）。

1. 过程性条件

告知的过程性条件主要表现为《个人信息保护法》对告知内容、方式所作的要求。根据该法第 17 条第 1 款等条文对告知的规定，处理

---

① 在私法意义上，处理者的告知是请求获得个人信息处理同意的内心意愿的外在表达，且常包含法律规定之外的内容，关涉私法效果，属意思表示。若处理者通过合同方式取得用户同意，告知便构成要约意思表示。

者的告知应包括下列内容：个人信息处理者的名称或者姓名和联系方式；个人信息的处理目的、处理方式，处理的个人信息种类、保存期限；个人行使法定权利的方式和程序；法律、行政法规规定应当告知的其他事项。告知的内容应当真实、准确、完整，不得具有误导、诱导、强迫等不当内容。在方式上，处理者的告知应当具有显著性，所使用的语言清晰、易懂。在转移个人信息、对外提供、自动化决策、处理敏感信息、跨境传输等场合，处理者的告知还需符合《个人信息保护法》第18、22、23、24、30、39条的相应规定。除此之外，在某些场景中，处理者的告知还应当符合《电子商务法》第17条以及《消费者权益保护法》第20、26条等与信息披露、格式条款相关的规定。

2. 效果性条件

告知的效果性条件为一般理性人充分知情，即告知能够使一般理性人充分知悉同意或拒绝同意与基础服务之间的关系以及由此所产生的各种法律后果。法官应从意思表示的角度出发，在具体场景中叠加适用《个人信息保护法》与《民法典》等规定，先判断告知是否具备过程性条件，再判断是否具备效果性条件。只有在告知有效时，才有必要审查同意是否有效。

囿于冗长繁复、难以理解等原因，告知的阅读率向来极低，[①] 有观点认为以告知为重心的制度设计模式无法保障知情权的落实。[②] 在笔者看来，以往实践中惯有的告知模式难以引致充分知情，的确无法保障知情权的落实，但在告知同意机制已成为法定机制的情况下，只能通过对告知的设计保障用户的知情。不过该机制设计不应从处理者的行为习惯出发，而应从用户的行为习惯出发，即以用户不愿意阅读告知作为设计的出发点。笔者认为，为使告知满足效果性条件的要求，处理者应当在满足法定最低要求之余增加“告知摘要”，即在完整告知的基础上，增

① See Lori Andrews, The Fragility of Consent, 66 Loyola of Los Angeles Law Review 15 – 17 (2020).

② 参见万方：《隐私政策中的告知同意原则及其异化》，载《法律科学》2019年第2期。

加短小、显著、清晰、简捷、易懂的概要提示,[①] 使用户可以在极短时间内直接获知最为核心且重要的法律后果，知悉处理行为所产生的影响，知悉其拥有的权利与行使方式。考虑到一般用户的行为习惯，“告知摘要”可以采取类似于《信息安全技术　个人信息安全规范》附录C中的功能界面，以百字左右的篇幅为宜，短时即可概览，甚至可直接设置权限选项，供用户勾选。“告知摘要”直接向用户显示，用户需要进一步阅读的，可以点击获取完整告知。完整告知辅以“告知摘要”的机制设计在客观上可以达到令一般理性人充分知情的效果，若用户连极简的“告知摘要”也不阅读，则成为彻底的权利睡眠者，不妨碍告知产生效力。

二、对同意自愿性的认定

（一）自愿的含义与要素

按照《个人信息保护法》第14条的规定，个人信息处理同意需自愿作出。自愿有原则与规则之分，《民法典》第5条规定的自愿原则相当于意思自治原则，并无独立的裁判功能，除非是作为裁判理由的叠加。[②]《个人信息保护法》第14条所规定的自愿作为同意的有效条件，具有独立的裁判功能，属规则意义上的自愿，可视为《民法典》第5条及第130条在《个人信息保护法》中的体现。自愿是所有意思表示的当然要求，只有出于自愿，意思表示才是真实的。但长期以来在处理者所设定的告知同意机制中，用户自由受制，所表达的同意经常是虚有其表，自愿或者说意思自治已沦为一种形式化的存在。《个人信息保护法》将本属题中应有之义的自愿明文规定为同意的有效条件，既是对实质意义上意思自治的强调，也是对处理者告知义务的强化。由于除

---

① 支付宝公司在2021年10月29日发布了其隐私权政策的简要版本，全文约千字，较易理解，虽仍过长，但已是重大进步，可以提高阅读率。本文提倡的“告知摘要”是一种更具高度归纳性的极简版本，不再是以往僵化的程序式提醒，而是直接告知对用户可能产生的重要影响，阅读性强，可以降低信息过载，符合一般用户的行为习惯与认知能力。

② 参见于飞：《民法基本原则：理论反思与法典表达》，载《法学研究》2016年第3期。

《个人信息保护法》第 14 条外，该法对自愿别无其他规定，因此应当结合传统理论与《民法典》的规定对自愿的含义与要素进行解释与认定。在传统理论中，意思表示自愿是指行为人的意思表示出于其自由意志，而非因他人不当干涉，[1] 其核心在于自由。《个人信息保护法》第 14 条中的自愿应被解释为同意人在未受不当干涉的情况下自由形成允许处理者处理其个人信息的同意意思。其关键要素有二，一是同意人具有同意意思，二是同意意思系自由形成。[2] 这种解释既是将同意定性为意思表示的必然结论，也是自愿的当然要求。

（二）具有同意意思

虽然对意思表示主观要件的构成因素争议激烈，但意思表示主观要件指的就是意思。[3] 意思属于意思表示的必备因素，[4] 缺乏意思，将不构成意思表示。在作出个人信息处理同意时，同意人应当具有设立个人信息处理法律关系的同意意思，即同意人在主观上允许处理者处理其个人信息，并愿意将其表现于外部。前者属效果意思，后者属表示意思，处理者对意思的存在承担证明责任。如果同意人并无同意意思，那么其作出的同意行为便并非《民法典》第 5 条中的“按照自己的意思”、第 130 条中的“按照自己的意愿”，不满足《个人信息保护法》第 14 条对自愿的要求，徒具同意形式，不能构成有效同意。有无同意意思，是区分形式同意与实质同意的关键，在以往行为导向式的告知同意流程中，大量同意其实仅是形式同意，而非实质同意。

对同意意思的解释遵循了意图导向，可以纠正只要存在同意外观，处理者便可处理个人信息的错误认识，有利于提升同意的真实性。这种解释并不会过度加重处理者的负担，阻碍产业发展。因为同意人只有在

---

① 参见董安生：《民事法律行为》，中国人民大学出版社 2002 年版，第 149 页。

② 在告知同意的格式化流程中，告知、同意均通过预设的固定化方式予以表达，这使得意思表示不真实基本上只会存在意思表示不自由的情形，而不会存在意思与表示不一致的情形。另外，对自愿的认定还应考虑同意能力问题。

③ 参见杨代雄：《法律行为论》，北京大学出版社 2021 年版，第 102 页。

④ 参见张驰：《意思表示构成要素论》，载《东方法学》2014 年第 6 期。

知悉个人信息处理的各种法律后果后才能形成同意意思，而在告知同意的简单流程中，作为一种主观心理事实，同意意思只能推定产生，并且只能基于充分知情而推定产生。而如前文所述，充分知情系基于有效告知而推定产生。因此，只要处理者能够证明其告知有效，便可推定同意人充分知情，还可推定同意人具有同意意思。

（三）同意意思系自由形成

同意意思的形成应是自由的，不应受到外界不当影响，否则同意便不是自愿作出的。[①] 同意意思的形成是否自由也属于主观事实，外界无从窥知，只能进行推定。需要注意的是，基于充分知情可推定具有同意意思，但无法进一步推定同意意思系自由形成。例如，在双方关系不平等时，虽然处理者进行了充分告知，同意人由此充分知情并产生同意意思，但双方的不平等关系会对同意意思的自由形成产生不当影响。一般而言，在告知同意流程中，能够影响同意意思形成过程的唯有告知，当告知具有会产生不当影响的消极性因素时，将导致同意意思的形成不自由。反之，若告知不具有这些因素，便应推定同意意思系自由形成。[②] 因此，如果处理者能够证明告知具备过程性条件与效果性条件，并且不具有会产生不当影响的消极性因素，便应认定同意人系基于有效告知而充分知情并自由形成同意意思。对于不当影响，GDPR 考量的因素包括同意的单独性、同意与基础合同的关系以及同意人与处理者是否具有不平等关系等。

笔者认为，参照意思表示理论，结合《民法典》《个人信息保护法》《信息安全技术　个人信息安全规范》《App 违法违规收集使用个人信息行为认定方法》《常见类型移动互联网应用程序必要个人信息范围规定》《关于审理使用人脸识别技术处理个人信息相关民事案件适用法律若干问题的规定》等规定，有效告知不得具有下列情形：第一，反

① Vgl. Michael Funke, Dogmatik und Voraussetzungen der datenschutzrechtlichen Einwilligung im Zivilrecht, Nomos Verlagsgesellschaft, 2017, S. 117.

② 《个人信息保护法》第 31 条仅规定了未成年人的同意能力为 14 周岁，对成年人同意能力的判断应当参照适用《民法典》上的民事行为能力规则。

复告知。反复告知、频繁索取权限会使用户不胜其烦，影响同意意思的自由形成，尤其是在用户已经拒绝同意时，处理者仍然反复告知。第二，捆绑告知。处理者将对个人信息处理的告知与其他内容捆绑在一起要求用户同意，可能会导致用户在未注意的情况下便作出同意。例如，处理者在基础服务合同中涵盖非必需的个人信息处理条款。[①] 第三，无法拒绝的告知。处理者的告知方式若会导致用户无法拒绝同意，同意意思的形成便不自由。例如，处理者违反《个人信息保护法》第24条与《互联网信息服务算法推荐管理规定》的规定，采取自动化决策却未提供不针对个人特征的选项，便捷的拒绝方式，提供算法推荐服务却未提供选择或者删除用户标签的功能等。第四，拒绝交易的告知。处理者违反《个人信息保护法》第16条的规定，告知用户不同意便拒绝服务，会导致用户被迫作出同意。第五，在不平等关系下进行告知。告知若以处理者与用户间的不平等关系为基础，同意可能受到不适当的压力、影响，欠缺真实性。[②] 例如，行政机关违反《个人信息保护法》第34条的规定超出法定职责范围要求收集个人信息，用人单位在实施人力资源管理之外要求收集劳动者的个人信息等。《德国联邦数据保护法》在GDPR的规定之外增加了“雇佣关系中的数据处理”，规定只有在雇员获取了法律或经济利益或者雇主与雇员追求相似利益时，才可以认定雇员的同意是自由的。第六，可能产生不当影响的其他因素。

基于上文分析可以看出，同意是否自愿作出，取决于同意人是否充分知情以及告知是否具有消极性因素，而充分知情本就由有效告知推定而来。因此，自愿与充分知情作为同意的主观条件，认定根源均在于告知。自此而言，告知应当成为告知同意机制的规制重点，只有对处理者的告知义务进行足够的强化，才能保障同意的真实性。告知在显著、清晰、易懂、真实、准确、完整以及引致同意人充分知情之外，还不得具

---

① 参见江必新、李占国主编：《个人信息保护法条文解读与法律适用》，中国法制出版社2021年版，第51页。

② Vgl. Marlene Voigt, Die datenschutzrechtliche Einwilligung, Nomos Verlagsgesellschaft, 2020, S. 74.

有会导致同意意思形成不自由的消极性因素，如此方可被认定为有效。这看似会提升处理者的成本或减少有效同意的数量，却是向应有之义回归，并不会影响处理者的正当利益。

三、对同意明确性的认定

（一）明确的含义与要素

在传统同意理论中，允许他人侵扰自己权益的同意是不能假设的，必须予以声明，[①] 侵扰越严重，声明就必须越明确。[②] GDPR 第 4 条第 11 项对同意的定义在《欧盟数据保护指令》（95/46/EC）所规定的自由、具体、知情三项条件的基础上，增加了明确要求，使其超越了一般的同意标准。[③] 对同意强度的要求与同意后果的严重性呈现正相关，《个人信息保护法》第 14 条对同意明确性的规定与《民法典》第 1033、1219 条有共同之处，[④] 均要求在法定的涉及重大人格权益侵扰的场合，同意人应当明确而非含糊地作出同意。在传统法上，“明确”本身并不是一个复杂的问题，以至于经常被忽视，而在个人信息处理领域却恰恰存在大量同意不明确的问题，如骗取同意、系统提前勾选选项、采用含义不明的按钮、任意预设同意行为、随意设置人脸识别装置等，《个人信息保护法》对同意明确性的规定有利于解决这些问题。笔者认为，对“明确”的解释应当贯彻意图导向，结合传统理论与个人信息处理实践，解决告知同意机制中所存在的骗取同意等广受质疑的痼疾，保障同意的实质性与真实性。同意需明确作出，首先要求用户的行为应明确构成表达意思的表示行为，而非其他行为；其次要求表示行为所表达的同

---

① Vgl. Wolfhard Kohte, Die rechtfertigende Einwilligung, Archiv für die civilistische Praxis 185（1985）, 105, 126.

② Vgl. Ansgar Ohly, “Volenti non fit iniuria” -Die Einwilligung im Privatrecht, Mohr Siebeck, 2002, S. 339.

③ See Article 29 Working Party, Opinion 15/2011 on the definition of consent, WP187, 2011, p. 6.

④ 《民法典》对同意明确性的规定有两处，第 1033 条规定处理私密信息等侵扰隐私的行为需取得权利人的明确同意，第 1219 条规定手术、特殊检查、特殊治疗需取得患者或其近亲属的明确同意。

意意思应是明确的，而不是含糊的。因此，《个人信息保护法》第 14 条中的“明确”应被解释为同意人通过明确的表示行为表达明确的同意意思，既包括表示行为明确，也包括表达意思明确。

（二）表示行为明确

表示行为明确，要求用户的行为构成表示行为，并且表示行为需采明确方式。

1. 存在表示行为

同意可通过多种方式作出，需要讨论的主要是通过网络格式化流程大规模处理个人信息时，用户按照处理者预设方式作出的行为是否构成表示行为。在通常的告知同意流程中，同意方式往往由处理者预设，如点击、滑动、点头、摇晃等，其中点击是最主要的同意作出方式。[①] 点击等使用动作属于用户使用计算设备的惯常动作，通常属于非法律上的行为（无法律意义的普通行为），而在用户作出同意意思表示时，其又成为作为意思表示客观要件的表示行为。这便需要分析用户的使用动作究竟属于非法律上的行为，还是表示行为。例如在“支付宝 2017 年度账单事件”中，用户以手指上滑动作打开年度账单，而根据页面中并不显著的声明，这一动作还构成对《芝麻服务协议》的同意，对上滑动作的定性直接决定了是否存在有效的同意，个人信息处理是否构成侵权。

表示是一种通过行为将意思从内心世界带到外部世界的过程，[②] 表示行为便是描述这一过程的意思表示要素。主观的意思与客观的表示行为并非分离关系，因为表示行为应当是在主体表示意思的驱使之下作出。因此，只有在用户具有表示意思，即用户有意通过点击等动作将允许处理个人信息的效果意思对外表达时，点击等动作才构成表示行为。但这一认定过程过于复杂，不适合个人信息处理实践。结合前文的分

① 在主流的 WIMP 与 Post-WIMP 界面中，点击是最主要的人机交互方式。在点击之外，可能还存在输入验证码、勾选选项等动作，但往往最终仍以点击来表示同意。此外，同意行为还可通过其他方式作出，如生物特征验证、录音录像等。

② 参见米健：《意思表示分析》，载《法学研究》2004 年第 1 期。

析，自愿主要表现为自由地形成同意意思，同意意思涵盖了效果意思与表示意思。那么，只要认定用户自愿，便可认定用户存在表示意思，其按照预设方式实施的动作便属表示行为。若无法认定用户自愿，用户便不具有表示意思，相关动作便属非法律上的行为。在上例中，告知欠缺显著性，并将账单服务与个人信息处理进行不必要的捆绑，导致用户既不充分知情，又不自愿，不存在表示意思，用户的上滑动作便不构成表示行为，《芝麻服务协议》不能成立。可以看出，认定用户行为是否构成表示行为的关键其实也在于告知。

2. 表示行为需采明确方式

表示行为的方式决定了意思表示的形式，[①] 从意思表示理论及《民法典》第 140 条规定来看，意思表示的形式有明示、默示之分，却无明确、不明确之分，《民法典》第 1033、1219 条对明确同意的规定也未涉及表示行为的方式或者说意思表示的形式。那么《个人信息保护法》第 14 条对同意明确性的规定是否如一些观点所认为的有效同意仅能为明示，而不能为默示？[②] 笔者认为并非如此。《民法典》中明示、默示的意思表示与明确、不明确的意思表示是基于不同标准对意思表示进行的分类，不具有对应关系，明示意思表示所表达的意思可能是含糊的，默示意思表示所表达的意思却可能是十分明确的。《民法典》第 1033、1219 条对明确同意的规定并未限制表达方式，只要意思能够得到明确表达，明示、默示均可，沉默除外，因为沉默通常无法明确表达意思，只有在有法律规定、当事人约定或者符合当事人间的交易习惯时，才可视为意思表示。这一逻辑同样适用于个人信息处理同意。例如，人口普查员打电话询问被收集人是否同意提供个人信息，被收集人可在表示同意后提供个人信息，也可未表示同意便直接提供个人信息，后者是一种

① 参见王利明主编：《民法》（第 8 版），中国人民大学出版社 2020 年版，第 131 页。

② 参见马新彦、张传才：《知情同意规则的现实困境与对策检视》，载《上海政法学院学报（法治论丛）》2021 年第 5 期；程啸：《论个人信息处理中的个人同意》，载《环球法律评论》2021 年第 6 期；李伟、蒋文杰：《隐私协议用户知情同意的认定》，载《中国检察官》2021 年第 2 期。

典型的以行为方式作出的默示同意，并且明确表达出同意意思。即便在GDPR中，默示同意也未被排除，因为GDPR中的同意除可表现为声明外，还可表现为其他行为。① 因此，在对同意明确性的法定要求之下，以择出机制为代表的沉默不构成《个人信息保护法》中适格的表示行为，即便处理者声明“使用即同意”，且用户也具有同意意思，用户沉默地使用也不构成有效同意。除此之外，口头、书面、行为、电子等方式的表示行为，只要明确表达同意意思，均为适格的表示行为。另外，在法律、行政法规规定需要取得单独同意、书面同意的场合，表示行为需采取相应形式，否则不满足明确性的要求。

(三) 表达意思明确

表达意思明确，要求意思表达的对象应当是清晰的，并且所表达的同意意思无歧义。

1. 意思表达对象清晰

同意的明确性要求用户的表示行为应当清晰地指向个人信息处理，而非其他。这意味着《个人信息保护法》虽未要求对个人信息处理的同意应当与对其他内容的同意相区分，但仍应进行区分，否则同意便可能是不明确的。当处理者将个人信息处理告知与其他内容混于一体进行混合告知、请求同意时，用户无法明确地对个人信息处理表达同意，也无法按照《个人信息保护法》第44条的规定对其表示拒绝。例如，京东商城在用户注册时，② 将《京东用户注册协议》与《隐私政策》一并告知，用户只能一并同意、拒绝，而无法专门对《隐私政策》表示同意、拒绝。而且《京东用户注册协议》本身也混合了用户注册条款与个人信息处理条款，用户更是无法专门对个人信息处理表示同意、拒绝。欧洲数据保护委员会认为，GDPR虽未禁止混合告知，但实质要求与用户知情同意相关的信息不得隐藏在一般条款中，对混合告知的接受

---

① Vgl. Marlene Voigt, Die datenschutzrechtliche Einwilligung, Nomos Verlagsgesellschaft, 2020, S. 104.

② 京东商城用户注册地址为：https://reg. jd. com/reg/person? ReturnUrl = https%3A//www. jd. com/，最后访问时间：2022年1月6日。

不能看作对个人数据处理的同意。[①] 笔者认为，虽然我国《个人信息保护法》并未禁止混合告知，但混合告知会使用户处于无法清晰明确地对个人信息处理表达同意的境地，[②] 用户即便作出同意，也会因不满足《个人信息保护法》对同意明确性的要求而无效。此外，混合告知还可能构成前文分析的不当告知、捆绑告知，导致同意无法满足充分知情、自愿两项条件。

2. 意思表达无歧义

无论明示同意，还是默示同意，也无论在实体环境，还是在网络环境，表示行为所表达的个人信息处理同意意思均应是清楚、无歧义的，而不是含混不清的。在网络环境中，告知同意流程由处理者设计并掌控，用户只能按照处理者预设的方式向处理者表达同意。若预设方式不合理，导致同意意思的表达存在歧义，便不能满足同意明确性的要求。当前供用户表达同意意思的主流预设方式主要是复选框与按钮，用户在输入相关信息后，主动勾选复选框、点击按钮完成意思表达。在只为取得特定权限的简单告知同意中，也可能只存在点击按钮一种预设方式。为使同意意思表达无歧义，首先，复选框不可由处理者预先勾选，而应由用户主动勾选，否则复选框所对应的个人信息处理条款是否构成用户的意思内容便存在歧义。欧盟法院在 2019 年的 C－673/17 号案件中认为提供预先勾选的复选框不能取得有效的同意，[③] 北京市第三中级人民法院在 2017 年的“吴某飞与互爱互动（北京）科技有限公司、深圳市腾讯计算机系统有限公司网络服务合同案”[④] 中也持这种看法。其次，供以点击的按钮需在语义上清楚无误地表达同意的意思，处理者应使用

---

① See EDPB, Guidelines 05/2020 on consent under Regulation 2016/679, https://edpb.europa.eu/sites/default/files/files/file1/edpb_guidelines_202005_consent_en.pdf, last visited on October 20, 2021.

② 这种告知难以满足《个人信息保护法》第 17 条对告知应采取“显著方式”的要求，也很难产生令同意人充分知情的效果。需要注意的是，混合告知不同于俗称的“一揽子告知”，后者是将各种个人信息处理条款进行一并告知，所取得的同意并非不明确。

③ See CJEU, Judgment of 1 October 2019, No. C－673/17, Verbraucherzentrale Bundesverband eV v. Planet49 GmbH, ECLI:EU:C:2019:801.

④ 参见北京市第三中级人民法院民事裁定书，（2017）京 03 民辖终 831 号。

“同意”“允许”等按钮，不应使用易产生歧义的按钮。当前的一些应用程序所使用的按钮便存在歧义，例如“乐播投屏”应用程序（V5. 5. 16）使用的是“我知道了”按钮，“哔哩哔哩”应用程序（V6. 54. 0）使用的是“本机号码一键登录”按钮。这些按钮不仅不能无歧义地表达同意意思，还可能会因按钮语义的原因导致点击行为不构成表示行为。“饿了么”应用程序（V10. 3. 6）将注册与登录合二为一，复选框声明“未注册手机号登录后将自动生成账号，且代表你已阅读并同意《用户服务协议》《隐私政策》”，按钮被设置成“登录”，其滥用意思自治、合同自由，歧义更甚，即便用户勾选、点击，也不能认为作出了有效同意。

第十二章　消费者反悔权的保护

一、消费者反悔权的由来

消费者反悔权，经常也被称为撤回权、后悔权、撤销权等，各国立法所使用的概念不尽相同。我国学界多使用反悔权的概念，指消费者所享有的在一定场合中可于相应期间内单方无条件解除与经营者的合同的权利。

在英美法系，类似制度被称为冷静期（或冷却期）制度，其源于英国1964年《租赁买卖法》中的冷静期条款。根据该法，消费者在经营者营业地之外的任何地方签订租赁买卖合同或分期付款合同，都有权在收到正式合同的副本之日起4天内解除该合同，撤回通知从权利人通知表明其撤回交易的意图时生效。依据英国1974年制定的《消费信用法》，绝大多数消费者信用合同中的消费者都享有这种冷静期权利。[①] 2002年的《德国债法现代化法》修订了《德国民法典》中的诸多制度，其中便包括与消费者撤回权相关的制度，自此，德国的消费者撤回权一般规则在民法典的层面上得以统一。《德国民法典》第355条至第359条对撤回权的行使方式、期间、适用范围、经营者的告知义务、行使效果等作出了较为详细的规定。欧盟一贯注重对消费者权益的保护，其有多项指令涉及消费者撤回权，如《远程合同消费者保护指令》（97/7/EC）、《保护分时度假、长期度假、转售、互换合同消费者指令》（2008/122/EC）等。但是，欧盟不同指令间存在不一致甚至矛盾的地方，如概念不统一、行使方式不一致、期间不相同等。碎片化的立法无法达到在欧盟范围内向消费者提供统一保护的目的，因此，欧盟在

---

① 参见张良：《消费者合同研究》，中国政法大学出版社2016年版，第207页。

2011 年颁布了《消费者权利指令》(2011/83/EU)，取代了之前在远程销售合同与营业场所外订立合同方面的指令，进一步统一并加强消费者保护，例如将消费者撤回权的存续期间统一为 14 天，规定退货运费的承担，等等。[①] 此外，《欧洲示范民法典（草案)》(学者建议稿）也对撤回权进行了详细的规定。在美国，最早的消费者撤回权源于各州立法，适用范围较窄。1968 年，美国国会通过了《诚实信贷法》，该法规定了消费者在消费信用交易中的撤回权，撤回权的存续期间是在经营者将所有披露材料送达消费者后的 3 个工作日内，并且经营者的披露应当明确、清晰，以保障消费者有充分的机会行使撤回权。1972 年，美国联邦贸易委员会颁布了《关于在家中或其他特定场所交易的冷静期规则》，消费者撤回权的适用范围得以扩张，[②] 除例外情形外，冷静期制度适用于在消费者住宅处缔结的合同（上门交易）以及所有在非经营者营业场所缔结的合同。《美国消费者信贷保护法》也规定了这一制度。

消费者所拥有的反悔权与消费者合同密切相关，实际上是一种合同权利，不过这种合同权利并非基于约定而产生，而是基于法律规定产生的，是消费者享有的法定权利，并且通常不允许以特约的方式排除。在存在反悔权的交易中（关于反悔权的适用范围，各国立法处于动态变化之中)，消费者可在法定期间之内通知合同相对人，无条件解除合同，进而发生双方相互返还财产的法律效果，消费者将货物退还经营者，或者退出经营者所提供的服务，经营者将合同价款返还给消费者。因此，反悔权属于合同法律制度中的法定合同解除权。相较而言，通常的法定合同解除权的产生需要具备法定条件，如不可抗力、对方根本违约等，若不具备这些条件却行使解除权、拒绝履行合同义务，则构成违约行为。然而，消费者反悔权的行使却不需要任何条件，正是在此意义上，反悔权属于无条件的法定合同解除权，不同于通常的法定合同解除权。

---

① 不过，《消费者权利指令》的适用范围仍然是有限的，仍然没有解决碎片化的问题。

② 参见汪渊智：《我国消费者无理由退货权的解释论》，载《山西大学学报（哲学社会科学版)》2017 年第 3 期。

消费者反悔权的适用范围、行使条件、期间限制等均由《消费者权益保护法》特别规定。消费者行使反悔权，将导致合同溯及既往地归于消灭，且不产生缔约过失责任。

反悔权或者说冷静期制度在许多国家和国际组织的立法中都有所体现，这一制度改变了“买者自慎”的传统做法和原则，推翻了在相当长的一段时间里“禁止反言”在合同关系中的主导地位。[①] 可以说，赋予消费者反悔权其实是出于法律政策的考量，在强弱对比之下，以及考虑到信息不对称、消费决策过程、消费冲动等因素，法律允许消费者在与经营者缔结合同、完成交易之后的一定期间之内反悔，可以实现促进消费者理性消费的目标，挽回信息不对称的失衡，所体现的是法律上的实质正义。

欧盟、美国等关于消费者反悔权的立法起步较早，在电子商务发展过程中，相关规则由线下环境延伸至线上环境，因此欧美等国的电子商务立法通常不会对消费者反悔权予以特别关注。在我国，真正意义上的消费者反悔权体现在2013年修订的《消费者权益保护法》第25条的规定中，在网络、电视、电话、邮购等消费场合，消费者有权自收到商品之日起七日内退货。[②] 2014年2月，国家工商总局颁布了《网络交易管理办法》(已失效)，完全沿用了《消费者权益保护法》第25条的规定。2017年1月，国家工商总局颁布了《网络购买商品七日无理由退货暂行办法》(2020年修订)，就消费者行使反悔权的情形作出进一步的细化规定。虽然说消费者反悔权的赋予与电子商务实际上并

① 参见鞠晔：《B2C电子商务中消费者权益的法律保护》，法律出版社2013年版，第85页。

② 《消费者权益保护法》第25条规定：“经营者采用网络、电视、电话、邮购等方式销售商品，消费者有权自收到商品之日起七日内退货，且无需说明理由，但下列商品除外：(一) 消费者定作的；(二) 鲜活易腐的；(三) 在线下载或者消费者拆封的音像制品、计算机软件等数字化商品；(四) 交付的报纸、期刊。除前款所列商品外，其他根据商品性质并经消费者在购买时确认不宜退货的商品，不适用无理由退货。消费者退货的商品应当完好。经营者应当自收到退回商品之日起七日内返还消费者支付的商品价款。退回商品的运费由消费者承担；经营者和消费者另有约定的，按照约定。”

无必然关联，但我国在相当长的时间内，除地方性立法外，[①] 法律并未赋予消费者反悔权。在2013年之前，即便存在消费者反悔权，也是地域性的，而不是普遍性的。消费者反悔权的形成主要还是归因于电子商务的发展。

大约在2000年，我国门户类网站开始兴起，之后电子商务也开始大规模发展。在电子商务起步阶段，消费者并不习惯线上交易，仍然愿意在线下环境进行店铺交易，因为消费者至少可以在店铺中触碰商品，而不是对着显示器猜测商品真实的质量究竟如何。消费者一旦购买，线上交易的退货方式也较线下交易困难，消费者的这种担忧成为网络交易的障碍。较早提出并产生广泛影响力的是淘宝网推出的“七天无理由退换货”规则。依据该规则，消费者在商品到达后的七天之内可以无理由发起退货或换货，经营者不得拒绝。之后，淘宝网又推出消费者保障、垫付退款、极速退款等服务，进一步保证消费者可以享受无理由退换货服务。在当时，“七天无理由退换货”不具有强制性，需由电子商务平台内经营者自行选择加入。“七天无理由退换货”对消费者权益的保护是不言自明的，平台内经营者所销售的商品是否加入“七天无理由退换货”会在较大程度上影响消费者的购买决策。随着越来越多的电子商务平台内经营者加入淘宝网的“七天无理由退换货”服务，消费者无法退货的担忧逐步消除。除淘宝网之外，京东、当当、亚马逊等电子商务平台也提供类似服务。这种由电子商务经营者提供的“七天无理由退换货”服务在客观上极大地促进了网购市场的发展，并且深入人心。我国《消费者权益保护法》在2013年的修正中增设反悔权条款，可以说主要是将我国实践中的电子商务习惯提升至法律层面，而不仅仅是移植国外

---

① 最早制定类似“冷却期”条款的是《辽宁省实施〈中华人民共和国消费者权益保护法〉规定》（1996年）。根据该规定的第12条，消费者对购买的整件商品（不含食品、药品、化妆品）保持原样的，可以在7日内提出退货。《上海市消费者权益保护条例》（2003年）第28条、《安徽省消费者权益保护条例》（2004年）第28条、《广西壮族自治区消费者权益保护条例》（2007年）第29条、《四川省消费者权益保护条例》（2007年）第10条都规定了消费者的反悔权。参见钱玉文、章进：《略论我国消费者反悔权的确立》，载《消费经济》2011年第2期。

的反悔权制度。

二、消费者反悔权保护中存在的问题与解决进路

欧盟、美国的消费者反悔权制度已有数十年历史，发展至今，适用范围相当宽泛。相较而言，欧盟立法对消费者的保护最为周到，其对反悔权的规定也是极尽详尽之能事，在此方面，美国立法也有所不如。从2013年《消费者权益保护法》的修订来看，我国对消费者反悔权的确立是一种非常典型的实践倒逼立法的过程。虽然修定后的《消费者权益保护法》规定了消费者的反悔权，但却可以说，我国实际上并无反悔权的生成土壤，反悔权或者说七天无理由退换货主要是源于我国电子商务经营者对国外模式的移植。反悔权制度属于舶来制度，这一制度在实践中的运行仍然存在较多的问题，这主要表现在反悔权的适用范围、经营者告知义务、权利存续期间、权利行使、法律后果五个方面。

（一）反悔权的适用范围

《消费者权益保护法》第25条所规定的不得退货的商品（消费者不拥有反悔权的情形）包括两类：第一，消费者定做的商品、鲜活易腐的商品、在线下载或者消费者拆封的音像制品及计算机软件等数字化商品、交付的报纸与期刊；第二，其他根据商品性质并经消费者在购买时确认不宜退货的商品。《网络购买商品七日无理由退货暂行办法》（2020年修订）第7条将第二类商品细化为：拆封后易影响人身安全或者生命健康的商品，或者拆封后易导致商品品质发生改变的商品；一经激活或者试用后价值贬损较大的商品；销售时已明示的临近保质期的商品、有瑕疵的商品。

《消费者权益保护法》对第一类商品的列举，平衡了消费者与经营者的利益，这些商品的属性决定了一旦由消费者无理由退货，经营者将无法另行销售，或商品价值不当减损，经营者将遭受不当损失，因此不宜由消费者无理由退货。当然，这并不意味着消费者无法退换货。如果存在商品不合格、经营者信息披露不足或欺诈等问题，消费者可基于《民法典》合同编行使违约责任请求权，也可基于知情权、选择权、安

全权等权利受到侵害为由，请求经营者承担退换货责任。京东商城与天猫将《消费者权益保护法》第25条所规定的两类商品列举为一类，其中第二类商品在消费者购买时不需要经消费者确认，并且京东商城与天猫均将服务排除在反悔权适用范围之外。例如，天猫所列举的排除反悔权的商品类型包括：定制类商品，鲜活易腐类商品，在线下载或者买家拆封的音像制品、计算机软件等数字化商品，拆封后影响人身安全或者生命健康的商品或者拆封后易导致商品品质发生改变的贴身用品等商品，智能设备（如VR头盔等）、商用厨具、黄金、铂金、汽车、摩托车等一经激活或者试用后价值贬损较大的或非生活消费所需的商品。①

笔者认为，关于消费者反悔权的适用范围或者说消费者的退货范围存在的问题是：

1. 消费者反悔权的适用范围过小。《欧盟消费者权利指令》规定了远程销售与场外交易（在经营者营业场所②之外的交易）中的消费者反悔权，但在欧盟其他指令中，消费者在其他类型的交易中也拥有反悔权。在《欧洲示范民法典（草案）》（学者建议稿）中，消费者反悔权的适用范围相当广泛，包括上门销售、远程销售、金融服务合同、经营场所外订立的合同和分时度假合同等。在我国《消费者权益保护法》2013年的修订过程中，“多数学者和专家认为尽管有较多国家的立法规定反悔权可以适用于所有的或者较大范围的商品交易领域，但由于我国刚刚开始准备实行这项制度，且我国消费者的整体素质有待于进一步提高，在所有消费领域全面实施反悔权制度的条件还不够成熟，为此应采循序渐进的原则，目前可仅限于在亟待建立反悔权制度的消费者保护领域适用。经过反复讨论立法机关最终采纳了这一意见，不对反悔权的适用范围作过宽的规定，因而有了《消费者权益保护法》

---

① 参见京东商城：《京东开放平台“7天无理由退货”规则》，载京东商城2022年3月15日，https://rule.jd.com/rule/ruleDetail.action?ruleId=4268&type=0；天猫网：《七天无理由退换货规范》，载天猫网2017年3月22日，https://rule.tmall.com/tdetail-5408.htm。

② 按照《消费者权利指令》第2条的规定，“营业场所”包括经营者在其中持续性地从事活动的固定营业场所与经营者在其中经常性地从事活动的不固定营业场所。

第25条关于反悔权适用范围的规定，其适用范围包括远程销售和非固定经营场所的交易。”[①] 我国《消费者权益保护法》第25条规定反悔权存在于消费者通过网络、电视、电话、邮购等方式购买商品的场合，“等”字虽具有兜底作用，但不够具体，并且第25条所列举这些方式均属于远程销售方式。虽然有学者认为上门销售等非传统商品销售方式也涵盖于第25条，[②] 但第25条所列举的范围有所不足，以“等”来兜底的方式并不能明确涵盖非传统商品销售方式，不利于实现保护消费者权益的目的。虽然囿于我国国情，目前的确不宜扩大反悔权的适用范围，以保护经营者权益，避免消费者滥用反悔权，但是我国应当参考欧盟等的规定，明确规定在上门推销、场外推销、直销[③]等发生于非固定经营场所的场外交易场合中，消费者拥有反悔权。

2. 在服务场合，消费者也应当拥有反悔权。在多国立法中，消费者在服务场合也拥有反悔权，除非法律另有规定或当事人另有约定。[④] 在德国法中，存在反悔权的场合相当广泛，其中便包括服务场合（如远程授课）。[⑤] 在《欧盟消费者权利指令》中，消费者拥有反悔权的场合是远程销售与场外销售，而不限定交易标的是商品还是服务。我国《消费者权益保护法》第25条的规定既限定了交易方式，又限定了交易标的，将服务排除于反悔权之外。京东商城、淘宝网、天猫网的规则也将服务排除于反悔权之外。现今，在网络上提供服务是十分常见的，如慕课、培训、装修设计、信息发布、视频观看、网上订房、网上售票等。虽然服务与商品在属性上有所不同，商品可以退回，服务却难以复原而

---

① 杨立新：《非传统销售方式购买商品的消费者反悔权及其适用》，载《法学》2014年第2期。

② 参见杨立新：《非传统销售方式购买商品的消费者反悔权及其适用》，载《法学》2014年第2期。

③ 按照《直销管理条例》（2017年修订）第25条的规定，在直销交易中，消费者可以在30天内解除合同，但这仅限于直销产品未开封的情形。

④ 例如，欧盟《消费者权利指令》第16条对消费者不享有反悔权的情形作出了明确规定。消费者在服务场合通常享有反悔权，除非出现第16条第1款所规定的情形。

⑤ 《德国民法典》第355条至第360条专门规定了消费者撤回权，在其他章节的条款中也有所涉及，如第312、485、495、506条等，其中并未将服务排除于消费者撤回权。

无法退回，但笔者认为，反悔权的立法目的与交易标的并无必然关系，正如消费者无法检查和了解商品，消费者也无法检查和了解服务，在服务场合赋予消费者反悔权的理由与在商品场合赋予消费者反悔权的理由没有本质不同。例如，在 2017 年 12 月 29 日，网名为“一木行”的消费者在其个人微信公众号上发表了《雪乡的雪再白也掩盖不掉纯黑的人心，别再去雪乡了》的文章，称其在黑龙江雪乡赵家大院遭遇提价、网上描述与实际情形不符、饭菜价格畸高等问题，最终黑龙江大海林林业地区旅游局对涉事经营者处罚 5.9 万元。① 此事件曝光之后，网络上也出现大量披露雪乡经营者“宰客”的帖子。在服务场合，如果不允许消费者拥有反悔权而凭单方通知来解除服务合同，那么，在不构成根本违约的情况下，消费者只有在与经营者协商一致时才能解除合同，但经营者同意解除合同的可能性微乎其微。并且，即便经营者同意解除合同，消费者也势必会遭受较大损失。

笔者认为，基于与商品场合相同的目的、原因，在服务场合也应当赋予消费者反悔权，无法再行利用的服务除外。② 服务虽然难以复原，但是对于尚未履行的服务合同，并不涉及复原的问题，消费者自然可以行使反悔权，例如网上订房③、网上售票、观看视频④等。即便对于已

---

① 参见张博：《雪乡宰客曝光者还原事件经过　称没有歧视东北人》，载中国青年网，http://news.youth.cn/sh/201801/t20180103_11237868.htm。

② 按照《欧盟消费者权利指令》鉴于条款第 49 款的规定，在合同签订时需要经营者投入运营能力，而这些投入在消费者行使撤回权时已经无法再另行利用的服务合同中，不适于赋予消费者撤回权。

③ 《欧盟消费者权利指令》规定在网上订房服务场合，消费者不拥有撤回权。但在笔者看来，即便在一般意义上，此种服务也不属于无法另行利用的服务，消费者可以拥有反悔权（撤回权）。并且在我国实践中，网上订房大多都是可以无条件取消的，只是若消费者在经营者明定的合同履行期届至前几小时才取消的，需要支付一定金额，其实这仍然属于反悔权的表现情形。

④ 我国的视频类电子商务的发展经历了相当长的时间。起初，视频服务大多是免费的，而现今免费的视频服务已是十分罕见，消费者已经接受并熟悉了付费视频服务。不过，不同的经营者在所提供的视频体量及体验等方面差异较大，并且视频服务都是预付费类服务，若消费者十分不满意经营者提供的视频服务，却不允许消费者行使反悔权，是极不合理的。此外，考虑到长尾效应，网络上的视频服务本身的成本极低，即便允许消费者行使反悔权，经营者所受损失也是非常小的。

经开始履行的服务合同，只要仍在反悔权的存续期间内，也可以根据具体情形而由消费者承担部分费用后行使反悔权、解除合同。只要保证经营者能够为其所提供的服务获得适当报酬，允许消费者拥有及行使反悔权，仍然是公平、合理的。反悔权的设置，可以逼迫经营者提高服务的质量。在前例雪乡服务合同中，消费者大多通过网络平台下单订房，若允许消费者行使反悔权，消费者可以在网络平台上直接通知无条件退出服务，这将使经营者为避免消费者行使反悔权而提高服务质量，从而减少经营者“宰客”的现象。

3.《消费者权益保护法》第25条第2款“经消费者在购买时确认不宜退货的商品”的规定不清，《网络购买商品七日无理由退货暂行办法》第7条也未予以细化。“消费者在购买时确认不宜退货”，前提应当是经营者以清晰、显著的方式向消费者进行了提示，否则，若消费者在未仔细观看时便点击予以确认，仍然不能认定为得到了消费者的确认。实践中最大的问题是，经营者以软法规则限定了不宜退货的商品，而这些商品是否属于《消费者权益保护法》意义上的不宜退货的商品，经常引发争议。例如，按照京东商城《汽车用品类商品售后服务细则（自营）》的规定，机油、添加剂、防冻液、轮胎、轮毂、刹车盘/片、减震器、火花塞、滤清器、胎压监测、玻璃水、清洁剂、车蜡、香水、车灯、后视镜、车机、蓄电池、音响、洗车机、汽车喇叭、空气净化、镀晶镀膜、底盘装甲/护板、柴机油/辅助油、补漆笔、变速箱油/滤类商品，出于安全因素考虑一经售出非质量问题不支持退换货。[①] 然而，玻璃水、清洁剂、车蜡等商品明显与安全因素无关，不允许消费者退货是不应当的。[②] 消费者与经营者因商品是否属于不宜退货的商品经常存在争议，并且这种争议往往与经营者自定的软法规则相关，这使消费者

① 参见京东商城：《汽车用品类商品售后服务细则（自营）》，载京东商城2017年9月28日，https://help.jd.com/user/issue/325-933.html。

② 京东商城所列举的这些商品并不属于《消费者权益保护法》第25条所列举的第一类商品，属于第二类商品。不过，消费者在购买这些商品时，京东商城的购买流程中并不包括消费者确认不宜退货的环节。

在与经营者产生纠纷时经常落于下风，除非消费者愿意支付较高的成本提起诉讼。鉴于此种争议并非偶发，并且可归因于《消费者权益保护法》《网络购买商品七日无理由退货暂行办法》规定不清，立法应当对何种商品属于不宜退货的商品作出进一步的细化规定，行政部门也应当对平台经营者所制定的软法规则予以检查、干预。

4. 在二手商品交易中消费者是否拥有反悔权的问题。京东商城“自营”的“拍拍二手旗舰店”就二手商品也向消费者提供七天无理由退货服务，但京东商城未限定平台上的第三方经营者对此类商品必须提供七天无理由退货服务，而是由第三方经营者自行决定。淘宝平台将二手商品排除在七天无理由退货服务之外，[①] 闲鱼、转转等国内其他流量较大的二手商品交易平台也未向消费者提供二手商品交易七天无理由退货服务。笔者在美国易贝网（www. ebay. com）进行检索，发现其对二手商品也提供无理由退货服务（30 天）。笔者认为，在二手商品交易中，消费者应当也拥有反悔权，经营者应当向消费者提供七天无理由退货服务。因为《消费者权益保护法》第 25 条并未将反悔权限定于全新商品，并且，即便交易标的是二手商品，也没有理由否定反悔权的存在。二手商品价格一般比较低，但由于其系已经使用过的商品，商品信息披露中存在的问题更多，允许消费者反悔，更有利于督促经营者善尽信息披露义务，保护消费者知情权。

5. 在同时具有线上、线下因素的交易中消费者是否拥有反悔权的问题。《消费者权益保护法》的规定所针对的是通过网络、电视、电话、邮购进行的商品销售，若商品销售同时具有线上与线下因素，那么能否适用《消费者权益保护法》的规定？例如，上海某消费者在淘宝网看中一款和田籽玉手镯，其先通过支付宝支付 2 万元预付款，后到经营者线下门店看货，并支付了 18 万元余款，取走商品。6 天后，消费者要求退货，但被经营者拒绝。经营者认为消费者是到线下门店看货后

---

① 参见淘宝网：《淘宝网七天无理由退货规范》，载淘宝网 2017 年 3 月 22 日，https://rule. taobao. com/detail－5507. htm。

成交的，不属于网络购物，不能适用“七天无理由退货”的规定。[1] 在《消费者权益保护法》对线上、线下环境统一适用“七天无理由退货”之前，若线上交易掺杂了线下因素，在是否存在反悔权之上的确存有疑问。笔者认为，《消费者权益保护法》第25条所规定的商品销售，应当采取目的解释的方法，将“销售”解释为通过网络订立合同进行销售，若线下因素并不会导致消费者与经营者间的合同成为线下合同，则存在反悔权。若涉及线上因素（如网络展示、网络支付等），但合同非为线上合同，则不存在反悔权。我国的O2O已经得到普遍发展，这是一种十分典型的同时涉及线上、线下的交易类型，但其中的合同主要还是通过网络订立的，属线上合同，应当认定消费者拥有反悔权。

（二）经营者对反悔权的告知

《消费者权益保护法》修订后，关于反悔权的消费者投诉直线上升。2014年3月至7月，电商平台较为集中的北京、上海、南京、杭州、广州五城市的“12315”消费者投诉举报中心共受理消费者网络购物投诉2.7万件，直接与《消费者权益保护法》相关的投诉1380件，涉及“七天无理由退货”投诉741件，占与《消费者权益保护法》相关投诉总量的一半以上。[2] 2014年11月，国家工商总局和中国消费者协会就消费者行使反悔权问题约谈阿里巴巴、京东商城、苏宁易购、1号店、当当网、中粮我买网、凡客诚品、亚马逊、唯品会、聚美优品等电子商务企业。[3] 2017年11月，北京市工商局、北京市食药监局等行政部门，对京东、天猫、亚马逊等13家网络交易平台进行了行政指导，强调不得采用格式条款设置订金不退、预售商品不适用七日无理由退货等不合理规定。[4] 较诸

---

① 参见中国消费者权益保护法学研究会：《消费者权益保护法学》，中国社会出版社2017年版，第357页。

② 参见祝剑禾、袁国礼：《工商总局摸底七天无理由退货　国内十大电商被约谈》，载人民网，http://media.people.com.cn/n/2014/0711/c40606-25268250.html。

③ 参见祝剑禾、袁国礼：《工商总局摸底七天无理由退货　国内十大电商被约谈》，载人民网，http://media.people.com.cn/n/2014/0711/c40606-25268250.html。

④ 参见戴轩：《“双十一”前北京行政指导13家电商要求不得规定订金不退》，载新京报网2017年11月7日，https://www.bjnews.com.cn/detail/155152340114904.html。

行政约谈、行政指导这些并无约束力的措施，在法律法规层面确立详尽的规则限制能够更好地发挥作用。

《美国消费者信贷保护法》及欧盟相关指令对经营者向消费者告知反悔权的义务作出了规定。例如，《欧盟消费者权利指令》第 6 条第 1 款第 8 项要求经营者以清晰易懂的方式向消费者提供第 11 条第 1 款以及附件 1 第 2 部分中的撤回模板表格中关于撤回权行使的条件、期限和程序等内容。《欧盟消费者权利指令》第 10 条反向规定了经营者未告知撤回权的后果，“1. 如果经营者未根据第 6 条第 1 款第（8）项就撤回权向消费者进行告知，则自撤回权根据第 9 条第 2 款终止其最初期限之日起 12 个月后，撤回权终止。2. 如经营者在撤回权根据第 9 条第 2 款终止其最初期限后的 12 个月内，向消费者告知第 1 款所规定的信息，撤回期限自消费者获知这些信息之日起 14 天后终止”。在《欧盟消费者权利指令》附件 1 中的撤回权告知模板中，经营者告知的内容包括提示撤回权的存在、撤回权的期限及计算、行使撤回权的方式、撤回的后果（包括退货费用）等内容。按照欧盟民法典草案（Draft Common Frame of Reference，DCFR）第 2－5：104 条（关于撤回权的充分信息）的规定，经营者向消费者提供关于撤回权的充分信息应当达到令消费者注意到撤回权的程度。①

我国《消费者权益保护法》规定了经营者对身份、交易标的等信息的披露义务，却未规定经营者对消费者反悔权的告知义务。《网络购买商品七日无理由退货暂行办法》第 22 条要求网络交易平台提供者应当依法建立、完善其平台七日无理由退货规则以及配套的消费者权益保护相关制度，在平台显著位置明示，并从技术上保证消费者能够便利、完整地阅览和保存。该规定并未要求经营者在每一商品销售页面进行告知。《网络购买商品七日无理由退货暂行办法》第 20 条要求网络商品销售者对不适用七日无理由退货的商品进行明确标注，对不宜适用七日

---

① 参见欧洲民法典研究组、欧盟现行私法研究组：《欧洲示范民法典草案：欧洲私法的原则、定义和示范规则》，高圣平译，中国人民大学出版社 2012 年版，第 168 页。

无理由退货的商品，应当在销售必经流程中设置显著的确认程序，供消费者对单次购买行为进行确认，否则不得拒绝七日无理由退货。较诸欧盟的规定，我国并未具体规定经营者对消费者反悔权的告知内容，规则仍是抽象的、框架性的，在诸多方面甚至是模糊不清的，这甚至给经营者拒绝消费者行使反悔权提供了借口。

在网络交易领域，基于淘宝、京东等电子商务平台在《消费者权益保护法》修订前已经先行提供了七天无理由退换货服务，许多消费者对网络交易中的反悔权已经比较熟悉。然而即便在目前，电子商务平台对反悔权诸情形的告知大多只是显现为一个简单的图标，熟练的消费者可以凭图标而知悉反悔权的存在。但即便对于熟练的消费者，对于更为具体的反悔权的行使、费用承担等问题，也难以称得上全部知悉。对于不熟练的消费者以及从未通过网络购买商品的消费者来说，经营者需要在每一个商品销售页面清晰、完整地告知反悔权的存在、行使方式、期间、后果、费用承担等信息。这正如同消费者已经熟悉了经营者提示的经营者免责条款，而经营者仍然会在每一页面进行提醒，二者道理相同。经营者对反悔权的告知，属于经营者履行信息披露义务，经营者应当在所有的网络页面中针对具体的商品就是否存在反悔权、反悔权的行使等内容进行告知。在电子商务中，反悔权是消费者拥有的重要权利，我国应当规定经营者须以明确、清晰、显著的方式向消费者告知反悔权的存在、反悔权的行使方式、反悔权的行使效果等内容。我国可以参考《欧盟消费者权利指令》，规定经营者违反告知义务的后果，此后果应当为延长反悔权存续期间。

（三）反悔权的存续期间

反悔权属于形成权，仅在法定期间内存在，逾期则归于消灭。我国《直销管理条例》第 25 条规定直销交易中消费者的反悔权存续期间为 30 天，《消费者权益保护法》第 25 条规定消费者的反悔权存续期间为 7 天。学界普遍认为此 7 天期间过短。《欧盟消费者权利保护指令》将撤回权的存续期间调整为 14 天，《德国民法典》的规定与之相同。立法对反悔权存续期间的规定，主要是基于对实践中具体情形的考察以及对消费者、经营者的利益平衡，在淘宝等电子商务平台上早已出现 15 天无理由退换货的服务。虽然按照《消费者权益保护法》及相关规章的规定，鼓励经营者向消费者提供优于法律规定的服务，但是在反悔权存续期间上，7 天法定期间的确过短。

对于期间的起算问题，按照《电子商务法》第 51 条的规定，合同标的为交付商品并采用快递物流方式交付的，收货人签收时间为交付时间。按照《消费者权益保护法》第 25 条的规定，消费者有权自收到商品之日起七日内退货。《网络购买商品七日无理由退货暂行办法》第 10 条第 2 款规定："七日期间自消费者签收商品的次日开始起算。"它们的表述不同，但效果相同，即自消费者收到商品之日的第二日起算，不过它们均未规定起算时间。按照《民事诉讼法》中的期间起算惯例，应当自消费者收到商品之日的第二日零时起算。淘宝《七天无理由退换货规范》第 1 条便作出了这种规定，"七天期间自买家签收商品后的次日零时开始起算，满 168 小时为七天，买家签收商品时间以物流签收时间为准"。按照京东商城《京东开放平台商家售后服务管理规则》第 3. 4. 2. 1 条的规定，"七天指自物流显示签收商品的次日零时开始起算。"

反悔权期间起算的时间点应当为消费者收到商品之日，自无疑义。实践中的问题是，快递公司有时会将商品递送至小区的快递代收点，之后消费者再前往签收取件，但电子商务平台开始计算反悔权的期间却是快递代收点签收的时间。例如，按照前述淘宝与京东的规则，消费者的签收时间是以物流签收时间为准。笔者认为，按照《电子商务法》第 52 条的规定，快递物流服务提供者将商品交由他人代收的，应当经收货人同意。在未经收货人同意时，快递代收点应当视为经营者的债务履行辅助人，而非消费者的债务履行辅助人。① 因此，反悔权存续期间应当自消费者签收之日起算，而非快递代收点签收（物流签收）之日起算。② 若经

---

① 事实行为不得代理，快递代收行为属债务履行辅助行为。

② 若消费者指定第三人代为签收，发生与消费者签收相同的效果，自签收之日起算反悔权存续期间。

消费者同意，快递代收点签收视为消费者签收，自快递代收点签收之日起算反悔权存续期间。另外，消费者一次订购数件商品，经营者分次发货的，会造成消费者分次签收，在这种情形中，参照《民法典》关于买卖合同分次发货的规定，应当自消费者（或其指定的人）最后一次签收时起算反悔权存续期间。①

综上所述，经营者应当承担告知反悔权的义务，其违反的，将产生延长反悔权存续期间的后果。《欧盟消费者权利指令》与 DCFR 均规定经营者违反撤回权告知义务的，消费者撤回权存续期间为 12 个月。《德国民法典》第 355 条第 4 款甚至规定在金融服务异地交易合同中，若经营者未适当履行相应的法定通知义务，则消费者的撤回权不消灭。这种规定一方面保护了未收到反悔权通知的消费者，赋予消费者更长的反悔时间，使其有机会在延长期间内了解反悔权；另一方面，也惩罚了未及时提供反悔权充分信息的经营者。因为，对于经营者而言，其只履行发货义务并不是充分的，消费者收到货物的时间很有可能远远晚于发货时间，充分信息规则能够确保消费者在完整的期间里查验货物并作出履行合同还是撤回合同的理性决定。② 为实现反悔权的设置目的，完善反悔权制度，我国应当完善经营者告知义务规则，规定经营者的告知内容，并增设反悔权延长规则。

（四）反悔权的行使方式

《消费者权益保护法》未就消费者行使反悔权的方式作出规定。经过十几年的发展，消费者在大型电子商务平台购买商品时，对退货流程（行使反悔权的方式）多较为熟悉，但从法律层面来看，这并不构成法律不对反悔权行使方式作出规定的理由。《德国民法典》第 355 条（在

---

① 此期间还涉及期间最后一日为节假日的情形，我国的规定未涉及延长的问题。DCFR 第 1-1：110 条第 6 款规定："除以小时计算期间之外，期间的最后一天在行为地是星期六、星期天或公共假日的，期间至下一个工作日的最后一小时经过时终止。这一规定不适用于期间的起算涉及追溯到某一特定日期或事件的情形。"这一规定也适用于 DCFR 中的撤回权行使期间。

② 参见邵妍、廖策：《欧洲示范民法典草案消费者撤回权制度对我国的借鉴意义》，载《沈阳工程学院学报（社会科学版）》2016 年第 4 期。

消费者合同的情况下的撤回权）第1款规定："法律向消费者给予本条所规定的撤回权，并且消费者按期撤回其旨在订立合同的意思表示的，即不再受该意思表示的约束。撤回无须包含对理由的说明，但必须在两个星期以内，以文本形式或者以将物寄回的方式向经营者表示；为遵守期间，只需要适时地发送即为足够。"①

反悔权为形成权，权利的行使方式为消费者在反悔权期限届满前向经营者发出退货通知。对于通过电子商务平台完成的交易，电子商务平台一般都会向消费者提供退货入口，消费者可以在个人账户按照平台所设计的退货流程，向经营者发出退货通知。《欧盟消费者权利指令》要求经营者按照附件1中的撤回权告知模板向消费者进行提示，使消费者按照提示的流程进行退货。按照我国《网络购买商品七日无理由退货暂行办法》第三章"退货程序"的规定，消费者应当自收到商品之日起7日内发出退货通知，经营者在收到退货通知后应当及时向消费者提供真实、准确的退货地址、退货联系人、退货联系电话等有效联系信息。《网络购买商品七日无理由退货暂行办法》的规定较为完整，不过笔者认为，法律应当要求经营者向消费者提前告知反悔权的行使方式，包括退货地址等信息，而不是在消费者要求退货后经营者才提供这些信息。并且，法律应当规定经营者违反告知义务的后果。在非通过电子商务平台完成的交易，法律应当针对交易流程拟定反悔权行使规则，务求细致，以避免不必要的纷争，并为纠纷的在线解决提供基础。

需要明确的是，反悔权作为形成权，消费者行使反悔权，向经营者发出退货通知，到达便产生效力，无须经营者同意。按照《德国民法典》第355条第1款的规定，消费者在规定期间以内撤回其旨在订立合同的意思表示，则消费者不再受该意思表示的约束，该项撤回无须包含对理由的说明。我国《消费者权益保护法》对此未予明确，按照《网络购买商品七日无理由退货暂行办法》第11条的规定，网络商品销售者收到退货通知后向消费者提供退货地址等信息，消费者在获得信息后

---

① 《德国民法典》，陈卫佐译注，法律出版社2010年版，第128页。

及时退回商品。淘宝网的退货流程自始至今基本上没有太大变化，首先由消费者发起退货，经营者接受退货申请（包括经营者主动点击接受与期间经过而未点击）、发送退货信息后，消费者退回商品，经营者收到商品后退回价款。按照淘宝平台的说明，“如果卖家同意您的退货退款申请，达成退款协议；如果联系不上卖家或者联系了但卖家一直不处理，在您申请退货退款之日起 5 天后系统自动达成退款协议。”① 京东商城等电子商务平台中的退货流程与淘宝网的退货流程大同小异。《网络购买商品七日无理由退货暂行办法》所规定的退货流程似乎是对我国商业习惯的确认。在笔者看来，这种退货流程机制的设计并不妥当。

从形成权的角度来看，消费者退货的意思表示到达经营者的，② 即发生效力，无条件解除合同。何为到达？我国《民法典》第 137 条对数据电文意思表示到达时间作出了规定。在通常情形下，数据电文进入收件人电子地址的时间为意思表示到达的时间。在淘宝网购物、退货的，消费者与经营者均处同一信息系统之内，消费者发出退货请求的时间与经营者收到退货请求的时间基本同一。考虑到信息系统的可靠性，在淘宝网上的退货请求基本不会发生发出却未到达的情形。从《德国民法典》第 355 条第 1 款的规定中看不出消费者的撤回请求需要经营者的同意，消费者甚至可以直接寄回商品的方式作出撤回的意思表示。按照 DCFR 第五章（撤回权）第一节（撤回权的行使与效力）的规定，消费者行使撤回权只需通知对方或将标的物直接退回，无须说明理由，其效果是消灭合同关系与合同债务，关联合同也将归于消灭。简单来说，消费者行使反悔权，无须经营者同意，更无须与经营者达成淘宝网所称的退货退款协议。因此，《网络购买商品七日无理由退货暂行办法》所规定的退货流程其实也违反了《消费者权益保护法》。一个简单的问题是，如果经营者在收到退货通知后不提供退货地址，消费者无法退货，

---

① 详见淘宝网：《关于退款、售后问题的说明》，载 https://consumerservice.taobao.com/self-help#page=issue-detail&knowledgeId=1119776，最后访问时间：2022 年 1 月 5 日。

② 消费者通常以发出数据电文的方式作出退货的意思表示，即消费者登录账户，多次点击按钮，将退货请求发送给经营者。

后续应当如何处理?《网络购买商品七日无理由退货暂行办法》的规定事实上使消费者行使反悔权以经营者同意为必要，即便经营者通常不会不同意，该规定也是极为不妥。并且，在自建网站交易、C2C 交易等场合中，由于欠缺平台经营者的管理，经常会发生经营者拒绝消费者行使反悔权的情形。事实上，《网络购买商品七日无理由退货暂行办法》所规定的消费者无理由退货流程使经营者可以拒绝或妨碍消费者退货。笔者认为，消费者反悔权规则应当明确消费者退货的意思表示到达经营者的，即发生效力，产生解除合同的效果，经营者不得拒绝。并且，反悔权规则应当明确经营者向消费者提前告知反悔权的义务，包括提前告知退货信息，以避免在经营者不提供退货信息的情形下，消费者无法行使反悔权。法律规则所设计的退货流程不应当将经营者同意或所谓的及时发送退货信息作为消费者退货的前提。①

（五）反悔权的行使条件

消费者行使反悔权的，除不得超过反悔权存续期间外，还需具备其他条件，这主要指的是《消费者权益保护法》第 25 条所规定的“消费者退货的商品应当完好”。对此笔者认为：

首先，关于商品完好的判断标准。在《消费者权益保护法》中，只有商品完好的，消费者才可以行使反悔权，但《消费者权益保护法》未规定商品完好的判断标准。按照《网络购买商品七日无理由退货暂行办法》第 8 条的规定，商品能够保持原有品质、功能，商品本身、配件、商标标识齐全的，视为商品完好。消费者基于查验需要而打开商品包装，或者为确认商品的品质、功能而进行合理的调试不影响商品的完好。按照淘宝网《七天无理由退换货规范》第 2 条的规定，“商品完好指商品能够保持原有品质、功能，包括商品本身、包装、配件及附带的商标吊牌、使用说明书等齐全。买家基于查验需要而打开商品包装，或

① 如果经营者未提前告知或在收到消费者退货请求后不提供地址等信息的，产生的应当是消费者行使了反悔权却无法退回商品的后果，即合同解除后的后果，而不是消费者不能行使反悔权、不能解除合同的后果。不应当由消费者承担经营者违反告知义务的后果。

者为确认商品的品质、功能而进行合理、适当的试用不影响商品的完好。对超出查验和试用需要而使用商品，导致商品产生明显的价值贬损，视为商品不完好”。按照京东商城《京东自营商品售后政策服务总则》第1条的规定，“能够保持原有品质、功能，商品本身、配件、商标标识齐全的，视为商品完好”。不过，淘宝网与京东商城均在商品细类中进一步规定了商品完好的判断标准。例如，京东商城要求汽车用品类商品能够保持原有品质、功能，商品本身、配件完好，防伪标识码、唯一性三包卡、合格证/批号、商品标识/吊牌齐全，[①] 要求奢侈品类商品的商品外包装完整。[②] 淘宝网与京东商城均在《网络购买商品七日无理由退货暂行办法》之外增加了判断商品完好的其他标准。例如，京东商城《奢侈品类商品售后服务细则（自营）》要求奢侈品类商品退货的，商品外包装需要保持完整，其称原包装为商品的一部分。将原包装规定为商品的一部分颇有“买椟还珠”的意味，消费者买“珠”，“椟”却成为“珠”的一部分。何谓商品外包装完整是一个很难判断的问题，因为消费者经常需要破坏商品外包装才能查验商品。笔者认为，《消费者权益保护法》及《网络购买商品七日无理由退货暂行办法》等所规定的经营者义务，经营者不得违反。在商品完好的判断标准上，经营者不得自行设定强于法定标准的标准，否则无效。

其次，即便商品不完好，也不应当否定反悔权，而应允许消费者承担相应贬损价值后行使反悔权。《欧盟消费者权利指令》指出：“一些消费者在对商品进行了很大程度的、超出其为确定商品的特征、属性和使用方法所必要程度的使用后，才行使其撤回权。此时，消费者应当仍不丧失其撤回权，但要对可能产生的价值减损进行赔偿。消费者如欲确定商品的特征、属性和使用方法，应当如同其在商店里了解商品一样小心谨慎。比如，消费者只能试穿服装，但不可以真正穿着。因此，消费

① 参见京东商城：《汽车用品类商品售后服务细则（自营）》，载京东商城2017年9月28日，https://help.jd.com/user/issue/325-933.html。

② 参见京东商城：《奢侈品类商品售后服务细则（自营）》，载京东商城2017年7月14日，https://help.jd.com/user/issue/325-927.html。

者在撤回权期限内，应当轻拿轻放、小心察看。但消费者的义务不应妨碍和阻止消费者行使其撤回权。”《欧盟消费者权利指令》第14条第2款规定：“在商品发生价值减损的情形，只有当价值减损不是在为对商品的特征、特性和使用方法进行检查所必需的范围内所导致的情形，消费者才对可能产生的商品的价值减损负责。如果经营者没有根据第6条第1款第（8）项对消费者告知其撤回权，则消费者不对任何价值减损承担责任。”按照DCFR第2-5：105条的规定，在下列情形下，行使撤回权的消费者不承担赔偿责任：依合同所接收的财产或服务因检查和测试所引起的价值的减少；依合同所接收的财产或服务在撤回权人已经尽到合理注意义务的情况下仍然发生的损坏、灭失或损害。消费者对因正当使用所引起的价值减少承担责任，但消费者未收到经营者关于撤回权的充分通知的除外。事实上，反悔权制度的目的是考虑到消费过程中的信息不对称、消费冲动等因素，促进消费者理性消费，挽回信息不对称的失衡，这与商品是否完好并无必然关联。立法为权衡消费者利益与经营者利益而将商品完好作为消费者行使反悔权的条件，虽无甚不妥，但在商品不完好的情况下，允许由消费者承担相应费用后行使反悔权，更符合反悔权制度的设置目的，除非经营者的利益由此将受到严重损害。

（六）反悔权的行使效果

反悔权为形成权，消费者依法行使反悔权的，通知到达即生效，产生无条件单方解除合同的效果，消费者与经营者相互返还财产，此即为消费者行使反悔权的主要法律后果。此中所涉及的主要是返还义务的履行、期间、退货运费的承担等。《德国民法典》第355条第3款对撤回权的行使后果进行了一般性规定，“撤回时，应即时返还所受领之给付。法律定有最长返还期限者，该期限自撤回意思到达企业经营者及由消费者所发出开始起算。期间之遵守，以消费者按期送出商品为准。撤回时，企业经营者承担送回时之商品危险责任”。[①]《德国民法典》第357

① 《德国民法典》，台湾大学法律学院、台大法学基金会编译，北京大学出版社2017年版，第328页。

条及第 357 条之一、之二、之三对营业场所外订立的合同、远程销售合同等合同的撤回后果作出了细化规定。《欧盟消费者权利指令》第 13 条规定了消费者行使撤回权后经营者的义务，包括费用的退还（通常是以在原交易中同样的支付方式，退还全部价款）、运费的承担（除非另有约定，或经营者违反了相应的告知义务，否则运费由消费者承担）等。《欧盟消费者权利指令》第 14 条规定了消费者行使撤回权后的义务，包括：消费者最迟在发出撤回决定之日起 14 日内向经营者寄回或交还商品、消费者承担商品不当减损的价值、运费、风险等。《欧盟消费者权利指令》第 15 条规定了撤回权的行使对附随合同效力的影响为附随合同终止，且消费者通常不必为此承担任何费用。《德国民法典》第 358 条对消费者贷款合同也作出了类似规定，如第 358 条第 1 款规定："消费者已有效地撤回其旨在订立关于由经营者供应货物或提供其他给付的合同的意思表示的，消费者也不再受其旨在订立与该合同相结合的消费者贷款合同的意思表示的约束"。我国《消费者权益保护法》第 25 条第 3 款规定了反悔权的行使后果，"消费者退货的商品应当完好。经营者应当自收到退回商品之日起七日内返还消费者支付的商品价款。退回商品的运费由消费者承担；经营者和消费者另有约定的，按照约定"。按照该款规定，消费者在行使反悔权后，应当退回商品，经营者在收到退回商品之日起 7 日内退还价款，除另有约定外，由消费者承担退货运费。

笔者认为，我国法律关于反悔权行使效果的规定应当注意以下问题：

第一，虽然反悔权的行使所导致的消费者与经营者间的合同解除、双方相互返还财产等效果可以通过合同法规则推导出来，但立法应主要从一般人的角度出发，而非从法律人的角度出发，涉消费者规则应当尽可能详尽，以发挥法的指引功能。因此，立法应当对反悔权的行使效果作出详细规定。

第二，对于消费者退回商品的时间，《消费者权益保护法》未作规定，《网络购买商品七日无理由退货暂行办法》第 11 条也仅是要求消费者在获得经营者提供的退货地址等信息后及时退货。淘宝要求消费者在退款退货协议[①]达成后 7 天内退货，其他平台经营者也提出了类似要求。法律应当补充消费者退回商品的期间。

第三，在运费承担上，在我国当前情况下，笔者赞同由消费者承担退货运费，除非另有约定（如京东商城自营商品的退货运费一般由京东商城承担），但如果经营者违反反悔权告知义务，妨碍消费者行使反悔权的，应当由经营者承担运费。

第四，立法应当补充关于退回商品意外毁损灭失的风险负担规则。从买卖合同标的物风险负担规则的角度来看，在消费者行使反悔权后，合同已经解除，双方无权继续持有对方的给付。消费者与经营者应当相互返还财产，否则构成不当得利，此属合同解除的后果。《民法典》仅规定了为履行买卖合同而交付标的物过程中的风险负担规则，未规定解除合同后返还标的物过程中的风险负担规则。在无约定的情况下，消费者基于受领经营者交付的标的物而取得标的物所有权，合同解除后，消费者即丧失标的物所有权，此时标的物意外毁损灭失的风险便应当由所有权人即经营者负担。

第五，立法应当对合同联立的情形作出规定。例如，淘宝网、京东商城通过“花呗”“白条”等方式向在其平台上购物的消费者提供消费信贷，若消费者在付款时选择了这种方式，便与经营者又订立了一份借款合同，所借款项用于支付商品价款。借款合同的贷款人与买卖合同的出卖人通常并非同一主体，买卖合同与借款合同构成了合同联立，复数合同间存在关联与影响。若消费者行使反悔权解除了买卖合同，借款合同也失去了存在意义，效力应当归于消灭。《欧盟消费者权利指令》明确规定消费者行使反悔权的，关联合同归于消灭，我国法律也应当作出类似规定。

（七）对滥用反悔权的规制

目前来看，我国在网络交易兴盛的同时，也出现了所谓的“黑

---

① 淘宝网退货流程设计的违法性，前文已述。笔者认为，按照我国的规定，消费者行使反悔权时不需要与经营者达成退货协议。

产”。例如，盗取用户账号与密码、用户身份信息等进行转卖，电信诈骗者在取得这些信息后进行电信诈骗。再如，在比特币价格上升后，为“挖矿”之需，[①]“挖矿者”需要使用高性能显卡，于是便有“挖矿者”利用七天无理由退货（还有平台提供十五天无理由退货）的规定，短期使用所购显卡后退货，而显卡在短期使用后很难识别是否被使用过，并且经营者也很难证明相对人非属消费者。淘宝“职业差评师”勒索经营者也是一种非常典型的滥用消费者反悔权的情形。此外，还存在经营者利用反悔权恶意竞争、冒充消费者干扰竞争者正常经营的情形。

从宏观角度来看，设置反悔权会导致市场交易成本上升，而这些成本最终也会转嫁给消费者。两利相权取其重，这虽然会导致成本上升，但法律仍然应当赋予消费者以反悔权。不过，在保护消费者权益的同时，也应当保护经营者权益。在反悔权上，对经营者权益的保护主要体现为尽量避免消费者滥用反悔权。然而，消费者行使反悔权又无须理由，这导致很难认定反悔权滥用。权利不得滥用为权利行使的基本原则，我国《民法典》第 132 条规定：“民事主体不得滥用民事权利损害国家利益、社会公共利益或者他人合法权益。”最高人民法院《关于适用〈中华人民共和国民法典〉总则编若干问题的解释》第 3 条规定：“对于民法典第一百三十二条所称的滥用民事权利，人民法院可以根据权利行使的对象、目的、时间、方式、造成当事人之间利益失衡的程度等因素作出认定。行为人以损害国家利益、社会公共利益、他人合法权益为主要目的行使民事权利的，人民法院应当认定构成滥用民事权利。构成滥用民事权利的，人民法院应当认定该滥用行为不发生相应的法律效力。滥用民事权利造成损害的，依照民法典第七编等有关规定处理。”

规制反悔权的滥用，核心在于诚实信用原则。“消费者反悔权制度意在保护诚信、善意消费者的利益，如果消费者恶意利用或滥用反悔权

---

① 比特币等所谓的去中心化的数字货币需要使用计算机计算取得，即俗称的“挖矿”。“挖矿者”需要在挖矿的同时降低成本，例如以较低价格租用水电站向其机房供电等。

制度，法律还要维护消费者的反悔权，这等于是牺牲一方当事人利益的方式去满足另一方的不正当要求，对于经营者来说显然是不公平的，因此消费者行使反悔权同样必须遵循诚实信用原则。”① 虽然《消费者权益保护法》中并无规制反悔权滥用的明确规则，但基于《民法典》及相关司法解释的规定，若消费者行使反悔权以损害他人合法权益为目的，则构成权利滥用，行为无效。消费者滥用反悔权的后果应当是合同解除通知无效，不得无条件退货，若造成经营者损失的，消费者应予赔偿。笔者认为：首先，在淘宝、京东等平台上已经存在消费者与经营者双向信用评价机制，通过大数据技术对长时间记录进行信用分析，将滥用反悔权计入消费者的个人信用，对消费者在其他领域的行为构成影响，可以成为一种规制反悔权滥用的途径。② 其次，针对当前比较典型的“职业差评”流程，拟定滥用反悔权的判断标准。③ 在此之上，硬法不宜作出直接规定，以免成为经营者拒绝消费者无条件退货的借口。对滥用反悔权应当主要通过软法进行调制，由平台经营者针对平台上典型的滥用反悔权的行为拟定判断规则，并订入与消费者的平台服务协议中，辅以大数据技术分析、人工介入等方法，认定是否构成滥用反悔权。通过平台处理这一问题的优点在于：第一，便捷。消费者与经营者产生此种争议的，各种法律事实均发生于并存在于网络平台，由平台经营者处理问题，较为方便快捷。第二，成本低。此种纠纷涉及的单一商品价值往往比较低，通过平台进行在线争议解决，适应纠纷的特点，纠纷解决成本不高。第三，可以实现全流程覆盖。无论是商品介绍页面，还是合同的缔结与履行情况，抑或消费者与经营者的对话记录，整个流程中的证据均可在平台上方便地获取。权利滥用本便是一个比较复杂的法律问题，对于如何妥善地规制反悔权滥用，还需要进一步研究。

---

① 王泽鉴：《民法学说与判例研究》（第3册），中国政法大学出版社1998年版，第28页。

② 国内有网站建立了所谓的消费者“黑名单”，这无疑是违法的。

③ 职业差评师“围剿”被选定的经营者时，单独行为往往是没有意义的，因此往往是多人协同进行，存在一些所谓的“行业”手法，有迹可循。

（八）退货商品的再行销售

当前，消费者与经营者就反悔权而产生纠纷，主要是因为经营者拒绝消费者的退货请求，而经营者之所以拒绝消费者的退货请求，其中一个原因便是经营者有时难以处置消费者退回的商品。若经营者无法再行销售被退回的商品，经营者将遭受较大损失。若经营者再行销售被退回的商品，对于以全价购买此种商品的其他消费者似也有所不公。对于退货商品的处理，按照《网络购买商品七日无理由退货暂行办法》第25条的规定，对能够完全恢复到初始销售状态的七日无理由退货商品，可以作为全新商品再次销售；对不能够完全恢复到初始销售状态的七日无理由退货商品而再次销售的，应当通过显著的方式将商品的实际情况明确标注。笔者认为，只要是被退回的商品，通常情况下，购买者已经打开，甚至进行了试用，即便商品能够完全恢复初始销售状态，也非全新商品，经营者也应当予以标注。问题是，消费者往往不愿购买这种退货商品，购买到这种退货商品的消费者，有的选择退货，有的选择忍受。依常理，若经营者对退货商品予以标注后再行销售，将极大影响商品的销售量，除非经营者降低价格，但所降低的价格便成为经营者的损失。总之，只要赋予消费者反悔权，经营者势必遭受损失。反悔权制度的设计不可能避免经营者遭受损失，而对损失的厌恶会推动经营者提高商品质量，详尽披露商品信息。